1학년은 처음인데요

1학년은
처음인데요

박진환 지음

에듀니티

들어가며

사십대 끝자락에 처음으로 1학년 담임을 맡은 2016년. 그 시절 저는 교사로 살아오며 그동안 얼마나 자만하고 있었는지, 경험과 경력이 때로는 얼마나 부질없는지 뒤늦게 깨달았습니다. 머리로만 교육을 공부하고 진정 몸으로 익히지 못했던 모습이 여지없이 드러나 한없이 부끄러웠던 그때. 제가 만난 아이들은 지금까지 맡아온 그 어떤 아이들과도 전혀 달랐습니다. 흔히 외계인이라고도 불리던 1학년을 막상 만나려니 설레기도 했지만 얼마나 두려웠던지…. 나름 이런저런 책을 읽고 선배들의 조언을 받아가며 단단히 준비를 했건만, 순진하기 그지없어 보이던 아이들은 3월 중순이 지나자 조금씩 발톱을 드러내며 저마다의 특성과 개성으로 저를 무참히 무너뜨렸습니다.

4월쯤 되어서는 팔다리가 이미 제 것이 아니었고, 교실과 복도에서는 한 걸음 옮기기조차 어려울 정도로 몸에 매달려오는 아이들을 떼어내느라 날마다 힘을 써야 했습니다. 풀어진 머리를 묶어달라며 고무줄을 내밀어 나를 당황하게 만든 여자아이들이나 이가 흔들린다며 눈물을 머금고 나를 향해 아우성치던 아이들, 점심시간 내내 세월아 네월아 사람 구경 한다고 밥에는 손도 대지 않던 아이들, 자신에게 섭섭한

4

이야기를 했다고 나를 나쁜 선생님이라고 호통을 치던 아이들, 오롯이 자기 위주로 하루를 보내야 직성이 풀리는 듯 딴죽을 부리던 아이들, 배우는 속도가 달라 수업에 들어가기만 하면 전혀 다른 모습을 보여주던 아이들. 이런 아이들은 늘 같은 말을 되풀이하게 했고, 덩달아 제 목소리도 점점 커져만 갔습니다.

다양한 기질과 성격을 가진 아이들을 선생 혼자 맡아 일 년을 책임진다는 것은 그야말로 기적에 가까운 일이었습니다. 1학년 경험이 전혀 없는 저로서는 무능력과 무지함을 시도 때도 없이 느꼈고, 혹여나 남들이 눈치를 챌까 얕은 경험과 기나긴 경력으로 포장하기에 급급했습니다. 그 과정에서 실수와 잘못을 저지르는 건 어쩌면 당연했습니다. 아이의 발달과 정서를 제대로 읽지 못한 부분도 있지만, 중고학년에서 쓰던 가벼운 언어와 태도 때문에 아이들과 학부모로부터 핀잔과 오해를 곧잘 받기도 했습니다. 허둥댈수록 깊이 빠지는 늪과 같은 1학년 교실에서 제가 할 수 있는 일이란 그저 아이들을 좀 더 이해하고 열심히 수업을 준비하는 것밖에 없었습니다. 그 과정에서 끊임없이 이어지는 좌절과 반성을 오롯이 기록하는 것이 그 시절 제가 할 수 있는 최선이었습니다.

사실 처음에는 특별한 날의 모습을 기록해 학부모들에게 소식을 전하자는 취지로 가볍게 일기를 쓰기 시작했습니다. 하지만 이런 생각은 담임을 맡은 지 불과 하루만에 모조리 지워졌습니다. 날마다 수많은 사건을 터뜨리는 아이들의 모습과 방황하는 제 모습을 마냥 시간 속으로 날려버리기가 너무도 아쉬웠기 때문입니다. 그것을 붙잡아 기록해야 비로소 진짜 1학년 담임이 될 것만 같은 느낌이 들었습니다. 그래서 하루도 빠짐없이 날마다 일기를 쓰게 되었습니다. 아이들과 눈물로 이별하던 2018년 마지막 일기까지 약 2년의 기록을 갈무리해 인쇄해 보니 각각 483쪽(2016), 410쪽(2017). 총 900쪽에 가까운 기록에는 1학년 초보 담임으로 살아온 저의 치열하고 아픈 성찰의 조각들이 곳곳에 담겨 있었습니다.

지난 2년의 기록에는 저의 기쁨과 보람만이 아닌 아픔과 고통, 잘못과 회한까지 모두 담겨 있습니다. 사실 여기 실린 이야기는 한없이 부족하고 어수룩하기만 합니다. 1학년 전문교사의 실천 기록이 아니기 때문입니다. 다만, 제 기록이 1학년 맡기를 두려워하거나 처음으로 1학년을 맡게 되어 기대와 설렘으로 가득찬 교사들의 어려움과 고충을 같은 눈높이에서 위로하고 격려해줄 수는 있겠다는 생각은 들었습니다. 저 또한 훌륭한 선배나 동료교사들의 철학과 실천을 만나 미리 준비하고 1학년을 맡았지만, 실제 제가 처한 위치와 상황을 읽고 성찰하는 데 크게 도움받지는 못했습니다. 입학식을 끝내고 교실에서 아이들을 만나는 순간 그동안 준비한 모든 것이 백지로 돌아가면서 저는 한동안 당황과 긴장 속에서 몇날 며칠을 보내야 했습니다.

시골학교 1학년과 지낸 교사들의 이야기 속 아이들과 제가 만난 도시지역 아이들의 상황, 양상은 크게 달랐습니다. 같은 도시학교 아이들이라도 자라온 환경과 기질이 달라 똑같은 사례를 모든 과정에 꾸준히 적용하여 비슷한 결과를 얻어내기란 너무도 어려웠습니다. 교육경력 26년의 경험도 1학년 아이들과 학부모들을 상대할 때는 무용지물인 경우가 많았습니다. 첫해에는 과연 아이들이 제가 지도하고 기대한 대로 자랄 수 있을지 끊임없이 의심하며 보냈습니다. 의심이 커지는 만큼 늘 불안했고, 불안은 실수를 낳고 잘못을 저지르게 했습니다. 그럴 때마다 1학년 초보 담임이 아이들과 지내며 겪을 상황과 경험이 녹아 있는 한 해 밑그림이 있다면 참 좋겠다는 생각도 했습니다.

교육혁신은 특별한 이의 독불장군 같은 실천으로 일어나지 않습니다. 이는 역사가 이미 잘 보여주고 있지요. 아무리 뛰어난 교육철학, 실천이라도 수많은 이의 비판과 검증을 통해 완성되고 발전되어 뒤늦게 인정을 받습니다. 모든 교육이론과 실천은 그렇게 다듬어지고 정리돼왔습니다. 머지않은 날에 제가 다시 1학년 담임을 맡게 된다면 저 또한 과거의 나를 스스로 비판하고 검증할 것입니다. 따라서 곁에서 함께 했던 동료교사나 이 책을 읽는 독자들의 비판은 매우 당연합니다. 아무쪼록 이 책을 읽는 선생님과 어른들이 제가 저지른 실수와 잘못을 반복하지 않고 아이들과 함께 성장해 가시기를 바랍니다. 이제 못다 한 저의 부족한 실천과 성찰은 이 책을 읽는 모든 이들의 몫이 될 것 같습니다. 부디 분투하시길.

글을 쓰는 시간 못지않게 준비하고 고민하는 과정이 많았던 책입니다. 그 과정에서 많은 선후배 교사들의 조언과 도움이 컸지요. 직접 만나지 않아도 편지와 자료, 혹은 책으로 대화를 나누었습니다. 특히 응원을 아끼지 않았던 서울의 박지희 선생님과 경기 안산의 최은경 선생님, 충남 아산의 최은희 선생님에게 많은 빚을 졌습니다. 이름이 같은 천안 한들초 교장 김영주 선생님과 경기 광주 쌍령초 김영주 선생님은 두 해 걸쳐 이어간 1학년 담임을 잘 마무리할 수 있도록 위로와 도움을 주셨습니다. 천안 한들초 강소연 선생님과 천안 불무초 조현민 선생님은 미리 원고를 읽고 검토하여 1학년을 처음 맡은 교사의 눈높이에서 아낌없는 조언과 제안을 해주어 이 책의 부족한 부분을 넉넉히 채워주었습니다. 만약 나중에 좀 더 완성된 1학년 실천 이야기를 다시 쓰게 된다면 이 두 분의 선생님들과 함께하지 않을까 싶습니다.

사랑하는 아내는 1학년을 맡은 두 해 동안 많이 아팠습니다. 그 모습을 곁에서 지켜보면서도 제대로 보살피지 못해 늘 미안했습니다. 이제는 좀 더 건강해진 모습으로 돌아와 새로운 삶을 준비하는 아내와 어려운 여건과 상황을 이겨내고 작곡가 · 연주자로 데뷔해 부모를 자랑스럽게 만들어준 아들 준우에게 고맙다는 말을 전합니다. 끝으로 한없이 무지하고 못났던 담임을 따끔하게 꾸중하면서도 너그러이 이해해주고 사랑해준 1학년 아이들과 학부모님들에게 이 책을 바칩니다.

2019년 2월 28일

박진환

이 책은 총 두 권으로 구성했습니다.

첫 번째 책은 '1학년 학급살이'입니다. 1학년 아이들과 살아온 2년의 기록을 계절별로 나누어 아이들의 변화와 성장, 아이를 보는 교사의 시선과 노력, 실패와 좌절, 아픔과 성찰을 담았습니다. 1학년을 대상으로 펴낸 수많은 책을 보면 완성도 높은 사례 혹은 교사의 깊은 성찰을 담아 독자들에게 당장 도움을 줄 실천 자료나 아이들을 만나는 교사의 자세에 대해 이야기하곤 합니다. 그에 반해 이 책은 높은 완성도와 성과를 보여주는 실천과는 거리가 있습니다. 그저 엉겁결에 1학년을 맡은 한 경력교사가 불안과 설렘 속에서 식은 땀을 흘리며 애쓴 흔적을 담았을 뿐입니다. 따라서 같은 고민과 불안을 겪을 1학년 초보 담임교사들에게 누구나 이런 경험을 할 수 있다는 위로와 격려를 해주는 데 목적을 두었습니다. 더불어 이 과정에서 터득한 몇 가지 경험들을 덧붙여 일 년의 1학년 학급살이의 밑그림도 그려보았습니다. 그동안 '학급운영'이다 '학급경영'이다 이런저런 말들이 많았습니다. 저는 '학급운영이란 교사가 아이들 곁에서 살아주는 것'이라는 《행복한 교실》의 강승숙 선생님의 생각에 전적으로 동의합니다. 그렇다면 운영이나 경영이라는 무겁고 권위적인 용어보다는 아이들 곁에서 살아가는 교사의 모습과 느낌을 담은 '학급살이'가 더 적절한 표현이라는 생각이 들었습니다. 부족하지만, 이 책을 통해 선생님들이 조금이나마 1학년 아이들과 일 년 학급살이의 흐름을 이해하고 좀 더 나은 실천과 방법을 찾아보시는 데 작은 도움이 되길 바랍니다.

두 번째 책은 '1학년 수업살이'입니다. 교사는 '수업'으로 자신을 표현합니다. 교사가 하는 수업에는 교육을 바라보는 교사의 철학과 관점이 그대로 녹아 있습니다. 그러나 교사용 지도서의 안내에 따라 그저 차시별 진도를 나가기만 하는 수업에서는 국가교육과정은 볼 수 있어도 교사와 아이들을 읽어내기는 어렵습니다. 이런 수업이 바로 표준화된 수업의 전형이라고 볼 수 있겠지요. 이때 교사들은 수업이야기를 만드는 살아있는 존재가 아닌 단순한 지식 전달자로 남습니다. 그동안 우리는 좋은 수업이란 주어진 지식을 얼마나 잘 전달할 수 있느냐에 달려있다고 판단했습니다. 그러나 저는 수업이 교사와 아이들의 삶을 담은 한 편의 이야기일 수밖에 없다고 봅니다. 교사와 아이들은 교육과정이 만들어 놓은 수업을 그대로 구현하는 존재가 아닌 매 순간을 새롭게 살아가는 존재입니다. 어떤 시간에는 국어로 다른 이의 삶을 읽어내며, 어떤 시간에는 수학으로 세상의 이치를 깨닫습니다. 1학년은 다른 학년과 다르게 철마다 다른 이름의 통합교과로 어우러진 세상을 이해하고 받아들입니다. 그래서 저는 교과운영보다는 '수업살이'라는 표현이 더 어울린다고 생각했습니다. 따라서 '언어교육'과 '수학교육', '통합교과교육'으로 나누어 1학년 수업을 교사와 아이들이 어떻게 살았는지, 지난 2년 동안 쓴 일기를 바탕으로 해석하며 이해를 도왔습니다. 많이 부족하지만, 선생님들이 1학년 수업의 흐름을 이해하고 밑그림을 그리는 데 보탬이 되면 좋겠습니다.

목차

봄 이야기

여름 이야기

가을 이야기

겨울 이야기

봄
이야기

천천히, 조금씩
1학년 담임이
되어간다

　낯선 장소, 낯선 담임 그리고 낯선 친구들. 1학년 아이들의 눈에
비친 초등학교라는 공간은 낯설다는 말만으로는 다 형언하지 못할
만큼 피곤한 공간이다. 강당에서 입학식을 마치고 교실로 돌아가는
길에는 혹시나 부모님과 헤어질까 싶어 두리번거리는 아이들, 수많
은 아이들 속에서 갈 길을 찾지 못하고 멍하니 서 있는 아이들, 그
틈바구니 속에 끼어 두려움 가득한 얼굴로 서성이다 끝내 눈물을
흘리며 울어버리는 아이들, 그럼에도 꿋꿋하게 밝은 얼굴을 하고 새
롭고 낯선 시간과 공간을 즐기는 아이들이 있다. 그리고 이 모든 아
이들을 끌어안고 교실로 들어가야 하는 이가 바로 1학년 담임이다.

　1학년 담임에게 봄은 마냥 따뜻하고 푸른 계절이 아니다. 몸에 달
린 신경이란 신경은 모두 아이들에게 쏟아 아이들의 안전에 한 치의
어긋남도 없도록 책임져야 하고 학교가 두려운 곳이 아니라 즐거운
곳이라는 메시지를 끊임없이 전해야 한다. 아침 일찍 들어설 아이들
을 생각해 조금이라도 더 빨리 교실로 들어서야 했고, 아이들이 하
루를 즐겁게 보내게 하기 위해 다른 어떤 학년보다 더 교육과정을
살펴 분석하고 교과서 밖에서도 재미있는 수업거리를 찾으려고 애를

썼다. 그럼에도 1학년 초보 담임교사 딱지는 쉽게 뗄 수가 없었다. 조금씩 발톱을 드러내며 본 모습을 보이는 아이들과 살아가는 법을 알지 못했던 것이다.

처음 1학년 담임을 맡아 한없이 무지하고 두려움으로 가득했던 나를 도와주었던 이는 뜻밖에도, 아니 어찌 보면 당연하게도 결국, 아이들이었다. 무지하더라도 아이들 앞에서 아는 척하고, 두려워도 당당하게 보이려 애를 쓰면서 아이들이 내뱉는 한 마디 한 마디에 무너진 적도 여러 번이었다. 그제야 나는 겨우 아이들 곁에 다가설 수 있었다. 아이들도 내 곁에서 한 치도 떨어나지 않으려 했다. 돌이켜보면 1학년과 지낸 봄은 지금껏 만나지 못했던 매우 낯선 계절이었다. 그 시절의 봄은 마치 여름처럼 뜨거웠다. 그러나 내 곁에는 아이들이 있었다. 힘겨워하는 나를 위로하던 봄 같은 아이들 손길이 있었다.

종일 울고 웃고 떠들고 장난치며 보내는 나날을 되풀이하던 봄. 그 시절의 내게 봄은 아이들이었다. 그렇게 맞은 봄, 나는 천천히, 조금씩이지만 1학년 담임이 되어가고 있었다.

상전, 혹은
스승이었던 여덟 살들

"선생님. 이름표…. 집에 가니까 없던데요."
"난, 몰라. 알아서 해. 버리지 않았을 테니까 어디 있겠지."
"헤, 내가 정말 안 가져온 줄 아세요? 여기 있다구요."

첫날부터 다른 아이들보다 유독 말을 많이, 크게 하길래 조금 자제를 시켰던 녀석에게 아침부터 당했다. 뭔가 조짐이 좋지 않았다. 1학년 아이들을 만난 지도 사흘째. 오늘도 예상대로 사내 녀석 세 명이 대활약을 했다. 결론부터 말하면 난 녀석들, 특히 한 녀석에게 졌다. 그것도 아주 처참히.

출발은 순조로웠다. 아침 8시에 출근해 음악을 틀고 차 한잔하며 어제 밀린 업무를 간단히 처리하고 아이들을 기다렸다. 어제 나를 부끄럽게 만들었던 녀석이 오늘도 맨 처음 문을 열고 들어온다. 인사도 하는 둥 마는 둥이다. 녀석은 나랑 둘이서 있을 때는 더할 나위 없이 다정하다. 문제는 여럿이 있을 때 뜻밖의 행동을 한다는 것. 뒤이어 여자아이들이 조용히 들어와 인사를 하고는 내게 **새싹 우체통**을 살짝 내민다.

어제에 이어 오늘도 옛이야기를 들려주었다. '금 달걀을 낳는 암탉' 이야기에 아이들이 귀는 쫑긋, 눈은 생긋하며 집중한다. 이야기를 잠시 멈추고 질문을 던지니 여기저기서 재미난 답을 이어간다. 저마다 내뱉는 말이 하나같이 귀여웠다. 그렇게 아침을 열고 오늘 예정되어 있던 학교 앞 등교 안전에 대해 잠시 이야기를 나눈 뒤 학교 지킴이를 하시는 분의 도움을 받아 차례대로 길을 건너게 했다. 여학생들은 어김없이 지시에 잘 따르는데, 문제아 삼총사 중 두 명이 맞은편 문구점의 물건들에 빠져 한참동안 움직일 생각을 하지 않았다. 녀석들을 겨우 달래 교문 안으로 들어가려는데, 문제의 녀석이 갑자기 집으로 가겠다며 다른 방향으로 뛰어갔다. 녀석은 멀리 뛰어가며 내 눈치를 살폈다. 다른 곳이면 모르겠는데, 차가 다니는 길이라 걱정이 돼 어쩔 수 없이 녀석에게 달려갔다. 곧바로 잡아 번쩍 들어 말 안 듣는 녀석을 아이들 쪽으로 데려왔다. 골치다. 오늘만 두 번째, 녀석에게 또 당했다.

수업도 거의 끝이 날 무렵, 쉬는 시간이 되자 녀석의 행동에 아이들이 너 나 할 것 없이 고자질을 해대기 시작했다.

"선생님, 현서가 내 사물함을 자꾸 열어요."
"선생님, 현서가 정은이 사물함을 자꾸 열었다 닫았다 해요."
"야, 그러지 마."
"현서야, 너 왜 그래? 친구 걸 자꾸 그렇게 하면 안 되지."

그래도 현서는 화가 잔뜩 난 표정으로 정은이의 사물함 문을 세게 열었다 닫았다 한다. 말이 통하지 않자 녀석의 손목을 잡고 내 책상 앞으로 데려왔다. 그랬더니 이제는 앞 게시판의 물건을 잡고 딴 곳을 바라보며 심술궂은 얼굴을 지어 보였다.

"그거 선생님 건데, 그렇게 만지면 고장 나. 그만해줄래?"

아무리 말해도 녀석은 막무가내였다. 일단 아이들 점심을 챙기고 하교 준비를 해야할 시간이라 점심 먹고 이야기하자 하고 자리로 돌려보내자, 곧장 다시 달려와 묻는다.

"목걸이 폰 언제 줄 거예요?"
"집에 돌아갈 때 줄게."
"엄마한테 전화 올지도 몰라요."
"어머니한테 전화가 와도 어차피 수업시간에는 받을 수 없어. 나중에 줄 테니 걱정하지 마."
"좀 주지."
"너 자꾸 이러면 학교에 폰 가져오는 거 어머니랑 얘기해봐야 할 것 같다."

수업 내내 목걸이 폰을 만지작거리는 녀석을 보고는 안 되겠다 싶어 받아두었더니 하루 종일 묻는다. 언제 줄 거냐고. 나중에는 내 주머니에까지 손을 대며 찾으려 할 정도였다. 어머님과 폰 문제로 얘기를 나눠야 하겠다는 생각이 들었다. 우여곡절 끝에 아이들 하교 준비를 마치고 점심을 먹으러 갔다. 다행히도 어제보다는 아이들의 밥 먹는 자세가 좋아지고 속도도 빨라졌다. 무려 20분이나 줄었다. 더이상

줄이기는 힘들 듯한데, 아이들이 하루 만에 달라지는 모습이 무척 놀라웠다. 점심을 다 먹고 교실로 돌아와 몇몇 아이들은 돌봄 교실로 보내고 나머지 아이들은 하교시킨 뒤 돌아오니 남아 있던 녀석이 교실을 돌아다니며 나를 기다리고 있었다. 나를 기다렸다기보다는 목걸이 폰을 기다렸다고 하는 게 맞을 듯하다.

"아까 왜 그렇게 친구 사물함 문을 닫았다 열었다 했어?"
"정은이가 자꾸 내 물건을 만졌어요."
"그래서 정은이 사물함에다 화풀이한 거야?"
"내 건데, 자꾸 건드리고……."
"선생님이 그건 못 봤네. 월요일에 정은이 오면 선생님이 혼을 내줄게. 그렇다고 사물함에다 화풀이하는 건 좋지 않아. 다음에 친구가 그러면 말을 하고, 말을 해도 안 되면 선생님에게 말을 해. 알았지?"

그러고는 잔뜩 나온 아이의 콧물을 말끔히 닦아주었다. 아이들 상황을 결과만 보고 판단하지 말아야지 하면서도 정신없이 바쁠 때는 이렇게 빨리 진압시키는 데만 신경을 쓰는 경우가 꼭 있는데, 고치기 어렵다. 정신 바짝 차리지 않으면 아이들에게 휘둘리고 갈피를 잡지 못한다는 걸 잘 알면서도, 다짐을 하면서도 늘 이 모양 이 꼴이다. 문제아에게는 문제부모가 있다고 했고 학교나 교실에서 벌어지는 문제 상황에는 이를 잘 읽어내지 못하는 문제교사가 있는 법이다. 오늘 그 문제교사는 나였다.

임상심리학자 오자와 마키코는 《아이들이 있는 곳에서부터》에서 "부모는 아이들이 만들어주는 길을 따라간다"고 했다. 애당초 부모가 아이를 키운다는 생각을 갖지 말아야 한다는 것이다. 교사가 함부로 아이들을 가르칠 수 없다는 얘기와 같다. 내게 스승은 아이들이다. 올해 내내 난 이 상전 같은 스승들을 모시고 살 작정이다. 2016.3.4.

굳이 이름표가 필요할까?

1학년을 맡아 이런저런 준비를 하다 보니 이전에 1학년을 맡았던 동료선생님들이 이름표를 준비하도록 안내를 해주었다. 목에 거는 커다란 이름표였는데, 1주일도 안 되어 무용지물이 돼버렸다. 일단 아이들이 불편해했고, 이름표로 장난을 치거나 잃어버리고는 어디에 두었는지 찾을 생각도 안 하는 아이들이 많았다. 이듬해 다시 1학년을 맡게 되었을 때는 같은 학년 선생님들과 의논하여 이름표를 걸지 않기로 했다. 목에 이름표를 거는 것은 1학년 아이들임을 확인하고 신원을 쉽게 파악하도록 하기 위함이지만, 아이들에게는 불편하고 교사들 또한 이름표 관리에 불필요한 신경을 써야만 하기 때문에 이런 결정을 지었다. 아직까지도 이름표의 유효성에 관해서는 논란의 여지가 있지만, 적어도 내가 봤을 땐 이름표가 없어도 아이들이 살아가는 데는 아무런 문제가 없었다.

제법 쓸 만한 새싹 우체통

내가 일하던 학교에서는 학년마다 각기 다른 이름을 썼는데, 1학년은 '새싹'이었다. 우체통이라는 이름까지 붙여 L자 파일을 사용한 까닭은 아이들에게 수시로 나눠주는 각종 알림장 때문이었다. 요즘에는 모바일을 사용하게 되면서 종이 알림장을 줄이고 있다고는 해도 아이들에게 주어지는 인쇄물을 완전히 없앨 수는 없다. 아이들 편에 오가는 각종 문서나 신청서도 이곳에 넣어 전달하면 상하거나 잃어버리는 일이 없어 유용했다. 어느 학년에서나 유용하지 않을까 싶다.

새싹 우체통으로는 L자 비닐파일을 사용한다. 상단에 '새싹우체통'이라는 제목을 붙이고 하단에 아이 이름을 붙이면 된다.

답이 없는 목걸이 폰, 시계 폰

학교를 보낼 때 부모들의 가장 큰 걱정거리는 아이들의 안전이다. 그러다 보니 처음에는 마음을 단단히 먹고 폰에서 거리를 두게 하려던 부모들조차 어느새 아이들의 목과 손목에 폰을 채워 보내게 된다. 한 학년에 한두 학급 정도인 작은 학교에서는 합의를 하고 의견을 모아 폰 금지 같은 방안이 실천 가능하겠지만, 큰 학교에서는 쉽지 않은 일이다. 더구나 부모가 늦게 귀가하는 상황에서 아이들이 스스로 움직여야 한다면 더더욱 폰을 금지시킬 수는 없는 일이다. 입학 초에 아이들 목과 손목에 폰을 걸어 보내고자 하는 부모들과 미리 의논하여 폰 사용법에 대한 나름의 규칙을 세우고 이를 지킬 수 있도록 지도하는 게 가장 현실적일 것이다.

선생님,
배고파요~

8시 50분이 되자 아이들 모두가 자리에 앉았다. 올해도 어김없이 아침 노래부터 가르쳐주었다.

"음, 오늘 아침에는 일 년 내내 부를 아침 노래를 배울 거예요."
"뭔데요?"
"자, 따라 해보세요."

일어나자 아침이다
어서들 일어나서
새 아침 맑은 바람
우리 모두 마셔보자

"지금 2학년 올라간 친구들은 이 노래 익히는데 꽤 오래 걸렸는데, 여러분은 금방 익혔네요. 와~ 대단해요. 정말 잘하네."

실제로 그랬다. 작년에는 24명 중 네댓 명이 따라 부르지 않고 딴 곳만 응시하곤 했다. 그런데 올해 아이들은 모두 함께 목소리 높여 노래를 불러주었다. 올해 녀석들하고는 좀 덜 힘들게 한 해를 보낼 것 같은 기분이 들었다. 아침 노래를 부르고 나서는 옛이야기를 들려줬다. 올해도 하루도 빠지지 않고 옛이야기를 들려줄 작정이다. 보고 읽고 말하느라 힘을 다 빼는 요즘 아이들이 가장 약한 고리는 바로 '듣기'라 할 수 있다. 우리 아이들이 남의 말을 잘 듣지 않게 된 까닭은 학교나 가정에서 듣는 훈련이, 듣고 자라는 문화가 점점 사라지고 있기 때문이다. 무언가를 듣고 상상하는 능력은 어릴 때부터 길러져야 한다. 다름 아닌 부모와 어른들이 해주어야 하는 부분이다. 이것이 이야기 들려주기를 허투루 생각해서는 안 되는 까닭이다. 부모가 아이들과 함께 책을 읽어야 하는 이유도 마찬가지다. 오늘 들려준 이야기는 '입춘대길 코춘대길'. 글 모르는 바보 남편을 가르쳐야 했던 아내의 고충을 재미있게 풀어낸 옛이야기를 아이들은 매우 흥미롭게 들으며 재미있어했다.

3교시가 되어 수업을 시작하려 하자, 맨 앞에 있던 지원이를 필두로 아이들이 한마디씩 한다.

"선생님, 배고파요. 언제 밥 먹어요?"
"아침 안 먹고 왔어?"
"네."
"왜?"
"먹기 싫어서요."
"아침밥은 먹어야지. 그러니 배가 고프지."
"난 아침밥 먹었는데, 배가 고픈데요?"

그러고 보니 지난해 아이들도 학년 초에 배고프다는 말을 자주 했더랬다. 녀석들도 긴장하고 신경을 쓰다 보니 금방 배가 고픈 모양이다. 배고프다는 아이들을 달래가며 3교시에는 친구 얼굴을 그리는 시간을 가졌다. 나를 소개하고 친구 얼굴을 그리며 친구를 알아가는 시간. 몇몇 아이들이 자기는 그림을 못 그린다고 아우성이다. 잘 못하는 것에 대한 두려움과 걱정을 너무 일찍부터 배운 것은 아닐까 하는 생각이 들기도 했다. 잘 못하거나 못 그려도 괜찮다고 했다. 그리고 아이들은 저마다 열심히 그림을 그렸다. 그림을 보니 아이들의 또 다른 모습을 읽어낼 수 있었다.

　　점심시간, 아홉 개 반이 점심을 먹어야 하다 보니 우리 반 아이들 밥 먹는 시간이 4교시가 아닌 3교시 이후가 됐지만, 그만큼 밥 먹는 시간이 길어졌다. 놀라운 것은 한 번 급식실에 가서 훈련을 한 뒤로 아이들 모두 급식을 받는 데 아무런 문제가 없었다는 점이다. 지난해에는 하나부터 열까지 다 신경을 쓰느라 한 달 내내 밥을 코로 먹는지, 입으로 먹는지 구분을 못 할 지경이었는데, 올해 아이들은 밥 먹는 것도 수월했다. 심지어 도훈이랑 시영이는 두 그릇씩 먹어치우기까지 했다. 그래도 처음이라 밥을 너무 천천히 먹는 통에 4교시 시작 시간이 지났는데도 유유히 밥을 먹는 아이들이 있기는 했지만, 차츰 나아지리라 여겼다.

　　모든 아이가 교실로 들어왔을 땐 4교시가 20분 지나 남은 시간은 20분뿐이었다. 어차피 제대로 된 수업을 하기에는 시간이 모자라 아이들과 간단한 놀이를 했는데, 재미있다고 난리다. 한 번 더 하자 아우성치는 아이들을 간신히 달래고는 겨우겨우 가방을 챙기게 해서 하교시켰다. 돌봄 교실로 가는 아이들을 따로 안내하고 일일이 하교시키는 일은 지난해에도 무척 힘이 들었는데, 올해도 여지없다. 이리저리 뛰어가는 아이들, 게다가 학부모님들이 현관 앞에서 진을 치고 있는 바람에 더욱 혼란스러웠다. 아이들이 제대로 갔는지 정확히 확인하지도 못한 채 나오는 대로 어머니께 안내하며 정신없이 하교 안내를 마쳤다.

이제 겨우 하루가 지났다. 교실로 돌아와 보니 지난해 우리 반이었던 녀석들 셋이 기다리고 있었다. 왜 왔냐고 하니 그냥 왔다고 같이 놀아달란다. 쿠키 하나씩 입에 물리고 겨우겨우 달래서 교실 밖으로 밀어냈다. 생각보다는 덜 피로했던 하루였다. 문득 마지막 시간에 한 녀석이 무심코 한 말이 떠올랐다.

"선생님, 공부는 언제 해요?"
"이런 게 다 공부지. 무슨 공부를 하려고 해?"
"수학 같은 거, 더하고 빼고 하는 거 있잖아요."
"아, 그런 거? 그런 거는 천천히 배우면 돼. 너무 빨리 배우면 재미없어요."
"맞아요. 난 재미없어요."

아이들마다 배우는 속도가 다르고 배움을 기대하는 시간도 다른데, 어른들은 그저 빨리 익히고 배우기만을 바란다. 그 과정에서 아이들이 일찍 지치고 포기하게 될 걸 잘 생각하지 않는다. 우리 반 아이들에게 오늘 계속 강조한 게 있다.

"천천히 하세요. 선생님은 빨리 하는 것보다 정성들여 천천히 하는 친구들이 좋아요. 자, 따라해 보세요. 천천히 예쁘게."

그렇다. 올해 나는 우리 반 아이들을 자로 잰 듯 반듯하지 않아도, 천천히 예쁘게 열심히 하는 아이들로 키우고 싶다. 2017.3.3.

천천히 예쁘게

"선생님, 나는 천천히 하고 싶은데 팔이 자꾸 빨리 움직여요."

2016.4.25. 일기 중에서

1학년 아이들은 빨리 잘하고 싶어 안달이다. 특히 한글이나 숫자, 셈하기를 미리 익히고 입학한 아이들일수록 더욱 그렇다. 이런 아이들은 언제 교과서로 공부 하냐고 따지기도 한다. 자기가 얼마나 잘 알고 있고, 잘할 수 있는지 빨리 주위 친구들에게 내세우고 싶고, 교사에게 인정받고 싶은 욕구가 강하다. 하지만 나머 지 아이들은 이 아이들만큼의 욕망은 없다. 그저 즐겁게 학교생활을 하고 싶어 한다. 다만 잘하는 친구들에게 뒤처지거나 놀림을 받고 싶지 않은 마음은 있다. 그러다 보니 잘하는 아이나 못하는 아이나 주어진 과제를 수행하는 속도가 매우 빠르다. 아니, 빨리 하려고 한다는 말이 더 어울리겠다. 그러다 보니 그림이나 글 이 안정되지 못하고 비뚤대고 어지럽다. 그럴 때마다 나는 "천천히, 예쁘게!"를 외쳤다. 아이들도 따라 외치게 했다. "천천히, 예쁘게!" 느려도 꾸중하지 않고, 빠 르다는 이유로 칭찬하지 않겠다는 말도 함께 건네주었다. 1학년에게 중요한 건 잘하는 게 아니라 즐겁게 하는 것이다.

나를 살살 녹이는
아이들

오늘도 어김없이 뒤에 걸어놓은 시계를 실내화로 치며 장난을 치는 녀석이 있는가 하면, 앞 친구 의자를 수시로 발로 차고 심지어 침을 뱉는 녀석, 줄을 서며 장난치다 우연히 팔을 친 아이를 때리며 욱하는 감정을 제어하지 못하거나, 몸이 작고 연약한 아이의 자리를 밀쳐내는 아이들이 보인다. 며칠 동안 보이지 않던 녀석들의 새로운 모습을 보며 나 또한 조금씩 엄격한 모습을 보일 수밖에 없었다. 다행히도 금방 사과를 하거나 잘못을 인정하며 다짐을 해준다. 물론 이런 다짐이 오래가지는 않지만, 잘못된 습관과 나쁜 몸짓을 바꿀 수 있도록 자꾸 되풀이하며 안내할 수밖에 없을 것 같다.

오늘은 학교 내부를 돌아보며 어떤 시설들이 어디에 있으며 무슨 역할을 하고, 그곳에는 누가 있는지 알아보는 공부를 했다. 〈학교 종이 땡땡땡〉이라는 고전적(?)인 노래를 함께 불러보고, 어제 같은 학년 선생님들이 찍어놓은 사진을 함께 보며 각 층별 특징을 살펴보았다. 이어서 교실 밖으로 나가 1층부터 4층까지 차례로 돌며 학교의 모습과 역할에 대해 공부했다. 방송실, 교장실, 행정실, 영어 교실, 회의실, 급식실, 시청각실, 강당, 컴퓨터실, 도서실, 음악실, 미술실, 실과실, 과학실 등 하루만에 둘러본 시설들이 꽤 많았다. 한번 본다고 다 알 수는 없을 테지만 그래도 학교 시설에 조금씩 익숙해지기를 바랐다. 수업을 마치며 아이들에게 어떤 시설이 인상 깊었고 마음에 들었는지 물었더니 아이마다 제각각이다.

"과학실이 좋았어요. 신기한 것들이 많아서요."
"도서실이 좋았어요. 어린이집에서 보던 책도 봤어요."
"저는 3-3반이 좋았어요. 우리 언니가 있거든요. 헤헤."
"저는 우리 반이 좋았어요. 선생님이 있어서요."

아이들 감상을 듣다 보니 어느덧 점심시간.

"선생님, 저 김치도 먹어야 하는데 벌써 밥을 다 먹어버렸어요."

이게 1학년이 하는 소리다. 우리 반 윤솔이, 소현이와 같이 김치 대장으로 꼽히는 이 녀석은 매운 김치를 의외로 잘 먹는다. 잦은 복통과 배탈을 겪는다는 녀석이 오늘은 잘 먹는데, 막 먹다 보니 김치 먹을 새도 없이 밥을 다 먹은 것이다. 결국 밥을 더 가져다주었다. 귀엽다. 오늘은 골뱅이양배추무침에 대한 아이들의 거부감 때문에 음식쓰레기를 양산하고 말았다. 아직은 밥을 남기지 말라고 하거나 일일이 젓가락 지도를 하지는 않지만, 급식실에서 밥 먹는 게 익숙해지면 차차 지도할 생각이다. 문제는 먹기 싫다는데도 다 먹으라고 해야 하나인데, 여전히 딜레마이다. 다른 반은 선생님 말 한마디에 아이들이 밥을 다 먹는다고 하는데, 나는 그게 잘 안 된다. 오늘은 서서 밥을 먹었더니 영양사선생님과 교감선생님이 안쓰러운 눈빛으로 한마디씩 건네고 가셨다.

"아이고, 아이들 때문에 서서 먹는 거예요? 아이고, 어쩌나."
"아이들 때문에 서서 드시는 거예요?"

사실 앉아서 먹을 수는 있지만, 여기저기서 선생님 찾는 소리에 가만히 앉아서 밥을 먹기가 힘들어 한번 서서 먹어봤더니 괜히 여러 사람 불편하게 만든 것 같다. 내일은 그냥 앉았다 일어나기를 반복해야겠다는 생각도 든다.

오늘도 하루가 지나갔다. 아이들과 좀 더 친해진 느낌은 드는데, 몇몇 아이들과 앞으로도 밀당을 계속할 생각을 하니 머리가 아파온다. 어떻게 잘되겠지 하고 생각하지만 쉽지는 않을 것 같다. 마음 단단히 먹을 수밖에. 엄격해 보이는 것도 쉽지 않다.

아까 윤솔이 녀석이 바깥에서 실컷 놀다 들어와서는 "선생님, 손 시려요" 하길래 손을 잡아주었더니 좋아했던 생각이 난다.

"선생님 손 따뜻하지?"
"네, 와! 따뜻하다."
"선생님, 알고 보면 따뜻한 남자다?"

그랬더니 뭘 안다고 씩 웃는다. 귀엽다. 그러고는 다시 돌아와 "선생님, 손은 따뜻해졌는데, 아파요" 한다. "그래? 왜 그럴까? 많이 차가웠다가 따뜻해져서 그런가 보네"라며 손을 다시 잡아주었더니 여기저기서 "나도요, 나도요" 하며 달려든다. 세상 어느 곳에서 내가 이런 대접을 받을까. 엄격해지기로 한 첫날에 나는 아이들 때문에 한없이 살살 녹았다. 2016.3.8.

Tool&Tip 실천과 추천

아이들 밥 먹이기

1학년을 처음 맡았을 때 겪는 어려움 중에 밥 먹이는 것만 한 게 또 있을까 싶다. 줄을 세우는 것부터 누가 먼저 먹게 하는가, 어디에 앉아서 먹게 하는가, 어떻게 먹게 해야 하는지까지 하나하나 봐주지 않으면 아이들은 세월아~ 네월아~ 주위 구경하고 먹기 싫은 거 골라내느라 시간만 보낸다. 교사 혼자서 24명을 먹이려니 처음에는 얼마나 어렵고 힘들었는지 모른다. 미리 학교 안을 돌아보며 급식실의 위치와 식판을 받아 자리에 앉는 것까지 연습했지만, 처음에는 모든 것이 어렵고 힘들다. 김치를 찾는 아이도 있긴 있지만, 싫어하는 아이들이 많았다. 낯선 생김새나 조리법으로 만든 음식이 나오는 날이면 어김없이 딴짓을 한다. 이렇게 점심시간을 마냥 흘려보내는 아이들이 많은 날에는 교사가 밥 먹을 시간도 거의 없다. 급식실에서 시도 때도 없이 장난치고 소리 지르는 아이들 챙기고 잔소리해가며 때로는 윽박지르는 일도 서슴지 않아야 겨우겨우 교실로 들어갈 수 있는 경우가 많은 게 1학년 점심시간이다. 2년째 1학년을 해도 별다른 방법은 없었다. 아이들 상태를 보고 부지런히 지도하며 챙길 수밖에. 조금 달라지는 점이라면, 어떤 것은 무심히 바라보고 어떤 것은 모른 척하게 된다는 점이다. 그게 뭐냐고? 직접 해보면 안다. 교사에 따라 다를지니.

나랑
결혼할 거래요

아침부터 날씨가 쌀쌀하다. 어제까지만 해도 봄날 같던데, 봄이 쉽게 오지 않는다. 아직 때가 아닌 모양이다. 그래도 이번 주 목요일부터는 날이 풀린다고 하니 봄이 멀지 않은 것은 분명하다. 학기 초라 교실에 들어서자마자 확인하고 정리할 게 많아서 정신이 없다. 그 와중에도 아이들을 맞이하다 보니 벌써 8시 50분. 아침 노래 부르고 옛이야기 들려주고 하루를 시작했다. 아침부터 '금 달걀을 낳는 닭' 이야기를 해주니 재미있어한다.

"지난 주말 잘 보냈어요?"
"네."
"선생님 보고 싶다고 막 울었죠?"
"아니요~"
"뭐가 아니야, 운 거 다 아는데."
"아니라니까요?"

이렇게 싱거운 농담으로 또 하루를 시작한다. 해맑게 웃는 아이들과 지내는 일이 즐겁다. 문득 지난해 이맘때 일기를 보니 몇몇 아이들 때문에 힘들어하며 갈등하는 내 모습이 보였다. 올해는 그런 아이들이 아직 보이지 않는다. 덕분에 맘이 한결 가볍긴 한데, 뭔가 나사가 풀린 느낌도 든다. 어제 경기도에 사는 친한 선생님과 대화를 나누며 1학년을 또 맡게 된 소회를 나누다 올해는 마음이 말랑말랑해진 것 같다는 결론을 내렸다.

오늘 첫 시간은 교과서 '봄'을 훑어보며 교실 이야기를 좀 했다. 교과서를 나눠주고 그림 위주로 훑어보았다. 교육과정과 교과서가 이전보다 훨씬 정돈되어 있어 지난해보다 일찍 교과서를 펼쳐 보았다. 그러고는 학용품과 개인 물건을 어떻게 정리해야 하는지를 살피게 했다. 아직 채워지지 않은 부분이 보인다. 이번 주까지는 아이들 개인 물품이 모두 챙

겨지고 스스로 관리하는 법을 배우길 기대해본다. 두 번째 시간은 학교 앞 교통안전 수업을 했다. 교실에서 충분히 살피고 확인한 뒤 나가려고 안전생활 교과서에 적혀 있는 다섯 가지 약속을 확인하고 또 확인했다.

"첫째, 멈춘다. 둘째, 살펴본다. 셋째, 손을 든다. 넷째, 차가 멈추었는지 확인한다. 다섯째, 길을 건넌다."

이렇게 여러 번 외치고 외우고 학교지킴이 선생님의 도움을 받아 학교 앞을 건너는 연습을 했다. 그렇게 외우고 나왔건만 교문 밖을 나서면 바로 집중력이 떨어진다. 그래도 학교지킴이선생님의 도움을 받아 무사히 연습을 마칠 수 있었다. 그리고는 학교 연못을 거쳐 학교 닭장, 토끼장을 지나 놀이터를 둘러보며 우리 학교 운동장에는 무엇이 있는지를 확인했다. 연못이 예쁘다는 아이들, 닭장의 닭에서 눈을 떼지 못하는 아이들, 귀엽다며 토끼들을 바라보는 아이들의 모습이 햇볕에 더욱 빛이 났다. 놀이터에서 놀이기구를 타는 아이들은 너 나 할 것 없이 신이나 수다를 떨기 시작했다.

"난 이것도 할 수 있어."
"그건 나도 할 줄 알아."
"선생님, 저 보세요. 저는 암벽타기 좋아해요."
"선생님, 저도 그네 타고 싶어요."
"선생님, 저 모래로 두부 만들었어요."
"어디? 그러네."
"저 사진 찍어주세요."

모래로 두부를 만들었다며 흙장난을 하는 도훈이. 그 곁에서 지켜보는 아이들. 미끄럼 타는 아이들. 10분이 훌쩍 지나갔다. 5반 선생님과 아이들이 오는 모습을 보며 아이들을 모아 서둘러 교실로 돌아갔다. 중간 놀이시간에는 흥미로운 일도 벌어졌다. 지민이가 다른 반 남자아이를 우리 교실로 데려와 자기 옆에 앉혀놓고는 함께 그림을 그리는 것이 아닌가. 마냥 지켜봤는데, 지민이가 무심하게 이런 말을 내게 던졌다.

"재경이가 나랑 결혼할 거래요."
"누구? 아까 중간 놀이시간에 우리 교실에서 그림 그리던 애?"
"네."
"걔가 너랑 결혼할 거래?"
"네."

그저 웃음이 나왔다. 지난해에는 남자아이들이 좋다고 여자아이를 끌어안고 뽀뽀를 하고 좋아한다는 표시를 해대서 신경이 쓰였는데, 이번에는 여자아이 지민이가 너무 적극적이다. 아이들은 참으로 알 수 없다. 2017.3.6.

Tool&Tip
실천과 추천

사물함과 책상 정리와 개인 준비물

1학년 아이들에게 무언가를 정리하는 일은 쉽지 않은 일이다. 유치원이나 가정에서 교육을 받았다고는 해도 습관이 돼 있지 않은 아이들은 어지럽기만 하다. 입학 전에 필요한 개인 준비물을 학부모들에게 단단히 주지시키고 안내장까지 쥐어주지만, 입학식 다음날 완벽하게 갖춰 오는 아이를 찾기란 쉽지 않다. 학교마다 사물함의 크기나 활용방법이 조금씩 다르겠지만, 일반적으로 사물함에는 ㄴ자 플라스틱 책꽂이 하나쯤은 들어가 있으면 좋겠다. 교과서나 공책 정리할 때 유용하고 하나 사면 졸업할 때까지 쓸 수 있기 때문이다. 이게 없으면 책이 넘어지고 정리가 안 된다. 책상 속에는 서랍 높이에 맞는 작은 바구니가 있으면 좋다. 공책과 학용품(색연필, 사인펜, 네임펜, 필통)을 따로 관리할 수 있어 정리가 편하다. 이 모두를 학교 재정으로 해결하면 좋겠지만 사정이 여의치 못하면 개별 준비를 하게 할 수밖에 없다. 참! 부모님들에게 12색 이상의 사인펜, 크레파스, 색연필 세트를 사주지 못하게 해야 한다. 아이들에게 다양하고 화려하고 비싸 보이는 학용품을 쥐어주면 부모들 마음에는 좋겠지만, 아이들에게는 그리 실용적이지 못하고 오히려 학습에 방해만 될 뿐이다. 책상의 절반 이상을 차지하는 크기의 색연필세트를 올려놓고 도화지까지 펼쳐 그림을 그려야 하는 아이들 사정을 부모들은 모르는 모양이다. 더구나 1학년 아이들에게 12색 이상의 색은 필요하지도 않다. 지우개도 캐릭터 지우개 말고 잘 지워지는 지우개를 사주면 좋으련만. 1학년 교실에서는 모양만 예쁜 지우개로 끙끙거리며 지우개질하는 아이들을 1년 내내 볼 수 있다. 그런데 해마다 이런 풍경은 사라지지를 않는다.

사물함 책꽂이 옆에 칫솔, 치약 등 개인 물건을 정리함을 학부모님들에게 안내하면 좋다.

　출근하자마자 말썽부리는 프린터를 고치느라 바빴다. 덕분에 아이들 맞이도 신나게 해주지 못해 괜히 미안했다. 3월이라 그런지 바쁘긴 정말 바쁘다. 오늘도 5분도 쉬지 못하고 퇴근 때까지 일에 떠밀려야 했다.

　아침에 윤서 아버님으로부터 윤서가 체한 것 같아 병원에 다녀오겠다는 전화를 받고 걱정을 했다. 나중에 학교에서 와서도 배가 아프다고 칭얼대는 모습이 안타까웠는데, 그런대로 잘 견뎌주어 다행이었다. 아이들이 거의 다 들어왔다 싶었을 때, 이번에는 지원이가 어머니 손에 끌려 울면서 교실에 들어섰다. 까닭인즉, 엄마하고 있고 싶다고 학교에 가기 싫다고 했단다. 지원이 어머님께 걱정하지 마시라 말씀드리고 교실로 데리고 들어왔는데도 한동안 계속 울었다. 울지 말라고 하니 고개를 끄덕이기는 하는데, 어쩔 수 없이 어수선한 가운데 아침을 열어야 했다.

　아침 노래를 부르고 옛이야기를 들려주었다. 오늘의 옛이야기 제목은 '청개구리 점치기'. 청개구리라는 이름을 가진 미련한 아이가 열다섯 살이 되도록 사람 구실을 하지 못하자 어머니에게 떠밀려 돈을 벌러 밖으로 나서는 이야기다. 아무것도 할 줄 몰랐던 청개구리가 두 번의 점을 우연히 맞추는 바람에 유명한 점쟁이가 됐다는 이야기를 아이들이 재밌게 들었다.

"그런데, 어제 이 청개구리가 선생님에게 전화했다?"
"에이, 거짓말."
"진짜야. 선생님에게 전화해서 뭐라고 하는지 알아요?"
"뭐라고 했는데요?"
"오늘 아마 아침에 울고 들어오는 아이가 있을 거래. 이름이 지원이라고. 그런데 정말 보니까 오늘 지원이가 아침에 울고 들어오는 거야. 얼마나 놀랐는데."
"하하하."

한참 울던 지원이가 청개구리 이야기를 들려주는 내내 미소를 지으며 울음을 그치는 모습을 봤던 터라 농담을 좀 더 했다.

"지원이 너 울다가 웃으면 똥구멍에 털이 수북하게 난다? 울지 마. 이제. 선생님이 너 얼마나 보고 싶은데, 엄마하고 있고 싶다고 학교에 안 오려고 하면 얼마나 섭섭한데. 이제 그만 울자."

내 말에 씩 웃으며 고개를 끄덕이는 지원이 모습을 보니 마음이 놓였다. 귀엽긴. 이어지는 첫 수업은 통합교과 '봄' 교과서에 있는 '친해지고 싶어요' 주제에 맞춰 친구 알아가기 수업을 했다. 먼저 이름을 익히는 놀이로 시작했다. 아홉 칸의 빙고판 두 개가 들어간 종이를 나눠주고 친구들의 이름을 적어보게 했다. 아직 한글을 쓰지 못하는 아이들은 잘 쓰는 아이들이 대신 써주게 하면서 빙고판을 채우게 했다. 시간은 좀 걸렸지만, 이렇게라도 친구들 이름을 익혀나가길 바랐다. 그렇게 친구 이름으로 시작하는 빙고 놀이가 시작됐다. 이름을 부를 때마다 동그라미를 쳐가며 한 줄로 이어가는 재미에 아이들은 흠뻑 빠져들었다. 이름이 불리면 그 아이를 일으켜 확인시켜 주었다. 한 줄로 이름이 이어질 때마다 아이들은 소리를 지르고 원 빙고, 투 빙고를 외치기 시작했다. 어떤 녀석은 억지로 선을 이어 빙고라 우기기도 했는데, 어쩔 수 없는 1학년 아이들이구나 싶었다.

다음으로 내 짝이 좋아하는 건 무엇인지 좋아하는 색깔, 음식, 운동, 책 따위를 서로 물어두고 외워두라고 했더니 어찌나 신나게 서로 물어보고 대답들을 하는지, 정말 고마운 모습이었다. 지난해에는 친구가 아무런 말도 하지 않는다고 짜증내거나 장난친다고 싸우는 아이들이 많아서 힘들었는데…. 1학년 아이들의 집중력이 그다지 오래 가지는 않는다지만, 이 정도의 분위기만 해도 그저 고마울 따름이다. 마지막으로 친구 얼굴 그린 것을 빨대에 붙여 누구 얼굴인지, 이름이 무엇인지 맞히는 놀이를 했다. 그러고는 친구에 대한 정보를 다른 친구들에게 말해주는 시간을 가졌다. 24명을 모두 발표시키는 일이 쉽지는 않았다. 아이들이 다른 아이가 발표할 때 주의 깊게 듣지 않았기 때문이었다. 달래고 잔소리도 해가며 겨우겨우 14명을 발표시켰다.

이어서 점심시간. 오늘은 지원이랑 지후랑 같이 밥을 먹는 날이다. 지원이 앞에 앉자마자 지후가 한마디 한다.

"선생님은 왜 이렇게 밥을 많이 먹어요?"

그러자 지원이도 말을 거든다.

"선생님은 왜 그렇게 푸짐해요?"
"선생님 배 봐. 이렇게 크잖아. 많이 먹을 수밖에 없어. 너희도 어른 되면 이렇게 먹을 거야."

어느새 눈물을 그치고 웃음을 보이는 지원이. 종일 신나게 종횡무 진 교실을 누빈 지후랑 밥을 재미나게 먹었다. 그러다 지원이가 한마 디 또 건넨다.

"선생님은 왜 가지를 남겼어요?"
"그러게. 아주머니들 눈에 선생님이 돼지로 보였나 봐. 너무 많이 주셨어."
"선생님도 어제 시소에서 놀면서 돼지왕이라고 했잖아요."
"헉, 그러네."

아이들 점심 먹는 것을 보니 참으로 다양한 모습이다. 숟가락을 이 상하게 쥐고 먹는 아이. 반찬만 먹고 밥을 먹지 않는 아이. 달래가며 밥을 먹게 하지만 먹기 싫다는 아이. 세월아, 네월아 시간만 보내고 밥 과 반찬이 좀처럼 줄지 않는 아이. 맛난 것만 먼저 먹겠다고 우기는 아 이. 이 아이들이 학교생활을 하면서 조금씩 달라질 거라 여기지만, 가 정에서 함께 식사지도를 하지 않으면 어렵겠다는 생각도 들었다. 마지 막 시간에는 미처 발표를 못한 10명에게 친구 얼굴을 들고 소개하는 발표를 시켜나갔다. 간신히 마치고 나니 어느덧 아이들하고 헤어질 시간이다. 아이들에게 물었다.

"내일 주말이고 학교에 안 나오니 좋지?"

그런데, 많은 아이들이 내일 주말인 게 싫다며 학교 나오는 게 더 좋단다. 얼마나 고마운 말인지. 4월이 되면 조금씩 공부를 해야 할 테고, 그렇게 되면 저런 말들도 조금씩 줄어들 텐데…. 고맙기도 하면서 걱정도 들었다. 그래도 해야 할 말은 했다.

"선생님 보고 싶다고 울지 마세요."
"네!"
"안 울어요."
"난 울지도 몰라요."
"선생님 꿈꾸세요."
"네, 선생님 꿈꿀 거예요."

아이들을 만난 지도 열흘이 지났다. 순식간에 지나간 열흘이 언젠가는 열 달이 될 것이다. 지난 열흘처럼 우리 반 아이들이 늘 밝고 건강하기를 바란다.

"애들아, 주말 잘 보내고 월요일에 만나자." 2017.3.10.

친구 알아가기, 자기소개하기

1학년 아이들에게 자기소개를 하라고 하면 아이들마다 수줍어하는 정도가 달라 천차만별의 양상이 나타난다. 아직 자신에 대해 이야기할 줄 모르는 아이들에게 는 자기가 가진 장점, 즉 잘하는 것이나 좋아하는 것, 싫어하는 것 위주로 단순 하게 말할 수 있도록 안내하면 좋다. 하지만 이 정도로는 부족하다. 아이들이 빠르게 친해지고 이름을 익혀갈 수 있을 만한 방법을 놀이방식으로 안내해주면 좋

가름막을 두고 서로의 이름을 알아맞히기

다. 아이들이 가장 재미있어한 놀이 가운데 두 가지만 소개해보고자 한다. 먼저 아이들을 반으로 나눠 가운데 천으로 가름막을 치고 차례대로 천 가까이에 숨게 한다. 교사의 신호에 맞춰 일어나 서로의 얼굴을 보자마자 이름을 대게 하여 빨리 말한 아이가 이기는 놀이다. 다른 놀이로는 5~6명씩 앞으로 나오게 눈을 가리고 서게 한다. 그런 다음 또 5~6명씩 나와 눈을 가린 아이와 마주 보게 하고 손을 잡게 한다. 손만 잡고 이름을 맞히거나 목소리를 들려주어 이름을 맞히게 하는 놀이다. 이름을 맞힌 아이들에게 안대를 벗게 하면 손을 마주 잡고 얼마나 반가워하는지 모른다. 삿대질을 하지 않나, 침을 튀기며 이름을 얘기하지 않나, 어떤 아이들은 서로를 바라보며 이름이 생각나지 않아 멍하니 있기도 하는데 그 모습이 얼마나 웃겼는지 모른다. 그런 모습을 지켜보는 것만으로도 나는 기분이 참 좋았다. 이런 놀이를 일주일간 틈나는 대로 하면 아이들은 친구들의 이름과 얼굴을 빠르게 익혀간다.

안대를 하고 내 짝 찾기

모자란 교사는 있어도
부족한 아이들은 없다

    조금은 살가운 바람이 부는 날 아침 7시 50분. 늦은 밤을 보낸 것 치고는 일찍 교실로 들어섰다. 들어서자마자 어제 미처 챙기지 못한 오늘 수업의 흐름을 잡아보았다. 그러다 잠시 차를 타러 3층으로 나섰는데 내려오는 길에 우주 어머님을 만났다. 엊그제 돌봄 교실에서 작은 사건을 일으킨 우주에 대해 이야기하러 오셨단다.

    "막내라 어릴 때부터 응석을 받아주며 키웠던 탓인지 차분하지 못해 걱정이에요."

    "아니에요. 어머니. 제가 녀석 때문에 잔소리는 하지만, 그렇게 문제가 되는 행동을 보이지는 않습니다. 그냥 우주 성격이 그러려니 하고 시간이 해결해줄 거라 여기고 있어요."

    "그래도 우주가 누구를 괴롭히고 그런 일은 없었는데… 주목받는 걸 좋아해서 눈에 띄려고 애쓰는 경우는 있어도…."

    "우주가 저랑 있을 때는 제 통제 아래 있어 큰 문제가 없는데, 조금 자유롭게 풀어놓는 돌봄 교실에서는 자기 기질을 마음껏 보이다 보니 일이 생긴 듯합니다. 그래도 녀석이 눈치는 있어 자기 조절을 하는 편이에요. 크게 걱정하지는 않습니다. 아이들을 보다 보면 잘해도 미운 녀석이 있는데, 우주는 저렇게 개구쟁이 짓을 해도 미운 구석은 없어요. 저랑 티격태격해도 헤어질 때는 정답게 헤어지고 그래요."

"안 그래도 남자 선생님이라, 우주가 집에서는 우주 아버지를 좀 무서워해서 긴장해서 다닐 줄 알았는데, 전혀 그렇지 않아 놀랐어요."

"하하하. 그러셨군요. 제가 힘이 들고 정말 문제다 싶었으면 벌써 연락을 드렸지요. 4월 상담 때 더 많은 이야기 나누시지요."

내가 보기에 우주는 아무런 문제가 없다. 다만 조금 더 떠들고, 조금 더 나서며 자기 목소리를 크게 내는 아이일 뿐이다. 학교에서는 으레 이런 성향의 아이들을 '별나다', '난하다'라고 표현하고는 기를 누르려 애를 쓴다. 그렇게 치면 지금 우리 반에는 우주와 비슷한 성향의 별난 아이들이 남녀 합쳐 예닐곱 명이나 있는 셈이 된다. 문득 프랑스의 철학자이자 시인이었던 폴 발레리(Paul Valery)가 한 말이 떠오른다.

"생각하는 대로 살지 않으면 사는 대로 생각하게 된다."

시간이 지나는 대로 정신없이 살다 보면 교사는 반 아이들의 기질과 성향은 뒤로 하고 너무도 쉽게 아이들을 판단해버린다. 산만하다, 불안정하다, 가만히 있지를 못한다, 난하다, 별나다…. 그런데 가만히 보면 아이들은 아무런 죄가 없다. 그렇다고 부모라고 큰 죄가 있을까. 어쩌다 부모가 되고 처음 해보는 부모 노릇에 경제력이 뒷받침되지 못하거나, 생계에 시간을 빼앗겨 자녀교육을 제대로 할 수 없었던 것일 수도 있는데 우리는 부모교육을 너무 쉽게 이야기하고 그들을 탓해오지는 않았을까. 아이들과 부모를 제대로 바라보지 않은 채 그들의 수준을 너무 쉽게 단정 짓는 것은 아닌지 생각해봐야 한다. 아무리 깊은 공부를 해도 그것이 체화되어 성찰로 이어지지 못하면 교사는 계속 아이와 부모를 탓하며 자신의 능력과 전문성은 뒤로 감춘 채 허수아비처럼 거짓된 몸짓으로 학교에 다닐지도 모른다는 생각을 했다.

오늘도 아침 인사와 노래, 옛이야기로 시작을 했다. 내 학급운영의 바탕은 리듬이다. 10여 년 전 '발도르프교육'을 만나며 얻은 깨달음이 바로 '리듬'이었기 때문이다. 3월에는 항상 이런 식으로 조금씩 아침의 리듬을 만들어가고 있다. 이전에 덴마크 교육의 근간이자 오늘날의 덴마크 교육을 일궈 낸 철학자이자 교육학자이자 시인인 프레데릭 세베린 그룬트비(Nikolaj Frederik Severin Grundtvig, 1783~1872)가 강조한 교육과 내가 속한 전국초등국어교과모임의 실천이 매우 닮아 놀란 적이 있었다. 아침마다 아이들에게 노래와 시를 가르치고, 북유럽 신화를 비롯한 옛이야기를 들려주며 아이들의 인지와 몸을 깨우는 활동이 그것이었다.

오늘의 옛이야기는 '둔갑내기'다. 부모를 여읜 가난한 아이가 큰 도둑의 책 곳간을 지키는 지킴이가 되었다가 곳간에 있던 '둔갑도술 책'을 읽게 된다는 이야기다. 그 사실을 알게 된 도둑 두목이 아이를 잡으려 하자 아이가 온갖 둔갑술로 상황을 모면한다. 가락지로 변신해 처자의 손가락에 들어가 똑같이 둔갑술을 하는 두목을 피해간다는 흥미로운 이야기에 아이들 눈이 시종일관 내게 향했다.

이야기가 끝을 보일 무렵 나는 이야기를 멈추며 다음에 들려주겠다고 했다. 그랬더니 모든 아이가 일제히 야유를 보내기 시작했다. 특히 광현이는 화를 냈다.

"또 이런다. 저번에 어, 어, 엘리베이터 공포 이야기도 그러더니. 난 갈래."
"어딜?"
"집에 갈래."
"그래? 가라."

그러더니 이 녀석 정말 짐을 챙겨 교실 밖을 나가버린다. 멀리 가지 않을 것을 잘 아는 나는 교실 바깥까지 들리도록 큰 목소리로 말했다.

"이제 광현이 없으니까, 얘기 계속해줄까?"
"네."
"그래서 말이야. 가락지로 변신했던 아이는 좁쌀로 변신했어. 좁쌀이 뭔지 아니?"

잘 모르는 것인지, 이야기 속에 빠져 정신이 없는 건지 아이들이 대답을 못했다.

"노랗게 생겨서 모래알처럼 작은 쌀 말이야. 그게 말이지. 가락지에서 순간 좁쌀로 변해 모래밭으로 숨은 거지."

그때 광현이가 씩씩거리며 문을 열고 들어왔다. 입가에는 웃음을 가득 안은 채 말이다.

"간다며? 뭐하러 들어왔니? 바깥에서 다 들었지?"
"하하하. 네."
"그러자 두목이 도술을 부려 또 둔갑을 했는데, 뭘로 둔갑했을까?"

광현이가 자리에 앉자마자 신나게 대답한다.

"닭!"
"맞아. 닭으로 변해 좁쌀을 먹으려 했지."

예전 2학년과 살 때도 느꼈지만, 아이들에게 옛이야기만 한 국어수업이 없다. 듣고 말하는 활동이 함께 되고, 아이들이 글을 쓸 줄 안다면 그야말로 '온작품활동'으로 제격이다. 아이들은 배우고 있으나 배우고 있다는 걸 모르는 수업. 나는 오늘도 나름 성공적인 이야기 수업을 했다. 이어서 선 그림 그리기와 'ㅏ'와 'ㅑ'를 몸으로 공부하고 손으로 쓰는 공부를 해보았다. 교과서에 궁서체 혹은 명조체로 돼 있는 글씨를 따라 쓰는 게 아니라 고딕체처럼 곧게, 선을 긋듯 글을 쓰는 연습이다. 전국초등국어교과모임에서 만든 《초등학교 1학년 우리말 우리글》의 부록으로 실려 있는 공책을 복사해 나눠 주었더니 열심히 쓴다. 점심을 먹고 통합교과서 '학교'에 실린 '내 짝 그리기'로 하루를 마무리했다.

오늘도 어김없이 마음에 들지 않는다고 우는 녀석도 있고, 느릿느

릿 세월아 네월아 하는 녀석도 보이는가 하면 순식간에 해치우고는 할 일 없다며 돌아다니는 녀석도 보였다. 그런 와중에도 가장 마음이 쓰이는 건 제대로 글을 쓰지 못하고 그림을 그리지 못하는 녀석이다. 문제는 제한된 시간 안에 24명이라는 천방지축 1학년 아이들을 담임 혼자 책임져야 하는 안타까운 풍경이라는 생각이 든다. 한 아이에게 투여할 시간이 너무도 모자라기 때문이다. 언제까지 시스템 탓만 할 수도 없다. 모자란 내 능력을 조금이라도 채워 아이들의 삶을 도울 방법을 찾아가야 할 것 같다. 2016.3.17.

교실 속 서로 다른 아이들 이해하기

당시에는 이렇게 이야기를 하며 성찰하려 했지만, 금세 다시 원래대로 돌아가 아이들이나 부모 탓을 하곤 했다. 도무지 해결이 나지 않고 답답하니 그러했지만, 정신을 차리고 냉정히 나를 돌아보게 되면 결국 교사인 내 문제였다. 24명, 때론 그 이상의 아이들을 맡고 있는 교사가 완벽하면 얼마나 완벽할 수 있겠냐 하겠지만, 어차피 내가 맡아야 할 아이들이라면 책임의 문제에서 벗어나기 어렵다. 죄를 덜 지을 방법이란 게 특별할 것도 없었다. 시간이 필요하고 공부가 필요하고 끊임없는 반성이 필요했다. 말도 안 되는 공립학교 1학년 교수학습환경은 분명 달라져야 하고 정부의 그릇된 정책과 무관심을 비판해야 하지만, 그렇다고 교사의 실천과 성찰을 도외시할 수는 없었다. 무수하게 다른 성격과 기질을 가진 교실 속 아이들을 이해하는 것은 무척이나 힘든 일이지만, 자신을 내려놓고 그들을 바라보며 이해하는 일이 얼마나 중요한지를 나는 뒤늦게 깨달았다. 첫해보다 두 번째 해에 아이들과 지내는 일이 편했던 것은 그래서였는지도 모르겠다.

학부모와 상담하기

참! 오늘부터 학부모 상담을 시작했다. 세 분과 함께한 세 시간이 참으로 유익했다. 부모님과 공감하고 아이를 도울 방법을 함께 찾아갈 수 있다는 것이 만족스러웠다. 아이의 자서전을 미리 보고난 뒤라 훨씬 자연스럽고 이야기의 흐름도 깊었다. 아이와 부모님을 조금 더 이해할 수 있는 뜻깊은 시간이었다. 어머님들이 오시기 전에 그동안 아이들이 해왔던 학습결과를 모아놓고 부모님들이 써주신 자서전 내용을 정리하여 내가 지켜본 아이의 모습을 다듬은 표를 만들었다. 거기다 내가 질문할 것과 부모의 답변란, 그리고 공감 지점과 기대하고 바라는 점까지 표로 만들어놓으니 대화 준비로서 손색이 없었다. 그런 덕택이었을까? 상담의 방향과 내용이 충실히 진행된 느낌이었다. 내일 만나 뵐 학부모님들의 방문도 기다려진다. 2016.4.6. 일기 중에서

보통, 학교에서는 3월 말에서 4월 중에 공식적인 학부모 상담주간을 정하곤 한다. 대개 1주일에 상담을 모두 끝내곤 하는데, 일주일 만에 끝내려면 학부모당 10~20분 정도밖에 시간을 낼 수 없다. 좀 더 여유(2~3주)를 가지고 적어도 30분 이상의 시간을 마련해 담임이 아이들을 충분히 이해하고 학부모도 담임을 알아갈 시간을 마련하는 것이 좋다. 힘들긴 하겠지만 이런 과정을 통해서 서로 신뢰를 쌓고 아이 문제를 서로 공유할 수 있는 것이다. 상담을 준비할 때는 지난 한 달 간의 아이 모습을 읽어낼 수 있는 학습자료를 준비하면 좋다. 밴드와 같은 공간에서 사진을 통해 이미 본 것이라도 직접 보는 것과 크게 다르다. 자연스럽게 학부모와 말문을 트는 기회가 된다. 담임이 아이의 상태를 정확히 짚어내지는 못한다 해도 적어도 꾸준히 관찰하여 인지하고 있다는 인상을 심어주어야

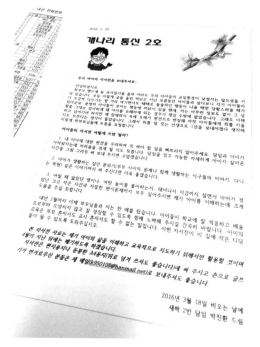

아이들의 자서전을 부탁한 통신문

상담을 원활하게 진행할 수 있다. 틈나는 대로 아이들 상태를 기록한 자료가 있으면 더욱 좋다. 젊은 교사일수록 학부모 만나기를 부담스러워하는 경향이 짙은데, 솔직한 모습을 보여주고 도움을 청하는 자세를 보여준다면 학부모도 함께하려는 모습을 보여줄 것이다. 간혹 담임을 뚜렷한 이유도 없이 의심과 불신의 눈으로 대하는 학부모도 있다. 아이들처럼 학부모의 성향과 기질도 저마다 다르다. 어쩔 수 없이 담임이 감당해야 할 몫이다. 그저 시간을 두고 믿음을 주는 수밖에 없다.

학교 가기
싫어요

　오늘은 예희가 학교에 가지 않겠다고 우는 바람에 마음이 아팠던 어머니가 보내신 메시지를 출근 도중에 받고는 여러 가지 생각이 들었다. 사연인즉, 어제 짝과 달리기 시합을 했는데 짝이 달리기 못한다고 구박하고 놀렸다며 아침에 갑자기 학교 가기가 싫다고 어머니를 힘들게 한 모양이었다. 차에서 내려 아내에게 차를 넘기고 학교로 걸어가면서 예희 어머니께 전화를 드렸다.

　"어머니, 마음이 많이 불편하셨죠. 아침부터 애가 학교 가지 않겠다고 하니…."
　"죄송해요, 아침부터."
　"아니요. 그럴 수 있지요. 근데 예희는 학교 갔나요?"
　"네."
　"아이고, 그런데요. 어머님. 예희 짝이 평소에 행동이 거세고 친구들 잘 놀리는 편이에요. 그래도 교실에서 흔히 일어나는 일이고요. 크게 생각하지는 않으셔도 됩니다."
　"네, 저도 그렇게 생각은 하는데…."

"사실 짝을 바꿔주는 건 아무것도 아니에요. 그런데 예희가 몸이 작고 여려서 아무래도 커가면서 계속 그런 놀림을 받을 수 있을 것 같아요. 그럴 때마다 부모와 어른이 걸림돌을 제거해주면 예희 스스로 상황을 이겨내는 능력을 잃어버릴까 염려돼요. 예희가 그런 상황을 스스로 이겨낼 수 있도록 힘을 불어넣어 줄 필요가 있을 것 같습니다. 한 달에 한 번씩 짝을 바꾸는데 다음 짝 바꿀 날이 머지않았으니 조금 이해해주시고 예희가 잘할 거라 믿어주세요."

"네, 알겠습니다. 죄송해요. 별것도 아닌데 아침부터 괜한 말씀 드린 것 같아요."

"아닙니다. 어머니. 그런 거 말씀해주셔야 해요. 고맙습니다. 들어가셔요."

전화를 끊고 나니 예전에 공립초등학교 졸업 후 대안 중학교로 아들을 보낸 뒤 아내에게 들었던 얘기가 문득 떠올랐다. 당시 나는 서울로 파견 근무를 해 주말 부부를 했던 터라 아들 곁에 있지 못했을 때였다. 아들이 같은 학년 친구 때문에 괴롭고 힘들다며 학교를 그만두고 싶다고 했단다. 그런데 그때 녀석과 아내가 하던 대화가 지금 생각해도 매우 인상 깊다.

"종훈이가 괴롭혀서 정말 싫어요."

"그래? 엄마가 나서서 그 녀석 혼쭐을 내줄까?"

"아뇨, 그러지 마세요. 제가 어떻게든 해볼게요. 그런데 정말 걔 때문에 학교 다니고 싶지가 않아요."

"그럼, 학교를 그만두든지."

"아니요. 그럼 비겁한 것 같아요."

"그럼 계속 다녀야 하는데, 괜찮겠어?"

"힘들지만 제가 스스로 해볼게요. 학교를 그만두자니 비겁한 것 같고 어머니 아버지에게 부탁하려니 자존심이 상하고 그래서, 일단 다녀볼래요."

그렇게 친구 관계에 힘들어하던 녀석이 지금은 오히려 그 친구와 제일 친하다. 문제를 해결하는 법을 스스로 찾아낸 것이다. 어제도 메일로 한 학부모님께 자서전을 받았다. 자서전 끝에 덧붙이신 말씀이 친구 관계로 힘들었던 아이가 상처받지 않고 1학년을 즐겁게 보냈으면 한다는 내용이었다. 답장을 드리면서 조금 말씀을 드려야 할 것 같아 나 또한 덧붙였다. 대개 많은 젊은 부모님들이 내 자식만큼은 상처를 덜 받고 자랐으면 하거나 상처 없이 자라길 바란다. 그러나 세상에 상처 없는 성장은 없다. 어김없이 찾아올 상처를 어떻게, 누구와 함께 치유하는가가 중요하다. 가장 좋은 건 어른들의 도움이나 개입 없이 스스로 문제를 해결하는 능력을 키우는 것이다. 부모의 맘이 아파도 아이가 이를 잘 이겨낼 수 있도록 관심과 애정으로 지켜보고 응원해주는 길을 택하려면 어른들의 지혜가 필요하다.

오후에는 또 다른 어머니가 아이 문제로 상담을 하러 오셨다. 작은 사건들 때문에 마음이 쓰여 오신 건데, 거기에도 아이와 부모의 상처가 있었다. 지난날의 상처를 어떻게 치유해갈지 걱정이 많으셨다. 결국, 스스로가 이겨내야 한다. 부모가 아이의 삶을 끝까지 결정할 수도 없고, 어른이 할 수 있는 거라곤 고작 아이가 스스로 자기 길을 찾아가도록 응원하는 정도뿐이다. 우리 교실에는 상처를 안고 있는 아이들이 서너 명 있다. 부모님께서 써주신 자서전이 아이들을 제각기 다르게 읽는데 도움이 되었다. 돌이켜보면 이전에 내가 맡았던 아이들에게도 크고 작은 상처가 있었던 것 같다. 그런데 대부분의 경우 부모의 관심과 믿음만 있으면 시간이 해결해주었다. 예전에는 그렇게 말썽을 피우고 자리를 잡지 못하던 녀석들이 중학교, 고등학교를 거치면서 달라지는 모습을 꽤 보았다. 지금 이 자리에 있는 아이들의 모습이 먼 훗날에도 변함없는 모습일 거라는 건 잘못된 생각이다. 예상치도 못한 다른 길을 걷는 아이들도 있다. 지금의 모습이 먼 미래의 모습과 같을 거라 단정하기란 어렵다는 것. 부모의 과잉보호가 아닌, 지켜보며 응원하는 사랑과 믿음만 꾸준히 이어진다면 아이들이 제 길을 찾아가리라는 것은 분명하다.

"선생님, 오늘 중간 놀이시간에 나와요."
"어딜?"
"놀이터에 나와요. 바쁘더라도 나와요."

평소에 이런 말을 안 하던 소현이가 오늘은 웬일로 아침부터 이런 말을 불쑥 꺼낸다. 모든 일을 척척 알아서 하고 별다른 말을 할 필요가 없던 아이여서 제일 가까운 자리에 있는데도 다른 아이들보다 멀리 보였던 소현이가 오늘은 매우 적극적으로 내게 다가왔다.

"그래? 그럼 오늘 소현이가 처음으로 부탁을 하는 건데 들어줘야지. 바쁜 일이 있더라도 나갈게. 꼭."

중간 놀이시간이 되자 녀석은 내 손을 끌고 서둘러 바깥으로 안내한다. 기분이 무척 좋아 보인다. 놀이터에 가서도 이 놀이기구 타보라 저 놀이기구 타보라 하며 곁에서 맴돈다. 뜻밖이기도 하고 귀여워서 함께해주었다. 그러다 다른 아이들이 한데 뭉쳐 달려드는 통에 결국 다 함께 놀게 됐다. 교실로 올라오는 길에도 소현이는 어김없이 내 손을 붙잡고 올라왔다. 소현이는 내내 나를 따라다녔다. 내가 과잉행동과 거친 행동의 아이들에게 시선을 보내는 사이, 선생님이 자신을 놓치고 있다는 느낌을 받은 걸까? 집에 갈 때까지도 내 손을 놓지 않던 소현이의 모습을 보며 미처 보지 못한 다른 아이들에게도 눈을 돌려야겠다 싶어졌다. 4월부터는 '하루에 한 아이 사랑하기'를 실천할 생각이다. 어차피 하루에 24명을 똑같이 사랑해주기는 힘들다. 중고학년처럼 따로 상담 자리를 마련해 대화를 나누기에는 시간도 모자라고, 1학년 아이들에게는 아직 어려울 거란 생각에 하루에 한 아이씩이라도 좀 더 관심을 가지고 지켜보고 대화를 나누려 한다. 그러면서 좀 더 다양한 관계를 깊이 가지려 한다. 2016.3.23.

Tool&Tip
실천과 추천

등교를 거부하는 아이

1학년 아이 중 등교를 거부하는 아이는 크게 두 부류였다. '친구가 싫어서'이거나 '엄마랑 떨어지기 싫어서'이다. 친구 때문에 등교를 거부하는 경우는 내가 중재를 해서 그리 어렵지 않게 해결할 수 있었지만, 엄마랑 헤어지기 싫어서 등교를 거부하는 경우는 어려웠다. 한 아이는 학교 오는 걸 즐거워하고 내가 들려주는 옛이야기를 좋아하는 아이였는데, 어느날 등교를 거부해서 놀라고 섭섭한 마음이 들었다. 나중에 확인한 바로는 어머님이 갑자기 직장을 그만두시면서 집에 있는 날이 많아지고 나서 등교 거부가 시작됐단다. 집에 항상 어머니가 계신다는 것을 알고 어머니랑 계속 함께 있고 싶어진 것이다. 억지로 학교에 와서 종일 눈물로 지내는 나날이 한동안 지속됐다. 그래도 시간을 두고 어머니와 상담하며 아이 상태를 차츰 조절하자 학교에 다시 적응하기 시작했다. 아이가 학교에 오기 싫어하는 이유는 이것 말고도 다양할 수 있다. 상황을 정확히 진단하고 학부모와 교사가 함께 노력하는 것은 당연하면서도 중요한 일이다.

Tool&Tip 실천과 추천

내 아이의 자서전

중고학년을 맡았을 때는 하지 않다가 1학년을 담당하면서 시작한 학급살이 실천 중 하나가 학부모에게 '내 아이의 자서전'을 쓰게 하는 일이었다. 이 실천은 《그림책을 읽자 아이들을 읽자》의 저자이자 내 절친인 최은희 선생님이 소개한 것이다. 이 책을 한동안 잊고 있다가 1학년을 맡게 되어 이런저런 자료를 뒤지다 다시 접하게 되었는데 내용인즉슨 학부모가 자기 아이가 자라온 과정을 편지 쓰듯 담임에게 전하는 이야기가 바로 '내 아이의 자서전'이다. 어떻게 태어났으며 어떻게 자랐는지, 부모님 손에 자랐는지 조부모에게 맡겨져 자랐는지, 어릴 때 크고 작은 상처는 없었는지, 아픈 곳은 없는지, 가족의 아픔은 또 없었는지까지 알려주는 여덟 살짜리 아이의 자서전이다. 부탁을 드리자 6할 정도의 학부모님들이 글을 써주셨다. 말로는 쉽게 할 수 없었던 이야기까지 알 수 있어 아이를 좀 더 깊이 이해할 수 있었다. 학부모에게 편지지를 보내어 받거나 이메일 주소를 알려주어 메일로 받아보기도 했다. 물론 확인하고 상담과 지도의 기초자료로 활용한 뒤에는 모두 폐기했다.

Communication
소통의 중요성

하루에 한 아이 사랑하기

《살아있는 교실》과 《살아있는 글쓰기》의 저자 이호철 선생님의 실천사례 중 한 귀퉁이에 있었던 '하루에 한 아이 사랑하기'를 나는 오랫동안 학급살이의 한 축으로 삼아왔다. 1년 중 며칠 정도는 건너뛰기도 하지만, 아이들을 바라보며 이해하는 데 이만한 활동이 없어 해마다 잊지 않고 실천해왔다. 1학년도 예외는 아니다. 하루에 한 아이(주로 번호대로)를 정해두고 그날만큼은 아이가 눈치채지 않게 좀 더 지켜보고 챙겨보고 공부도 도와주며 밥도 같이 먹는 실천이다. 다인수 학급에서 담임들은 아이들이 많다. 바쁘다는 핑계로 눈도 제대로 마주치지 않고 아이들을 돌려보내곤 한다. 그래서 이렇게 의식적으로라도 날을 잡아 한 아이를 집중해서 관찰하고 도와주는 일이 더욱 중요하고 소중하게 여겨졌다. 1학년을 맡을 땐 하루에 두 아이를 사랑하기도 했다. 점심시간마다 두 아이를 내 앞에 앉혀놓고 밥을 먹으며 수다를 떠는 일은 하루 중 가장 즐거운 시간이 되었다. 오늘도 '하루에 한 아이 사랑하기'의 대상인 아이를 좀 더 깊이 관찰하고 점심시간에 특히 이야기를 많이 건네며 들어보았다.

"정우야, 너는 왜 그렇게 소리를 지르니? 선생님이 그 이유 좀 들어보자."
"음…… 생각 좀 해보고요."
"생각이 필요해? 그럼 잠깐 생각해봐. 다른 아이들 밥 먹는 거 보고 올 테니."

잠시 뒤에 다시 물은 질문에 녀석은 뜻밖의 답을 내놓았다.

"학교가 재미있어서요."

"그래? 뜻밖이네. 뭐가 그리 재미있니?"

"음…… 자연놀이 공부하는 것도 재미있고…… 다 재미있어요."

"그랬구나. 그래도 너무 소리를 지르니까 다른 친구들에게 방해도 돼. 이번에 선생님이 이유를 알았으니 소리를 내도 되는데, 조금은 조심했으면 좋겠어. 어때?"

녀석은 마땅치 않으니 고개만 끄덕이는 것인지, 잘 될지 자신이 없어 그런 건지 그냥 웃기만 한다.

"음…… 이 학교에 내가 6년을 다니겠네? 그리고 중학교 가고…… 졸업하기 전에 선생님 전화번호 적어가야겠다."

"선생님 전화번호? 연락은 할 거야?"

"네, 할 거예요."

2016.4.5. 일기 중에서

선생님,
40원에 살게요

    오늘 아침엔 지은이가 맨 먼저 들어와 인사를 건넸다. 수줍은 듯 만 날 웃으며 나를 반기는 지은이. 아침에 오늘 수업할 거리 정리하느라 바쁜 내 곁에 와서 뭐 하냐고 궁금해하며 서 있었다.

    "음, 선생님이 바빠서 지은이랑 얘기를 못 하겠네. 선생님이 책 하 나 줄게 읽어볼래?"

    "무슨 책이요?"

    "말놀이 동시집이라는 건데, 지금 우리가 홀소리 배우고 있잖아. 그 거가 들어있는 시들만 모은 책이야."

    "아, 이 시는 첫배움책에도 있는 건데."

    "맞아, 여기서 옮겨놓은 거야."

    잠시 뒤에 지유가 들어와 히죽거리며 내 곁을 맴돌다 지은이가 보 고 있는 책이 궁금한지 지은이 옆으로 간다. 그러고는 같이 책을 보며 웃는다. 참 보기 좋다. 그렇게 아이들 하나둘씩 교실로 들어오는데, 요 즘 조금씩 내게 말을 걸기 시작한 지유가 선물 하나를 건넨다.

"선생님 살게요."

"응? 뭐라고?"

"선생님 40원에 살게요."

"무슨 말이야?"

"이거요. 여기에 40원 담아 왔어요."

"와, 이걸 지유가 만든 거야? 여기에 40원이 들었어?"

"네."

"그런데 선생님 사서 뭐하게?"

"그냥요."

"에이, 말해봐."

"그냥요."

딱히 이유가 없을 거다. 그냥 친해지기 위한 지유만의 방식일 거니까. 요즘 부쩍 내게 말을 걸며 다가오는 지유의 모습이 조금씩 보이기 시작한다. 옆자리 짝에 대한 이야기를 살짝 들려주기도 하고, 지나가는 말로 슬쩍 내게 말을 걸기도 한다. 아이들마다 자기 속도가 있다. 담임에게 찾아오는 시기도 방법에도 차이가 있다.

둘째 시간에는 어제 배운 'ㅛ, ㅠ'를 다시 보며 따라 읽고 확인하면서 책걸상을 치우고 몸으로 표현하는 활동을 보았다. 역시나 아이들에게는 몸으로 표현하는 일이 매우 자연스럽다. 혼자 하기도 하고 짝과, 혹은 친구들과 어울려 글자를 만들기도 하며 즐겁게 시간을 보냈다. 시간이 남아 조금 이르지만 새로운 짝을 뽑기로 했다. 긴장한 듯 안한 듯 기대감을 품고 짝을 뽑는 과정이 아이들에게는 매우 신나는 일인

동시에 아쉬움이기도 했나보다. 어떤 녀석은 내게 와서 이런다. "현서랑 짝이 될 거라고는 꿈에도 생각하지 못했어요."

짝을 모두 확인한 다음에는 바꾼 대로 자리를 잡아보라고 했다. 새로운 짝과 만나 이름을 알아보라고 하고, 서로 이야기할 시간도 주었다. 처음이라 서먹해하는 아이들이 있는가 하면 기대한 친구를 만난 듯 재잘거리는 아이들도 보인다. 어쨌든 일 년 동안 열 번 정도 짝이 바뀔 것인데, 벌써 두 번째를 맞이했다. 이제부터는 주마다 옆으로 앞으로 자리도 이동하면서 앉힐 계획이다. 나와 다른 이를 만났을 때, 비로소 나를 확인하게 된다는 말이 있다. 비록 아이들일지라도 나와 다른 친구들과 만나며 친해지고 다투기도 하면서 성장하길 바랐다.

셋째 시간, 마침 교무선생님이 씨감자가 도착했다는 연락을 해주셨다. 얼른 챙기러 올라가 교실로 가져왔다. 그리고는 아이들에게 먼저 어제 붙인 시 '씨감자'의 배경을 꾸미게 했다. 그동안 나는 씨감자 상자를 열어 아이들에게 보여주며 다음 장에 씨감자라고 크게 글씨를 쓰고 그림을 그리게 해주었다. 아이마다 한두 개씩 씨감자를 주었더니 무척 신기해한다. 어떤 아이들은 징그럽다고도 했는데, 모든 아이가 씨감자를 직접 보며 다음 주에 심을 감자를 공부해보는 유익한 시간이었다.

오늘 점심은 지민이랑 지유랑 먹었다. 짜장이 좋다고 한 그릇 더 가져와 먹었던 지민이는 짜장을 얼굴에 묻히고 옷에 튀겨가며 맛나게 먹었다. 지유는 내게 무슨 음식을 좋아하냐며 자기는 갈비를 좋아한다고 재잘거리며 밥을 먹었다. 둘을 앞에 두고 보니 지유가 언니 같고 지민이가 동생 같다. 입에 잔뜩 짜장을 묻힌 지민이에게 입 닦으라며 휴지를 건네는 지유. 지민이가 아무렇지도 않게 받아서 닦는 모습을 지켜보는 지유 모습도 우습다.

오늘은 해마다 있는 반 아이들과 '걸개그림 만들기' 하는 날. 사포에 크레파스로 그림을 그려놓고 광목천을 덮어 다림질로 녹여내는 미술활동인데, 다른 반에서도 지난해 작품을 보고는 함께 하겠다고 나섰다. 일단 내가 먼저 시범을 보이겠다고 나섰는데, 생각만큼 잘 나오지는 않았다. 모든 아이에게 다림질을 시켜가며 땀을 뻘뻘 흘려 노력한 만큼 멋진 작품이 나올 거라 기대했는데, 아쉬웠다. 요즘 나오는 크레파스의 질과 광목천의 두께가 문제였던 것 같다. 그래도 아이들은 신기해했다. 광목천에 묻어 나오는 크레파스를 보며 자신이 그린 작품이 천으로 옮겨가는 과정에서 놀라움과 탄성을 뿜어냈다. 그거면 되지 않았을까. 비록 내 기준으로는 만족스럽지 못했지만, 아이들 모두 좋은 경험을 했으리라. 뒤처리를 하는데 태현이랑 윤수가 와서 도와주었다. 태현이는 자신이 이렇게 고생하는데 왜 고맙다고 안 하냐고 따진다. 아직 일도 안 끝났는데 벌써 고맙다고 해야 하냐고 하니 씩 웃는다. 하지만 고마운 건 고마운 거다. 덕분에 빨리 뒤처리를 할 수 있었다. 2017.3.23.

Speculation 선생님의 사색   짝 바꾸기

아이들의 짝은 한 달에 한 번씩 바꿨다. 종이 뽑기로 정하기도 하고 짝 바꾸기 프로그램으로 추첨으로 결정하기도 하고, 여자가 앉고 남자가 찾아가는 방식으로 하기도 하며 달마다 방식을 바꿔 앉혔다. 다만, 이전에 앉았던 친구가 아닌 다른 친구랑 앉는다는 규칙을 정해 달마다 새로운 친구를 만나게 했다. 주마다 분단을 옮기고 짝끼리 앉는 자리도 앞에서 뒤로 차례를 정해 바꿔나가 위치를 달리하여 골고루 앉혔다. 어떨 때는 아이들의 요구로 남자는 남자, 여자는 여자끼리 앉혀보기도 했다. 같은 성별로 앉혔더니 어찌나 이야기꽃을 피우던지 수업이 잘 안 되기도 해 잘한 일인가 하는 생각이 들었던 적도 있다. 첫해 실패 뒤에 이듬해에는 아이들의 요구를 에둘러 거부했는데, 이것도 잘한 건지 아직 판단이 잘 서지 않는다.

걸개그림 만들기

내가 맡은 학급에서는 해마다 광목천과 사포, 크레파스를 준비해서 걸개그림 만들기를 해왔다. 10여 년 전, '열두 가지 빛깔 학급운영 이야기'를 들려주시던 정애순 선생님의 실천사례 가운데 하나였는데, 그분의 강의를 듣고 난 뒤 시작해서 이제는 내 연례행사가 되었다. A4 크기의 사포를 1/4 크기나 절반으로 잘라서 아이들에게 건네준다. 이미 크레파스를 가지고 있는 아이들은 받은 사포에 그림을 그리면 된다. 하얀색이나 노란색으로 바탕 그림을 연하게 그리고, 위에 진하게 색을 칠한다. 되도록 검은색 바탕이 안 보이게 칠하도록 안내한다. 그림 내용은 교사의 수업 의도를 반영한 것이면 무엇이든 상관없다. 그렇게 칠한 사포 그림 뒷면에 딱풀을 발라 교실 바닥에 붙여 깔고 그 위에 광목천을 올려놓으면 1차 작업 끝. 참! 광목천 모서리 부근에 테이프를 붙여 움직이지 않도록 고정해놓아야 한다. 다음에는 아이들을 하나씩 불러 돌아가며 다림질을 하도록 한다. 두루두루 다림질을 하되, 가끔은 다리미가 한곳에 오래 머물러 있게 해야 색이 광목천으로 스며드는 모습을 볼 수 있다. 광목천이 두꺼우면 잘 스며들지 않을 수 있으니 구입할 때 되도록 얇은 천을 구하는 것이 좋다. 어느 정도 크레파스가 스며든 것이 확인되면 광목천을 떼어내면 된다. 멋진 걸개그림이 완성되면 교실 귀퉁이 한 곳에 걸거나 붙여 아이들과 감상해보자. 교실 모습이 한결 달라진 걸 확인할 수 있을 것이다.

아픔 없이
깨달을 수는 없을까

어제 퇴근은 늦게했지만 곧바로 잔 덕에 아침에는 한결 개운했다. 다만 감기몸살 기운이 스멀스멀 차오르는 것 같아 조금 걱정이 됐다. 어젯밤도 약으로 적당히 달랬건만, 오늘도 약에 기대야 할 것 같았다. 교실로 들어서서 곧바로 오늘 수업거리를 다시 살펴보았다. 'ㅠ'를 공부하고, 복습하고, 아이들이 좋아하는 체육시간을 갖고, 5교시는 오랜만에 교실놀이로 시간을 보내자는 흐름을 잡고 아이들을 기다렸다. 한 녀석씩 들어오는 모습이 벌써 3주가 지나가는데도 전혀 지겹지 않다. 어찌 이렇게 만날 반가울 수가. 마칠 즈음 티격태격하다가 헤어지기도 하지만, 아침에 아이들 맞이하는 건 이제 중독이 될 지경이다. 한 녀석씩 내 품에 와서 인사를 하고 귀를 만져주며 반갑다고 인사 나누는 과정에 아이들도 이제 익숙해졌다.

오늘 점심시간은 난리도 아니었다. 문제는 꽃게. 못 먹겠다느니, 어떻게 먹냐느니, 이게 뭐냐느니 참으로 말들이 많았다. 대부분 쪽쪽 빨아 먹는데, 짠 국물을 밥 없이 먹는 녀석들이 꽤 많다. 가만 보니 우리 반 아이들 밥 먹는 속도가 가장 늦다. 세월아 네월아 먹는 아이들이 우리 반에만 유독 많은 것인지, 다른 반 아이들이 빨리 먹는 것인지, 다른 반 선생님들이 지도를 잘한 것인지는 몰라도 내게 밥을 빨리 먹으라고 재촉할 능력은 없다. 물론 더디게 먹는 녀석들에게 빨리 먹으면 좋겠다고 말은 하지만, 여전히 고민이다. 반찬을 함부로 버리는 아이들도 그렇다. 강제로 먹일 수도 없고, 공갈과 협박까지 해가며 안 먹으려는 녀석들에게 조금이라도 먹이려고 하지만, 여전히 쉬운 일이 아니다. 과연 아이들 식사지도가 가정의 도움 없이 학교의 힘만으로 어느 정도까지 가능한 건지 가늠을 할 수 없다. 지금은 24명을 시간 내에 밥을 먹이는 것만으로도 벅차다.

점심을 먹고 돌아오니 남자아이 두 녀석이 못다 한 국어학습지를 하느라 교실에 남아 있었다.

"병주야, 뭐해? 아, 그거 아직 못 했구나. 좀 다른 색으로 하지."

아무런 대답 없이 그저 학습지를 푸는 아이를 지켜보는데 옆에서 예서가 달려든다.

"귀 좀 잡아주세요."
"뭐?"
"귀 좀 만져달라고요."
"별로 차갑지도 않구먼. 예서는 꼭 점심시간만 되면 선생님한테 달라붙네."
"선생님, 비행기 접어줘요."

"성훈아, 접어주세요, 해야지."

"접어주세요."

성훈이 녀석이 오늘 급식에 나온 묵을 두 개만이라도 먹으라고 했더니 내가 안 본 사이에 밑으로 버렸다는 제보를 받아 잔소리를 좀 하려 했는데, 순진무구한 얼굴로 비행기 접어달라고 조르는 통에 그만 말문이 막혀 접어주고 말았다. 옆에는 따라온 광현이가 자기도 접어달라는 표정으로 서 있었다.

"광현아, 선생님이 성훈이 것 하는 거 보고 그대로 따라 접어봐. 그래 그렇지. 잘하네. 힘을 주어서 쫙 눌러주고."

이어서 여학생들 네댓 명이 들어오더니 내게 달려와 매달리기 시작한다. 세원이랑 벼리는 내 무릎 위로 자꾸 오르려 하고⋯. 결국 내 점심시간은 이런 식으로 끝나고 말았다. 오늘 5교시는 아이들과 그냥 놀자, 생각했다. 예전부터 해오던 가위바위보왕 뽑기 대결. 교사인 나와 아이들 24명이 겨루는 놀이. 비기거나 져서는 안 되고 오직 나를 이겨야만 끝까지 살아남는 놀이의 승자에게 땅콩 하나라는 부상이 주어졌다. 역시나 난리였다. 놀이를 하는 동안 예상한 대로 곳곳에서 문제가 나타났다. 24명의 손가락 속에서 들키지 않게 손가락을 바꿔가며 속이는 동작들이 보였다. 내가 보는 눈이 한계에 이르자 이제는 주변 아이들이 서로 고발을 한다. 우리 반 말썽꾸러기들은 이 놀이에서도 예외 없이 속임꾼을 자청한다. 놀이는 정정당당하게 했으면 좋겠건만, 이것을 1학년 특유의 모습으로 여겨야 할지, 지도할 것으로 기억해두어야 할지 가늠이 서지 않는다. 모자라도 한참 모자란 교사라는 걸 절실히 느끼는 순간이었다.

나의 모자람은 무서운 이야기를 하려다 우스운 이야기로 막을 내린 뒤 이어진 하교시간에도 드러나고 말았다. 윤솔이가 어머니를 만나러 1층 계단으로 내려가려다 창문 너머로 보이는 엄마에게 손을 들다 계단을 잘못 짚어 그만 그대로 앞으로 엎어진 것. 뒤를 돌아보며 얼마나 놀랐던지, 바깥에 계시던 윤솔이 어머니도 놀라 쫓아 올라오셨다. 오늘은 보건선생님도 계시지 않아 간단히 상태를 보고는 서둘러 병원으로 보내야 했다. 놀라서 엉엉 우는 윤솔이의 뒷모습 때문에 한동안 일이 손에 잡히지 않았다. 다행히도 이에는 이상이 없고 입술과 잇몸이 찢어진 상태여서 한동안 두고 봐야 한다는 소식을 윤솔이 어머니가 전해주셨다. 그래도 마음이 놓이지 않아 나중에 또 걱정이 돼 전화를 했더니 이제 잘 놀고 웃고 지낸다고 전하셨다. 내일 녀석에게 작은 선물이라도 줘서 위로를 해주려 한다. 모자란 선생 때문에 고생한다고.

2016. 3. 24.

한눈팔면 안 돼요

아직 운동신경이 그렇게 발달하지 못한 데다 시야가 넓지 않은 1학년 아이들의 움직임은 예상치 못한 곳에서 사고를 낳기도 한다. 특히 학교 계단에 익숙하지 않은 아이들이 발을 헛디뎌 넘어지는 사고가 곧잘 일어난다. 반드시 난간을 잡고 이동하게 하는 일은 쉬워 보여도 아이들이 잘 못하거나 안 하는 행동이다. 담임이 단단히 주의를 줄 필요가 있다. 아이들의 안전사고는 놀이터에서도 곧잘 일어난다. 한 아이가 놀이터에서 뒤를 돌아보며 뛰고 도망치다 앞에 놀이기구가 있는지도 모르고 앞에 있는 철봉 기둥에 얼굴을 부딪쳐 심하게 멍이 든 적도 있고, 그네를 타다가 떨어져 한동안 호흡곤란을 겪은 아이도 있었다. 늘 모두를 지켜볼 수 없는 아이들의 안전은 그래서 두렵고 무섭다. 수업시간에 정말 아무런 생각 없이 아이들 요구로 컵라면을 먹는 활동을 했다가 내 부주의와 아이의 실수가 겹쳐 화상을 입었던 적도 있었다. 컵라면의 위험성을 제대로 인지하지 못한 내 잘못이 컸다. 1학년 아이들의 안전문제에서는 20년이 넘는 교육경력이 무색할 정도로 나는 무감각하고 무지했다.

나를 홀리고
사로잡는 아이들

지키지도 못할 약속을 하루에도 열 번 넘게 하는 아이들하고 사는 일에도 이제는 익숙해지련만, 그래도 혹시나 해서 오늘도 묻는다.

"너 오늘 선생님 말 잘 들을 거야?"
"네. 잘 들을게요."
"내가 어떻게 널 믿어."
"오늘은 정말 잘 들을 거예요."
"좋아, 그럼 믿고 땅콩 두 개 줄게."
"어, 저기 예쁜 걸로 주세요."

물론, 오늘도 난 녀석에게 속았다. 아침에 한없이 순박한 얼굴로 교실에 제일 먼저 들어와서는, 집에 갈 때까지 온 교실과 복도를 누비며 하루를 즐기는 이 녀석을 나는 어느샌가 짝사랑하고 있는 걸지도 모른다. 녀석이 벌인 사건은 점심시간을 앞두고 산책을 다녀온 뒤에 일어났다. 급식소로 바로 가라는 말은 듣지도 않은 채 교실로 들어가 전등을 켜려고 버들가지 화분 뒤편에 있던 스위치를 누르다 그만 화분 두

개를 모두 넘어뜨린 것. 아이들은 너 나 할 것 없이 달려와 화분 사태를 고발했고, 나는 줄을 세우다 말고 서둘러 교실로 뛰어갔다. 교실 문 앞은 이미 물바다였고, 버들가지는 잘디잔 이파리를 사방에 퍼뜨린 채 쓰러져 있었다. 녀석은 어디를 갔는지 보이지 않았고 나는 빗자루를 가져와 이파리를 모아 치우고 물걸레를 가져와 바닥을 닦았다. 잠시 뒤 주위를 맴돌던 녀석을 불렀다.

"주현아, 이리 와봐."
"아니, 나는 불을 켜려고 했는데 이게 쓰러져버렸어요."
"주현아, 선생님은 이런 일로 혼내지 않아. 실수할 수도 있지 뭐. 다만, 네가 이렇게 해놨으니 책임은 져야지. 어떻게 책임지면 될까?"

혼날 거라 여겼을까? 평소 주현이답지 않게 차분히 내 말을 듣던 녀석은 내가 원했던 답을 찾지는 못했다.

"선생님이 컵을 줄 테니, 물 좀 떠 와. 저 유리 화분에 넣게."

녀석은 아주 열심히 물을 떠가지고 왔다. 옆에서 지켜보던 선하도 자기 컵을 가져와 일을 도왔다.

"고맙다. 선하야. 그리고 너희들 빨리 밥 먹으러 가야지."

그러고 보니 스위치 쪽에 화분을 가져다 놓았을 때 가장 먼저 걱정을 했던 녀석이 바로 사건을 저지른 이 녀석이었다.

"어, 이거 여기 놔두면 넘어질 건데."

"너만 건드리지 않으면 절대 그런 일 없어."

결국 녀석이 그 일을 실행했던 셈. 사실 놔둘 곳이 없어 그곳에 화분을 뒀던 내 책임이 더 크다. 아이들이 당연히 그럴 수도 있다 여기니 화를 낼 까닭은 없었다. 오히려 넘어뜨린 녀석이 더 놀랐을 터. 이번 일로 녀석과 내가 더 가까워지길 바랐다. 하긴 이미 친해져 있다. 오늘 녀석은 종일 내게 붙어 있었다.

사실 오늘 가장 걱정했던 녀석은 윤솔이였다. 어제 일어난 사고로 아침에 어떻게 들어올까 걱정했는데, 다행히도 밝은 얼굴로 들어와 내 곁으로 와 인사를 한다. 아침에 오자마자 얼마 전 책 사은품으로 들어온 노란 응급용품 케이스에 짧은 편지를 써 선물로 주었다.

"이거 뭐예요?"

"선물이야. 볼래? 이건 밴드고 이건 살갗이 까졌을 때 소독하는 알코올이야. 가방 속에 넣어 두었다가 다치면 꼭 써."

"네."

"뒷면에 뭐라고 썼는지 읽어보고."

선물을 받은 윤솔이 입가에 기쁨이 가득해 보여 나도 기분이 좋았다. 이 녀석도 아침 내내 나한테 붙어 있었다. 요즘 내게 찰싹 붙어 있는 녀석들이 너무 많아 도무지 아침에 다른 일을 할 수 없다. 그런데 1~2교시 수업이 진행되면서 윤솔이가 조금씩 처지는 것 같았다. 아니나 다를까 이내 내게 다가와서는 불편을 호소한다.

"선생님 목이 아파요. 엄마가 어제 넘어져서 놀라서 그런 거래요."
"많이 아파?"
"네, 목을 앞으로 굽히면 아파요."
"정말 놀라서 그런 거면 차츰 좋아질 거야. 아이고, 윤솔이 어쩌나.
조금만 참아봐."

중간 놀이시간에 윤솔이는 교실에서 쉬라고 했는데 이내 내게 다가
와 무릎 위에 올라앉더니 이런저런 수다를 떤다. 그러기도 잠시.

"나가서 놀면 안 돼요?"
"괜찮겠어?"
"네."
"그럼, 멀리 가지 말고 조심해서 놀다 와."
"네."
"계단 내려갈 때 난간 잡고 내려가. 뛰지 말고."

그러고는 곧장 내게로 다가와 무언가를 내민다. 검정 구두다. 얼마
전에 아버지가 사줬다는 신발을 어제 엄청 자랑했더랬다. 크기와 색깔
과 모양새를 설명하며…. 말로는 모르겠다는 내 말에 직접 보여주겠다
고 나섰던 것이 바로 어제 하굣길이었다. 녀석은 그걸 잊지 않고 오늘
신발을 내게 보여주러 직접 들고 온 거였다. 녀석은 입학 첫날 읽어준
송언 선생님의 그림책《두근두근 1학년 선생님 사로잡기》에 나온 대로

정확히 나를 홀리는데 성공했다. 오늘 윤솔이의 모습은 마치 카멜레온 같았다. 3교시부터는 배가 몹시 아프다고 토할 것 같다고 하더니 나중에는 울기 시작했다. 윤솔이 어머니에게 연락해 학교로 오시게 하는 동안 보건실에 눕혀 안정을 시켰지만, 마음이 놓이지 않았다. 3교시 수업은 그렇게 윤솔이 몫으로 두고 아이들에게는 잠시 너희들끼리 시간을 보내라 했다. 어제의 충격으로 속까지 안 좋아진 것은 아닌지 마음이 불편하고 아팠다. 다행히도 윤솔이 어머니로부터 차츰 나아지고 괜찮아졌다며 안심하라는 소식이 왔다.

이번 주는 월요일부터 금요일까지 사건의 연속이었다. 이런 부담 때문에 교사들이 1학년을 6학년 못지않게 기피하는 게 아닌가하는 생각도 들었다. 그래도 한 번쯤 이 녀석들과 일 년을 살아보고 싶다는 생

각이 불쑥 들어 어쩔 수 없었다. 두려워했던 녀석들을 직접 만나며 정신없이 시간을 보내고 있지만, 한 아이를 사랑한다는 것, 어리고 여린 생명을 사랑한다는 것을 배우기에는 이보다 더 나은 학년이 없다는 생각이 든다. 참 많은 사건 사고가 일어났던 이번 주도 이렇게 흘러갔다. 휴~ 좀 쉬어야겠다. 2016.3.25.

아이들은 자주 아프다

1학년 아이들은 원인 모를 복통이나 두통을 호소할 때가 곧잘 있다. 스트레스성인지 꾀병인지 구분이 잘 되지 않을 때도 많다. 이럴 때는 부모님과 상의해서 아이들의 컨디션을 조절할 수 있도록 해주는 게 좋다. 잠시 보건실만 다녀와도 금세 회복이 되는 아이들이 있는가 하면 교사들의 관심을 받아서 나아지는 경우도 있다. 살짝만 살이 쓸리고 부딪혀도 아이들은 아프다고 달려온다. 때때로 "됐어, 그 정도로 안 죽어." 하며 농담을 건네기도 하지만, 웬만하면 밴드나 연고를 발라준다. 1학년 아이들은 이런 과정에서 안심을 하기도 하고, 교사와 좀 더 가까워지려 하는 것 같다. 1학년 아이들에게 담임은 제2의 보건교사가 되어야 한다.

흔들리지 않고
피는 꽃은 없다

참으로 맑은 어느 봄날, 금요일의 4교시. 아이들을 데리고 교실 밖으로 나갔다. 햇볕이 반가운 날. 아이들과 바람을 쐬고 곧 점심을 먹으러 학교로 돌아왔다. 돌아오는 길, 덩치는 산만하지만 귀엽기 그지없는 영준이가 내 말에 토를 단다. 시끄럽게 소리를 지르는 영준에게 조용히 좀 하랬더니 아이들이 하는 말.

"영준이는 정말 말이 많아요."
"그지, 정말 영준이는. 하하."
"어른이 되면 말이 많아진다고 하는데, 영준이는 아직 어른도 안 된 게 정말 말이 많아요."
"하하하. 그런 말은 어디서 들었냐?"
"어른들이 그랬어요."

아이들은 어른들의 말을 흘려듣는 듯 하면서도 가끔 보면 제가 듣고 싶은 말이나 마음에 와닿는 말은 잊지 않고 기억하는 경우가 많다. 영준이도 딱 그런 경우였다. 나이에 비해 몸이 크고 무거워서 앉은 자세가 바르지 못한 아이인데, 몸과 의자, 책상이 균형을 이루지 못해 불편하다는 느낌이 든다. 심할 때는 지적하기도 하는데, 언젠가는 엎드리기까지 해 잠시 뒤에 서 있게 하기도 했다. 이걸 아이 신체 탓만 할 수는 없을 것 같기도 하고, 아이의 부모님과 상의를 해봐야겠다는 생각이 들었다.

4월의 첫날이자 3월 마지막 주. 오늘만큼은 단단히 마음먹고 아이들에게 음식을 다 먹도록 했다. 일일이 돌아다니며 반찬 챙겨 밥에 얹어 다 먹도록 하는 일이 쉽지 않았지만, 오늘만큼은 주어진 밥을 다 해결하라 잔소리를 했다. 이런 노력 탓인지 투덜거리긴 했지만 아이들이 주어진 밥과 반찬을 거의 모두 해결한 첫날이 됐다. 그런데 여기서 사건 하나가 터졌다. 아침에 친구를 울렸던 녀석이 결국 또 일을 냈다. 친구를 울린 뒤에도 거짓말을 해서 뒤에 잠시 서 있었던 녀석이 이제는 화장실 다녀오겠다며 밥 먹는 중간에 물 먹지 않기로 한 약속을 어기고 날 교묘히 속였던 것. 이것도 내가 발견한 게 아니고 아이들의 제보가 있었다.

"선생님, 영준이가 물 먹어요."

난 곧 뒤따라가 녀석을 잡아 자리에 앉히고 화난 척 눈길조차 주지 않았다. 그리고 교실로 돌아가자 이번에는 친구 한 명과 함께 휴지에 물을 묻혀 양치실 유리를 향해 던지는 사건을 일으켰다. 친구 울리고 휴지 던지고 거짓말 두 번. 이쯤 되면 결단을 내려야 한다. 지난 한 달 동안 배려하며 용서했던 날들에 대한 책임을 물어야 했다. 반 아이들에게 한두 번 용서하는 모습을 보여주었던 터라 이번만큼은 그냥 넘어갈 수 없었다. 4월도 이렇게 흘러가게 할 수 없다는 판단으로 일부러 더 큰 소리를 내며 혼을 내었다. 잘못한 것은 아는지 잔뜩 풀이 죽은 녀석을 뒤로 한 채, 다른 아이들에게도 유치한 큰소리를 내뱉었다. 존댓말을 섞어가며 주절주절했다.

"여러분은 이제 신입생이 아니에요. 이제는 언제 수업이 시작되고 무슨 날이 5교시인지, 언제 점심시간이 있고 언제 들어와야 하는지 알아야지. 지금도 늦게 들어오는 사람이 있고…. 이제 한 달이 지났는데 이러면 어떻게 해요. 왜 지금 들어오는 거야. 밥 먹고 이 닦고 마칠 준비를 하고 있어야 하는 거 몰라?"

고래고래 소리 지르며 1학년 아이들과 똑같이 행동한 나는 이 모든 탓을 염치없이 아이들에게 돌려버렸다. 돌이켜보면, 아이들이나 나나 차이가 하나도 없다. 1학년 교사는 1학년과 닮아간다고 했던가? 얼마 전 페북에 올린 내 일기를 본 전 남한산초등학교 김영주 교장이 예전 기억을 떠올리며 건넸던 말이 문득 떠올랐다.

"난 1학년과 거의 하루 한 번은 싸웠어. 나중에는 내가 1학년인가 헷갈리더군. 대책 없이 웃고 화내고 난리 치고 울고."

잔뜩 잔소리를 하던 나는 순간 미안해졌다. 한 달 만에 처음으로 큰 소리를 낸 오늘 내 모습은 어쩔 수 없었던 것이라 스스로 위안을 삼기는 했지만 미안함은 어쩔 수 없었다. 아이들과 전체 인사를 한 뒤, 한 명씩 불러 악수하고 끌어안으며 지난 한주 잘 지냈고 주말 잘 쉬고 다음 주에 보자고 했다. 문제의 녀석에게는 차디찬 인사만을 건넸다. 어차피 돌봄 교실로 가는 녀석이라 시간을 두고 오늘 사건을 마무리하려 했다. 아이들을 다 돌려보내고 교실을 정리한 뒤, 회의 시간을 앞두고 살짝 돌봄 교실로 갔다. 심하게 화를 낸 것 같아 미안한 것도 있고 녀석의 기분도 살릴 겸, 녀석의 주의를 끌 뿅망치를 들고 갔다.

"선생님, 영준이 좀 불러주실래요?"
"네, 영준이 학원 가나요?"
"하하, 아뇨. 전 영준이 담임입니다."
"아, 네."
"영준아~ 선생님이 부르시네."

조금 피곤한 듯한 모습으로 나오는 녀석을 끌어안고 말했다.

"오늘 너 잘못한 건 알고는 있는 거야?"
"네."
"맨날 약속은 지킨다고 해놓고 이렇게 어기니까 선생님도 참지를 못했잖아. 이제 어떻게 할 거야."
"다음부터는 잘할게요. 거짓말도 안 하고."
"정말?"
"네."
"어떻게 믿어?"
"잘못하면 이제 엄마한테 전화해도 돼요."

"엄마한테 전화하면 어떻게 되는데."

"혼나요."

"그래, 그럼 더 무서운 아빠한테 해야겠는걸."

"엄마한테만 해도 혼나요."

"알았어. 그럼 또 한번 믿어보자. 약속."

이래 놓고 뒤에 감추고 있던 뿅망치를 꺼내 녀석 머리를 콩 쥐어박았더니 이 녀석 하는 말.

"어, 그거. 한 번 더 때려주세요."

"뭐?"

"한 번 더 때려달라고요."

이때 돌봄 교실에 있던 우리 반 녀석 둘이 나오더니 자기들도 뿅망치 한번 만져보자며 달려든다. 안 된다고 도망치려 하자 매달리면서 또 하는 말.

"선생님, 한번 때려주세요."

아이고, 하는 수 없이 녀석들을 실컷 때려주고 교실로 올라왔다.

2016.4.1.

교실 의자와 책상

1학년 아이들에게 교실이라는 사각의 공간은 매우 답답한 곳이다. 자유로운 유치원과 어린이집을 다니던 아이들에게 칠판만 바라보는 구조로 설계된 교실이라는 공간은 빨리 벗어나고 싶은, 익숙하지 않은 곳이다. 그런 장소에 규격화된 책상과 의자를 가져다 놓고 종일 앉아 있으라고 하는 것은 어떻게 보면 폭력일 수도 있다. 익숙하지 않은 의자에 한참을 앉아 학습활동을 하는 아이들의 모습은 천차만별이다. 엎드리거나, 의자에 다리째 올라앉거나 무릎을 꿇기도 하고, 의자에 누워 있기도 하고, 비뚤어진 자세로 불편함을 피하려 한다. 책상 높이를 달리하여 맞게 고쳐주기도 했지만, 그러면 모둠활동을 할 때 불편하기 짝이 없었다. 아이들의 책상 높이가 어긋나 서로 붙여놓고 활동하기가 쉽지 않았던 것이다. 책상에서 활동하는 시간을 가급적 줄여 바닥에서 활동하게 해보기도 했지만, 근본적인 해결책은 되지 못했다. 그래서 선택한 방법이 마음대로 자유롭게 앉게 하기였다. 나쁜 자세로 오랫동안 앉아 있거나 하는 경우에는 조금씩 지적을 하되, 기본적으로는 어떤 자세도 용납했다. 자세가 나쁘다고 잔소리를 하는 횟수를 줄였다는 얘기다. 교실이라는 공간이 24명 이상의 아이들에게는 너무 좁은데, 현실적으로 이를 극복하기란 쉽지 않다. 정자세로 공부해야 하는 수업방식을 바꾸는 게 그나마 효과적인 대안이었다.

그렇게
선생이 된다

"얘야, 어서 학교 가야지."

"아이, 나 학교 가기 싫은데, 나 지금 안 갈래. 조금만 더 자구."

"아, 니가 선생인데 학교를 안 가면 어떡해?"

그동안 난 정규교과과정 16년, 대학원 3년을 합쳐 총 19년을 배우러 학교에 다녔고, 25년의 교직 생활동안 휴직 2년을 빼고 23년을 가르치러 학교에 다녔다. 어떻게 보면 참으로 지겨울 정도다. 그래서 그런지 직장인들에게 흔한 월요병뿐만 아니라 번아웃 증후군까지 걸려 참으로 힘들었다. 오늘도 여지없다. 월요일 아침, 나는 솔직히 학교 가기 정말 싫었다. 그런데 학교만 가면 모든 게 해결이 된다. 무슨 뜻인가 하면, 학교 가서 아이들 만나면 언제 그랬냐는 듯 아이들과 그냥 미친(?) 듯이 지낸다는 말이다.

오늘도 그랬다. 아침에 분단을 옮기고 앞뒤 자리를 옮기면서 월요일 아침을 알리는 신나는 노래를 부르고 옛이야기를 들려주었다. 그전에 주말에 어떻게 지냈냐고 아이들에게 물었더니 아이들이 마구 손을 들어 자기 이야기를 꺼낸다. 진주, 포항을 다녀왔다는 아이, 일산을 다녀왔다는 아이, 놀이기구를 탔다는 아이, 맛난 것을 먹었다는 아이, 자꾸 손을 들어 수업시간 10분을 넘어서까지 아이들의 이야기를 들어주었다. 그 와중에 민정이가 한마디 꺼냈다.

"저 선생님 보고 싶어서 우느라 잠도 못 자고 그랬어요."
"에이, 정말?"
"정말이에요. 그래서 다크서클도 생겼어요."

조용하기만 한 줄 알았던 민정이가 어느새 내게 이런 말을 다 건넨다. 그래서 좋았다. 민정이가 내게 이렇게 다가서는 데 딱 한 달이 걸렸다. 또 한 아이, 예나. 집에서는 그렇게 수다쟁이라는 아이가 한 달 동안 조신하게 구느라 얼마나 힘들게 버텨왔을까? 오늘은 중간 놀이시간에도 말을 쏟아내며 나를 즐겁게 해주었다.

"선생님, 우리 엄마가 선생님 좋대요."
"그래? 아이 고마워라."
"선생님 저 동생 있거든요?"
"그래?"
"근데 쌍둥이예요."
"쌍둥이? 그럼 몇 반에 있는데?"
"지금 일곱 살이에요."
"그게 무슨 쌍둥이냐?"
"그래도 쌍둥이예요."

"그렇게 닮았냐?"

"닮은 게 아니에요. 저랑 쌍둥이예요."

"그럼 보여줘. 나중에."

"안 돼요."

"왜?"

"동생은 내가 지킬 거예요."

"네가 지킨다고?"

"아니요? 엄마가 지켜야죠."

"그런데 네가 지킨다며?"

"그냥요."

"저희 엄마 잔소리 엄청 해요."

"세상에 잔소리 안 하는 엄마가 어디 있니?"

"잔소리 안 하는 엄마 있었어요. 유치원 때 친구……."

중간 놀이시간에는 윤주가 내게 다가와 팔짱을 끼더니 나를 안았다.

"처음에는 선생님이 별로라더니. 이제는 좋니?"

"네. 좋아요. 선생님 잠깐만요."

"왜?"

"이거 뭐야, 색종이로 만든 하트네."

"있잖아요. 선생님, 돈 주고 살래요."

"정말? 얼마 줄 건데?"

"음……."

내 앞에서 귀염을 떠는 윤주가 너무도 예뻐 보여서 볼을 잡고 살짝 비볐더니 막 뭐라 한다. 그래서 무슨 말이냐고 재차 물었더니 이런 말이었다.

"전 인형이 아니라고요."

하하하. 어휴~ 내가 이러고 산다. 요즘. 2017.4.3.

오늘 점심시간의 초대 손님은 민석이와 하진이. 역시나 한동안 말없이 밥을 먹고 있다.

"하진아, 민석이가 자꾸 때려?"
"가만히 있는데 자꾸 건드려요."
"너 좋아하는 건데 조금 이해해줘."
"난 싫은데 민석이가 자꾸 나를 좋아해서…."
"너도 한번 민석이 좋아하는 거 생각해봐. 민석이 좋잖아."
"네, 생각해볼게요."

생각해본다는 말에 난 그만 쓰러질 뻔했다. 그때 지민이가 내 곁에 와서 배가 아프다고 말한다.

"선생님이 저번처럼 배 문질러줄까?"

지민이가 고개를 끄덕였고 나는 한동안 지민이 배를 문질러주었다.

"선생님 손은 약손~ 이제 좀 낫니?"

"네."

"자, 그럼 밥 조금만 더 먹고 정리하자." 2017.4.4.

오늘은 점심시간에 민석이가 놀이터 인근에서 놀다 나무를 미처 보지 못하고 이마를 부딪혔다. 머리에 혹이 퍼렇게 부어올라 급히 보건실로 보내고 얼음찜질을 했는데, 생각보다 빨리 가라앉아 다행이었다.

"민석이 아까 부딪히고 혹이 났는데 울지 않았어?"

"민석이 안 울었어요."

"야, 그랬구나. 대단해."

그러자 예나가 한소리 한다.

"민석이는 남자고 사나이니까 그러죠."

"그런 게 어디 있니. 울고 안 우는 건 남자 여자 상관없어요."

그러자 여자아이들이 벌떼처럼 달려들어 날 끌어안고 덤벼든다.

"맞거든요!"

헤어지기 전 아이들에게 〈봄날〉이라는 권태응의 시를 노래로 만든 곡을 들려주고 함께 불렀다. 마치 돌림 노래 부르듯 빠르게 이어지는 박자에 아이들이 흥미를 보였다. 재밌단다. 아직 가사를 완전히 익히지 못했지만, 자주 불러보게 할 생각이다. 진정 봄날이지 않은가. 그렇게 아이들과 인사하고 돌려보내는데 태현이가 자꾸 내 엉덩이를 치고 간다. 이 녀석 며칠째 계속 이런다. 뭐라고 그러면 히죽 웃기만 한다. 잠시 방심을 하면 어느새 돌아와서 내 엉덩이를 몇 대 때리고 간다. 그리고 헤헤거리며 도망친다. 그래도 좋다. 참 좋다. 2017.4.6.

Speculation
선생님의 사색

1학년 담임이 된다는 것

요즘 '그렇게, 00가 된다'라는 제목을 단 영화나 책을 어렵지 않게 볼 수 있다. 처음 1학년 아이들을 맡고 한 달이 지나고 나니 도대체 내가 무엇을 어떻게 하며 살아가는지 알 수가 없었다. 정신이 없다는 말이 딱 이럴 때 쓰는 말 같았다. 겨우 한 달이 지나 아이들을 보며 정신을 차리니 내가 조금씩 아이들 곁에 가 있고 아이들이 내 곁에 다가와 있는 모습을 발견하게 되었다. 한동안 말도 없이 지내던 녀석이 불쑥 내게 말을 걸기도 하고, 마냥 수줍게 웃기만 하던 녀석이 내 엉덩이를 치고 꼬집고 가는가 하면 질투의 화신처럼 달려드는 녀석들 때문에 온몸이 망신창이가 되는 날도 하루 이틀이 아니었다. 이렇게 1학년과 익숙해져 가는 것. 그게 바로 1학년 담임이 돼가고 있다는 증거였다.

몸으로 말하는
아이들

"정한아, 너 지난주에 영준이랑 싸움놀이 했다며."
"네."
"그래서 다친 거였어. 그치?"
"네."
"그런데 그런 놀이는 하다가 크게 다칠 수도 있는데 꼭 해야겠니?"
"이제 그거 못해요. 엄마한테 혼났어요."

　요즘 사내 녀석들의 놀이방식이 몇몇 아이들을 중심으로 거칠어진다는 느낌이 있었는데, 아니나 다를까 한 어머니의 제보로 사정을 조금 알게 되어 지도를 해야겠다 싶었다. 아니, 오늘은 아예 따로 시간을 내서 아이들에게 물어보고 우리 반이 함께 사는 법에 대해 이야기를 나눠야겠다 싶었다. 놀이수학과 공책정리로 시간을 보낸 뒤, 아이들에게 물었다.

　"요즘 선생님이 보니까 쉬는 시간이나 공부시간에 친구들이나 선생님 생각 안 하고 마음대로 하는 친구들이 늘어나고 있어서 선생님 마음이 많이 불편한데, 너희는 어떻게 생각하니?"

"영준이가 소리를 크게 질러서 그러죠."

"아냐, 정한이가 교실을 막 돌아다니잖아."

우리 교실에서 제일 마음대로 사는 녀석 둘이 이런 소리를 하니 어이가 없다.

"정한아, 니가 그런 소리 할 처지는 아닌 거 같은데."

"맞아요. 정한이는 아까 쉬는 시간에 싸웠어요."

"그리고 정한이가 영준이를 막 때리려고 했어요."

"자, 그러면 이렇게 살면 무엇이 문제일까?"

"다쳐요."

"싸움 나요."

"시끄러워져요."

"그래, 맞아. 그러면 어떻게 이런 문제를 해결할 수 있을까?"

"규칙을 지켜야 해요."

"규칙? 무슨 규칙?"

"음, 지키자고 약속하고 지키는 거죠."

"그런데 잘 지켜질까?"

"맞아. 정한이는 맨날 안 지켜요."

"선생님하고 맨날 약속하면서."

"그래도 규칙을 우리 반 모두가 지키자고 한 적이 없으니 한번 어떤 규칙을 지켜볼지 정해볼까? 자, 우리 반에서 뭐가 잘 안 되고 있을까?"

그렇게 해서 아이들과 만든 규칙들이 자그마치 여덟 가지.

1. 남의 얘기를 듣자.
2. 소리를 지르지 말자.
3. 자세를 바르게 하자.
4. 복도(계단)에서 걸어 다니자.
5. 친구에게 친절하자.
6. 수업시간에 돌아다니지 말자.
7. 남의 물건을 만지지 말자.
8. 거짓말을 하지 말자.

이렇게 규칙을 만들어 놓고도 아이들 몇몇은 그날 점심시간에 곧바로 어기고 말았다. 일단은 가볍게 따져 묻는 수준에서 멈추고 조금씩 지켜나가게 하고자 했다. 조만간 이 규칙들을 게시판에 붙여두고 서로서로 지키는 모습을 4월 내내 확인하려 한다. 5월부터는 부모님에게 보내는 공책에 아이들 생활을 지키고 다짐하는 내용을 담아 서로 주고받으려 한다. 지난 한 달 넘게 지켜본 바로 우리 반에는 머리보다 몸이 먼저 앞서는 아이들이 많았다. 그런 아이들에게 말로 아무리 잔소리를 한들, 갑자기 달라지는 것은 무리였다. 지속적인 관심과 함께 가정과 학교에서 규칙을 가르치고 약속을 지키는 습관을 기르는 것이야말로 아이들을 변화시키기 위한 가장 근본적인 접근이 아닐까 싶다. 여름방학이 되기 전에 규칙을 잘 지키고 있는지, 다른 규칙이 필요하지는 않은지 끊임없이 확인하고자 한다. 기다리는 것에도 방법이 있다. 무작정 기다리는 건 기다리는 게 아니다. 아이들에게 길을 열어주고 기다리는 게 선생이 할 일이고 어른이 할 일이다. 2016. 4. 11.

발톱을 드러내는 아이들

　3월이 지나고 4월이 되면 아이들은 숨겨놓은 발톱을 드러내기 시작한다. 빠르면 만나고 일주일도 안 되어 그러기도 하는데, 낯선 공간과 담임, 친구들을 탐색하다 보니 각자 자신을 드러내는데 시간차가 있다. 특히 남자아이들 중 일부는 몸싸움을 즐기면서 마치 동물처럼 서열을 짓기도 한다. 그러다 보면 싸우고 다치기도 한다. 2년 동안 1학년 아이들과 지내면서 지켜본 바로는 성격과 기질에 따라 양상이 달라지기도 하지만 매우 자연스러운 과정이었다. 이 과정에서 서로의 마음과 몸이 다치지 않고 잘 타이르고 돕는 게 필요하다. 아이들과 규칙까지 정하며 조심을 했지만, 가정에서 지도가 되지 않는 아이들이 학교에서 바뀌기는 쉽지 않다. 규칙을 어기는 일이 다반사였다. 길을 열어주고 기다리는 게 선생의 할 일이고 어른이 할 일이라 일기에는 적어놓았지만, 참다못해 나 또한 고래고래 소리 지르고 화를 내기 일쑤였다. 한국의 도시학교에서 1학년 교사로 살아가는 일은 수련의 과정이며 도를 닦는 과정이다. 첫해보다 이듬해 조금 더 나아졌으니.

애들이 나한테
덤빈다

오늘 제일 먼저 교실로 들어온 것은 의외의 인물이었다. 어제 라면 먹는 게 소원이라고 하던 건호였다. 씩 웃는 모습이 귀엽다. 뒤편으로 석훈이도 보인다. 석훈이도 눈이 안 보일 만큼 환하게 웃더니 "에이, 놀래주려고 했는데…" 한다. 그래서 맞장구를 쳐주었다.

"누구를? 샘을?"
"네. 성공할 수 있었는데."
"그러게. 아침부터 석훈이 때문에 깜짝 놀랄 뻔했네."

그렇게 아침을 열고, 수학시간이었다.

"너 이게 뭐야. 거꾸로 그렸네. 숫자에 맞게 그려야지."
"그러게요."
"뭐? 이놈이?"
"알겠어요. 하면 되잖아요. 크크크"
"너 자꾸 이러면 중간 놀이시간 없어."

"그래요, 그럼."

"진짜?"

"아뇨. 크크크."

중간 놀이시간이 끝날 무렵 한 녀석이 뒤늦게 들어와 또 한마디 던졌다.

"선생님이 너 얼마나 보고 싶었는데 이제 들어오냐?"

"헐, 전 선생님 안 보고 싶었는데 무슨 말이세요."

"정말? 너 선생님 좋다고 할 때는 언제고?"

"그때는 그때고요."

점심시간에는 작디작은 현주가 볶음밥을 두 배로 먹고 빵도 두 개, 오렌지도 두 개를 받아 오자 놀려주었다.

"현주는 아기 돼지네. 그만 좀 먹어."

그렇게 좀 놀렸더니 그 귀여운 입으로 으르렁하고 달려들어 때리려 한다. 지난주까지만 해도 수줍어 어쩔 줄 모르던 녀석이 이렇게 달라졌다. 이뿐만 아니다. 내가 한마디만 하면 여기저기서 달려든다. 때리고 발로 차고. 요즘 아이들이 내게 막 대든다. 그런데 그게 하나도 싫지 않다. 맞아도 좋고 찡그리며 대들어도 좋다. 화내며 짜증내는 아이들도 다 좋다. 그냥 아이들과 이러고 사는 게 사는 것 같다. 2016.4.20.

아이들과 경계 짓기

지난 2년 동안 1학년 아이들과 지내면서 동료교사들로부터 교사의 몸에 매달리는 아이들 모습을 오랜만에 본다는 이야기를 자주 들었다. 1학년 아이들은 교사가 조금만 빈틈을 주어도 바로 파고들어 마치 담임을 장난감 다루듯 대하려 든다. 물론 사랑과 관심을 받고 싶어서다. 서로 손을 잡겠다고 빼앗고 뺏기고 나를 둘러싸며 다툼을 하는 아이들 사이로 복도를 걸어가는 건 힘들지만, 때때로 내가 이 상황을 즐기고 있는 것 같다는 생각도 들었다. 세상 어느 곳에서 50대 배불뚝이 남교사를 이렇게 대해주겠냐 하는 생각에 그저 고마웠기 때문이다. 1학년 담임만이 누리는 특권이라 여기기는 했는데, 이따금 아이들과 이렇게 허물없이 지내는 게 맞나 하는 생각도 들었다. 어느 정도는 경계 짓기가 필요하다는 생각이 들 때도 많았다. 허물없이 지내다 보면 나도 실수를 하는 경우가 있어 자칫 오해를 받을 수도 있겠다 싶기도 했다. 그래서 이런 점은 주의해주었으면 좋겠고 선생님도 불편하다는 의견을 주장했더니 한동안 아이들이 서먹서먹해하는 모습을 보이고 조심스러워하는 것 같아 이 또한 여간 불편한 게 아니었다. 조금씩 예전처럼 아이들을 대하기 시작하자 어느새 다시 내 팔과 어깨에 마구 매달리고 끌어안고 때리거나 꼬집기 시작했다. 1학년 아이들과 지어야 할 적당한 경계가 어디까지인지 아직 잘 모르겠다. 아이들에게 지나친 행동을 자제하게 하면서도 나 또한 오해를 사지 않도록 행동을 구분해 경계를 짓는 수준을 찾아내려면 시간과 경험이 더 필요해 보였다.

서로에게
익숙해진다는 것

"선생님, 왜 이제 왔어요?"

교무실에서 준비물을 챙겨서 교실로 들어서던 내게 민준이가 던진 말이다.

"선생님 아까 왔는데, 이거 가지러 간 거야. 왜? 무서웠니?"
"아뇨?"
"그럼 왜?"
"나 혼자만 있으니까 이상해서요."

잠시 뒤, 시현이가 우유통을 들고 와서는 내게 당부한다.

"선생님! 우유 다른 아이한테 가져오게 하지 마세요."

요즘 우유통 들고 오는 재미 들린 시현이는 실실 웃으며 앞으로 이 일은 자기가 하겠다는 눈빛을 보냈다. 한편, 아침에 한창 다른 선생님들에게 메시지를 보내고 있는데 갑자기 교실에 들어온 지민이가 내 눈길을 끈다.

"선생님, 지민이 왔어요~ 앗!"
"어, 그래. 지민이 왔니?"
"와, 선생님. 오늘 코트 멋지다."
"이거 코트 아닌데."
"내꺼하고 똑같아요. 방수."
"하하하. 그러네."

수진이는 들어오자마자 나를 보고는 불쑥 가방을 들이민다.

"선생님, 가방 줄이 달라서 이렇게 가방이 비뚤어졌어요."
"어, 그랬구나. 가방 줄 다시 매어야겠네."

수진이 가방 줄을 고쳐주는데, 윤아가 옆에 와서는 칭얼거린다.

"선생님, 그림 그리고 싶어요."
"그려, 그림."
"그런데 종이가 없어요."
"어머니께 종합장 하나 사달라고 그래."
"흐잉~" 2017.4.11.

"선생님 어디 있어요? 왜 안 와요?"

"어, 선생님 현관 앞에 있어. 어딘데?"

"저 이미 왔어요."

"어, 거기 있네. 왜 들어가지 않고."

"문이 잠겨 있는데 어떻게 들어가요."

"아차, 그랬구나."

시현이는 요즘 내게 전화 거는 것에 재미가 들린 모양이다. 8시 15분에 들어갔는데도 늦게 왔다고, 왜 문 안 열었냐고 성화다. 들어오자마자 오늘 새로운 낱말을 공부할 것을 알아챘는지, 자기가 칠판을 지우겠다고 한다. 그래서 내가 먼저 지우고 시현이에게 걸레를 주었더니 신나게 열심히 닦는다. 이후로도 아이들이 속속 들어오는데, 아이들 몇몇에게서 어제 현장학습의 피로가 묻어나는 것 같았다. 어제 재미있었냐고 물었더니 여기저기서 손을 들면서 말하고 싶어서 안달이다.

"어, 저는요. 절벽 올라가는 게 재미있었어요."

"나도요."

"지민이 너도? 너는 어제 미끄러져서 무릎이 좀 다치지 않았어?"

"그래도 재밌었어요."

"저는요, 올챙이 잡아본 게 재밌었어요."

"올챙이도 잡아봤구나."

"제가 본 올챙이는 꼬리에 피가 났었어요."

"피가? 왜 그랬을까?"

"전 도마뱀도 봤어요."

"정말?"

"네?"

"그런데 잡은 올챙이는 다시 돌려보내 줬니?"

"네. 살아있는 생명이잖아요."

"하하하. 맞아. 제대로 배웠네. 그런데, 어제 줄로 당기고 놀던 건 재미가 없었나?"

"그것도 재밌었어요." 2017. 4. 20.

아이들 곁에서 살아간다는 것

때로는 혼을 내거나 꾸중을 하고 잔소리도 하며 살지만, 그것도 아이들과 사는 모습의 일면이다. 교실에서도 밖에서도 내 품에서는 그저 집에서처럼, 부모들과 사는 것처럼 지내게 하고 싶었다. 아이들 말을 다정하게 들어주다가도 놀리고 웃고 장난치며 짓궂게 구는 것도 그런 삶의 부분이고, 또 한 그렇게 사는 것이 아이들 곁에서 살아가는 교사의 역할이라 여기며 살았다. 내가 존경하는 선배교사인 강승숙 선생님은 《행복한 교실》에서 학급운영의 정의를 이렇게 내렸다. "학급운영이란, 교사가 아이들 곁에서 함께 살아주는 것이다." 완벽한 교사가 아니어서 일 년 내내 마냥 곁에 살아주지 못하기도 하지만, 난 이 말을 교사생활을 그만둘 때까지 내 학급살이의 가장 큰 줄기로 여기며 살 것이다.

불쑥 다가온
딜레마

오늘 수업을 마치기 전에 한 녀석이 학교가 힘들다는 말을 꺼냈다. 아침 열기와 옛이야기까지는 괜찮은데, 이후로는 공부를 해야 하니까 그렇단다. 읽기와 학습준비를 잘하는 아이의 입에서 나온 소리라 더 뜻밖이었는데, 글을 쓰고 그림을 그리는 일을 힘들어하거나 때로는 아예 하지 않으려 하던 모습을 떠올렸더니 이해는 갔다. 그저 마냥 놀고 몸을 움직이면서 학교생활을 보내고 싶은 성훈이에게 글쓰기와 그림 그리기가 일종의 스트레스로 자리 잡는 것 같았다. 이런 아이들에게는 어떤 노력을 기울여야 하나 고민이 되었다.

4월 이후로 조금씩 글자공부가 많아지고, 다른 학습에서도 글자를 다루는 횟수나 그림 그리는 시간이 늘어나면 학습에 부담을 느끼는 아이들이 늘어날 거라는 생각은 하고 있었다. 그렇다고 아이들이 원하는 대로 몸으로 즐기는 시간만 계속할 수는 없는 노릇이었다. 나름대로 일주일의 리듬 안에 글과 그림, 몸짓, 노래 들이 골고루 섞이게 해도 글이나 그림에 부담을 느끼는 아이들은 그것만으로도 학교가 싫고 수업이 싫을 수 있다는 사실을 받아들여야 했다.

딜레마다. 문득 학교가 아이들에게 무엇을 주어야 하고, 줄 수 있으며, 아이들은 무엇을 배우고 익혀야 하는가라는 의문이 생겼다. 이런 질문에 학교들은 과연 자신만의 답을 찾아가고 있는가. 우리 학년, 우리 교실에서는 그 길에 다가가고 있을까. 독일의 대표적인 혁신학교인 헬레네 랑에를 자리 잡게 만들고 은퇴한 뒤《꿈의 학교 헬레네 랑에》를 쓴 에냐 리겔 교장은 '읽고 쓰는 학교'의 중요성을 강조한다. 흔히들 헬레네 랑에 학교를 프로젝트 중심의 학교라고 여기곤 하는데, 사실 그 바탕에는 읽고 쓰는 탄탄한 기본교육이 바탕을 이루고 있다. 그는 헬레네 랑에가 읽고 쓰는 학습을 가장 강조하고, 중요하게 여기는 이유를 두 가지 관점에서 설명했다.

첫째, 개인적인 차원에서의 중요성이다. 읽고 쓰기가 되지 않는 아이에게 삶의 기회는 당연히 줄어들거나 사라질 것이다. 따라서 학교는 읽고 쓰는 일을 중요하게 여길 수밖에 없다는 것이다. 둘째는 사회적인 차원에서의 중요성이다. '읽기와 쓰기'가 없는 사회는 죽은 사회여서, 올바른 민주시민의식을 유지할 수 없다는 것이다. 각종 언론매체와 관공서의 문서, 정보들을 비판적으로 수용하지 못하는 수준의 읽기와 쓰기 능력으로는 한 사회의 민주시민을 길러낼 수 없으며, 읽기와 쓰기를 제대로 하지 못하는 학교는 곧 시민의 학교가 아니라는 것과 마찬가지라는 점을 강조한다.

단순한 배움을 넘어 삶의 깨달음을 얻는 과정에서 읽고 쓰고 표현하는 활동은 매우 중요하다. 이 삼박자가 어긋났을 때 아이들의 깊고 풍요로운 성장을 기대하기란 어렵다. 그래서 아이들을 읽고 쓰고 표현하는 세계로 입문하게 만드는 일이 중요하고, 이 지점에서 딜레마를 겪는 일을 당연하게 여기면서도 이탈하는 아이들을 붙잡아 함께 데려가는 일이 특히 초등교사에게는 쉽지 않다. 내 학급살이와 수업에 모든 아이가 만족해주면 좋지만, 그렇지 않은 경우는 반드시 생긴다. 그래서인지 오늘 처음으로 그것을 말로 표현해 준 아이에게 섭섭함보다 고마움을 느꼈다. 아이의 행동을 가정이나 아이의 탓으로 돌려서는 안 된다. 기본적으로 교실에서 이뤄지는 모든 활동에는 교사의 책임이 가장 크다. 이 모든 걸 감수하고 받아들여 부지런히 공부하고 실천해 아이들 곁으로 한 발 더 다가가는 게 바로 교사의 몫일 것이다. -2016. 5. 19.

아이들을 놓치기 쉬운 시점

아이들을 맡았을 때 3월에 가장 많이 했던 일은 아이들과 눈을 맞추고, 손을 잡아주고, 함께 놀아주는 것이었다. 그러나 3월 말부터 4월에 들어서서 조금씩 글을 익히고 수를 만나면서 수업준비가 바빠지고 수업과정에 더 집중을 하다 보니 3월과 같은 모습을 보여줄 수가 없었다. 1학년을 맡게 되면서 아이들에게 어떻게 글을 가르치고 수와 만나게 해주어야 하는지에 대한 고민은 더욱 커졌고, 첫해는 더욱 그러했다. 그러다 보니 점점 아이들을 놓치기 시작했고, 시간이 갈수록 아이들이 곁에 다가와도 예전처럼 살갑게 대하지 못하게 됐다. 그렇게 되면서 아이들의 푸념은 늘어가고, 아무리 수업을 잘 준비해도 몇몇 아이들은 공부가 싫다는 반응을 보였다. 이듬해에도 같은 상황이 되풀이됐다. 짧은 하루 동안 교사 혼자서 아이들을 만나고 놀아주며 수업까지 잘 해내기란 정말 힘든 게 사실이다. 화장실 한 번 가기도 버거운 1학년 교사의 고충을 아이들이 알아줄 리 만무하다. 그럼에도 다시금 마음을 고쳐 잡고 정신을 바짝 차려 아이들을 놓치지 않도록 해야 하는 시점이기에 4~5월에는 아이들과 또 어떤 관계를 맺어야 할지, 1학년 담임을 맡은 교사라면 생각해봤으면 좋겠다.

여름 이야기

분주해진 일상과
욕심을 내려놓고
다시 아이들을 바라볼 때

　봄을 지나 여름을 맞이하는 6월에 들어서면 아이들은 어느새 초
등학교라는 곳에 적응해 자신의 색깔을 맘껏 드러내기 시작한다. 언
제 수줍어했냐는 듯 달려드는 아이들이 생기고 언제 가만히 있었냐
는 듯 밖으로 나가 복도며 운동장을 활개 치고 다니는 아이들이 늘
어난다. 그런 가운데에서도 꿋꿋하게 교실에 머물며 담임인 내 주변
을 먹잇감을 찾는 사자처럼 어슬렁거리다 확 다가서는 아이들도 생긴
다. 여름은 그만큼 아이들을 다르게 만들고, 다르게 보이도록 한다.

　여름이 되면 아이들이 조금씩 피로감을 호소한다. 표정으로, 말
로, 때로는 온몸으로 보여준다. 3월, 4월에는 밀월관계 같았던 담임
과의 거리가 멀어졌다며 따지는 아이들도 있다. 본격적인 학습모드
로 들어가는 시점이 이때이기 때문이다. 아이들만, 아이들의 생활
만 지켜보면 되었던, 아니 그것 밖에 볼 시간이 없었던 3월과 달리
5월을 지나 6월에 들어서면 학습량도 점점 늘어나고 담임의 눈이
아이들에서 수업준비로 옮겨가기 시작한다. 조금 특별한 수업을 준
비하려는 교사라면 더욱 그렇다.

아이들의 삶과 이어진 수업을 준비하는 것도 좋지만, 과욕은 아이들과 멀어지는 지름길이다. 1학년 아이들과 살아가며 아이들과 틀어지고 무언가 어긋나 있다고 느껴지기 시작한 시기가 5월이었고, 6월에는 절정에 이르렀다. 정신을 차리고 다시 아이들을 보아야 할 때가 바로 여름이다. 다시금 아이들을 보면 이전과 다른 모습을 발견하게 되고 반성도 하게 된다. 그렇게 7월을 맞이하게 되고 어느새 잠시 헤어져야 할 방학이 떡 하니 기다리고 있다. 담임의 체력도 바닥이 나고 아이들도 더위와 학습에 지쳐갈 무렵이다.

처음 초등학교를 들어온 아이들과 1학년을 처음 맡은 교사에게 다섯 달을 채워야 하는 1학기는 매우 힘든 시기이다. 정신없었던 봄을 지나 조금은 지쳐갔던 여름. 서로에게 수고했다고 토닥이며 위로를 해주어야 할 여름. 한 발 물러서 아이들과 담임인 나 자신을 바라보면 분명 달라져 있는 모습을 발견하게 될 것이다. 그게 바로 여름이다.

나는 어디쯤
와 있을까?

오늘은 갑자기 목이 잠겨 힘들었다. 아침에 목을 쓰려니 목소리가 잘 나오지 않는 것이 지난주에 목소리를 높였던 게 화근이었나 싶었다. 아이들이 떠들어서라기보다는 한 아이라도 더 집중하게 하려다 보니 자꾸 목소리가 높아지고 말이 많아지고 있다. 1학년 아이들의 집중력이라는 게 길어야 5분을 넘기지 못하니 주어진 시간에 정해진 학습량을 채우려면 끊임없이 말을 하지 않으면 안 된다. 3월만 해도 잘 집중하던 아이들이 요즘 느슨해지고 여유로워(?)졌다. 이젠 내 말도 잘 듣지 않아 한 귀로 듣고 한 귀로 흘린다. 어쩔땐 수업중에 장난까지 치니 이따금 큰 소리로 다잡아야 할 때가 한두 번이 아니다. 내가 부족한 것일 수도 있겠지만, 1학년 24명을 혼자서 지도하는 일은 실제로 쉽지 않다. 인근 학교는 한 반에 30명이 넘는다고 하니, 그 분위기를 미루어 짐작할 수 있다.

오늘도 아침노래로 시작했다. 목소리가 잠기니 아이들 목소리를 끌어내는 일이 쉽지 않았다. 옛이야기도 겨우겨우 들려주었다. 그래도 힘을 내서 마치고 맞은 첫 시간, 수학 수업. 오늘은 '주사위를 굴려라!'

라는 주제로 수 놀이판을 직접 만들고 만들어진 수 놀이판을 가지고 놀며 수와 수읽기를 익히는 시간이었다. 아이들은 직접 만드는 놀이판에 흥미를 보였고, 그 놀이판을 짝과 바꿔가며 즐기는 수업에 흠뻑 빠져들었다. 언제 시간이 지났냐는 듯 40분이 훌쩍 지났다. 다음으로는 빙고놀이판에 수를 읽는 법을 적어 놀이를 즐기도록 했다. 한글로 적게 했더니 꽤 시간이 걸렸다. 한글이 아직 익숙지 않은 아이들이어서 더욱 그랬던 것 같다. 속도가 너무 느린 아이는 그냥 숫자를 쓰라고 하고, 오늘 수학시간도 마무리했다.

통합수업은 소고로 전래동요 장단을 맞추는 시간이었다. 그런데 교과서에 실린 노래가 너무 단순하고 장단도 한 장단이 주를 이뤄서 별로 재미가 없었다. 그래서 아이들에게 337 응원 장단과 대한민국 응원 장단을 4/4박자 노래에 맞춰 쳐보게 했다. 단순해도 아이들은 신나게 쳤다. 나중에는 전래놀이도 했다. 〈어디쯤 왔니?〉라는 전래 동요와 놀이를 연결한 것인데, 교실 아이들 틈 사이로 돌면서 흉내를 좀 냈더니 별것도 아닌데 아이들이 무척 재미있어했다. 시범 삼아 한 아이에게 내 뒤를 잡고 눈을 감게 하고 '어디쯤 왔니?'를 외치게 하며 나를 따라 교실을 한 바퀴 돌았다.

"어디쯤 왔니?"
"동석이 옆에 왔다."
"어디쯤 왔니?"
"장난 많은 도훈이 옆에 왔다."
"어디쯤 왔니?"

"일 잘 도와주는 시현이 옆에 왔다."

"어디쯤 왔니?"

"애교 많은 윤진이 옆에 왔다."

"어디쯤 왔니?"

"다 왔다～"

이 모습을 본 아이들이 서로 나도 하겠다고 해서 짝이랑 함께 하겠다고 하면 시켜주겠다고 했더니 아이들 여럿이 이 놀이를 즐겼다. 아이들에게 흥만 좀 돋워주면 끝까지 집중하는 모습이 신기할 때가 많다.

시간이 조금 남아서 그림책 《우리 엄마》에 이어 《우리 아빠가 최고야》를 읽어주었다. 책 속의 아빠는 무서운 것도 없고 무거운 것도 잘 들고 노래도 잘 부르고 달도 뛰어넘는 멋진 아빠로 그려져 있었다. 1학년 아이들에게 아버지는 아마도 이런 이미지일 것이다. 하지만, 아버지가 늘 그렇지만은 않다는 건 이 책을 읽는 내가 더 잘 알고 있는 터라 굳이 다른 식으로 물어보기도 했다.

"우리 아빠는 무서워하는 게 좀 있다는 사람?"

"우리 아빠는 밤에 혼자 자는 거 무서워해요."

"우리 아빠는 바퀴벌레를 만나면 소리 지르고 도망쳐요."

"우리 아빠는 물을 무서워해요. 그래서 수영을 못해요. 할머니는 잘하는데."

"우리 아빠는…"

그렇다. 아빠는 완벽하지 않다. 완벽해 보일 뿐. 그래서 작가가 이

책 끝에 이런 말을 써놓은 것도 그런 까닭일 것이다.

"우리 아빠가 정말 멋진 까닭은 내가 우리 아빠를 사랑하기 때문이야."

사랑하니까 모든 것이 용서되고, 이해되고, 멋져 보이고, 세 보이고, 강해 보이는 것이다. 그 사랑이 오랫동안 지속이 되어야 할 텐데, 사춘기를 지나면서 아버지에 대한 사랑이 이래저래 변질되곤 하니 아쉬울밖에. 그래서 오늘날의 아버지들이 늘 힘들고 외로운 것은 아닐까?

마지막 시간에는 '와, 왜, 워, 웨'를 익혔다. 한글에 조금 익숙해진 아이들은 쉽게 받아들이는데, 그렇지 못한 아이들 몇몇은 아직 시간이 더 필요해 보였다. 일단은 넘어가기로 했지만 꼭 익혀야 하는 것은 주어진 시간에 해결하자고 아이들과 약속을 해보았다. 자꾸 그냥 넘기니 정말 그냥 넘기는 아이들이 있었기 때문이다. 아이들과 헤어질 때는 어제 익힌 '내 차례 수 말하기' 놀이를 해보았다. 자기 차례에 수를 읽어 50까지 한 번도 끊지 않고 이어가면서 말하는 것. 아이들은 꽤 긴장감을 가지고 놀이에 참여했다. 오늘은 쉬는 시간을 늘리는 조건을 달고 해보았더니 결국 성공을 해서 쉬는 시간 5분을 더 가질 수 있게 됐다. 환호성을 지르는 아이들 사이로 오늘 하루도 그렇게 마무리를 지었다.

일기를 끝내려다가 문득 아이들과 불렀던 '어디쯤 왔니?'라는 노랫말이 생각난다. 새삼 난 지금 어디쯤 와 있나 생각해본다. 어느덧 나이 오십을 앞둔 나. 이래저래 몸도 힘들고 마음도 지쳐가는 시점에서 과연 나는 앞으로 무엇을, 어떻게 하며 살아가야 할지 요즘 고민 중이다. 불과 2년 전만 해도 없었던 고민들이 새삼스럽게 솟아오른다. 갑자기 교실 문이 열리고 가을이와 도훈이가 들어왔다.

　"선생님～"

　"왜～"

　"그냥요～"

　"아이고 가을이는 얼굴에 이게 뭐야."

　"가을이 지렁이 잡았어요."

　"그래, 어디?"

　"아까 버렸어요."

　"잘 보내줬어?"

　"네."

　"도훈이도 이렇게 노니 참 좋아 보이네. 그런데 왜 자꾸 친구 놀리고 장난을 쳐서 울게 만들어. 내일부터는 잘해보자."

　"네."

　"자, 어서 집에 가야지?"

　"네, 안녕히 계세요."

　"그래, 잘 가～"

　아이들을 돌려보내고 글을 마무리한다. '나는 지금 어디쯤 와 있는 걸까?' 2017.06.01.

나는 지금 어디쯤 있을까?

입학식부터 석 달을 아이들만을 보고 달리다 글자와 수를 가르치기 시작하면 나도 모르게 수업에 더 집중하게 된다. 아이들과 멀어지는게 느껴질 때마다 그러지 않으려 애를 쓰지만 그게 쉽지가 않다. 교사 혼자서 스무 명이 넘는 1학년 아이들과 지내는 일은 철인에 가까운 체력과 집중력을 요구한다. 그러다 보면 실수도 하고 잘못을 저지르게 된다. 되도록 스스로를 탓하고 반성하지만, 이따금 모든 책임을 교사에게 떠넘기는 낡은 시스템을 원망하기도 한다. 2분기가 시작되는 6월에 들어설 때, 한 번쯤 지난 석 달을 돌아보고 숨고르기할 필요가 있다. 흔들린 마음과 정신도 가다듬고, 아이들 모습을 되살펴볼 필요가 있다. 석 달을 함께 살아온 아이들은 분명 달라져 있다.

그러나 아무리 다짐을 하고 6월을 맞이해도, 학습량이 많아지고 수업량이 늘어나면 아이들보다 수업에 더 집중하게 된다. 거기다 자잘한 학교 업무가 자주 생기다 보면 아이들에서 점점 멀어져가는 걸 느낀다. 지난해에도 그랬는데, 올해도 어김이 없다. 욕심을 버리거나 학습량을 대폭 줄이거나 해야 하는데, 과연 그게 가능할지. 오늘은 모처럼 아침에 일이 별로 없어 일어나서 아이들을 맞았다. 하나둘 들어오는 아이들. 인사를 건네며 들어오는 아이들. 몇몇 아이들은 교실로 들어오자마자 말을 건네고 자신을 보여주었다. 첫 주자는 윤진이었다.

"선생님, 이거랑 이거 어때요?"
"와, 잘 그렸네. 너 학원 다니니? 아님 혼자 그린 거야?"
"미술 학원 다녀요."

"음… 그래서 이렇게 잘 그리는구나."

"선생님. 이거 보세요. 햇빛 같아요."

"동석아. 왜?"

"이것 보세요. 이렇게 돌리면 햇빛이 비치는 것 같아요."

"블록을 합해서 돌리니 정말 빛이 나는 것 같네."

"민정아. 이제 그만 떨어져. 선생님한테 너무 붙어 있다. 친구하고 놀아. 선생님한테 자꾸 오지 말고."

"선생님. 엄마한테 허락받았어요."

"무슨 허락?"

"방학 때 선생님 집에 가도 된대요."

"어. 알았어. 그래라."

"제가 놀이터에서 기다리고 있을 테니까 그때 데리러 오세요."

"하하하. 그래."

4월까지만 해도 매일 이렇게 아이들과 아침을 맞았는데, 앞으로도 그래야 하는데, 정말 정신 바짝 차리지 않으면 하루하루가 무미건조하게 흘러갈 것 같다.

2017.06.08. 일기 중에서

아이들에게
진정 필요한 것

중간 놀이시간에 놀이터에 뱀이 출몰한다는 방송이 나오는 바람에 놀이터 근처에도 가지 못했다. 그래도 아이들은 불만을 제기한다.

"왜 못 가요?"
"방송 들었잖아."
"뱀 나와도 가면 안 돼요?"
"선생님, 어떤 선생님이 뱀 잡았어요!"

어수선한 중간 놀이시간을 마치고 나서는 아이들과 화분에 고추모종을 심었다. 화분은 나중에 꾸미기로 하고 일단 모종을 심는데 집중했다. 제법 잘 파서 넣는 아이들이 있는가 하면 어쩔 줄 몰라 친구 도움을 받는 아이들도 보인다. 서툴고 시간이 걸려도 다들 어떻게든 자기 일을 모두 마쳤다.

"선생님, 왜 고추뿐이에요?"
"응, 다른 걸 하려고 했는데 다른 반 선생님이 선물을 주셨어."

"에이, 다른 거 심고 싶은데."

"일단 이번에는 고추로 연습해보고 다음에 다른 거 해보자."

"난 고추 안 먹는단 말이에요."

"안 먹으면 어머니 갖다드려. 음식 하실 때 쓰시라고."

모종을 어느 정도 심은 다음 아이들과 산책을 나섰다. 아이들에게 아카시아 잎을 가지고 놀이도 하고, 남은 줄기로 줄기 끊기 놀이도 할 수 있다고 했더니 신이 났다. 개망초로 하려다가 그 예쁜 개망초를 꺾기가 미안하여 그나마 잎이 무성한 아카시아를 골랐는데, 결국 공원에 있던 아카시아는 우리 아이들에게 한쪽을 내어주며 크나큰 기부를 하게 되었다. 아이들은 아직 살아있다는 것에 대한 감각이나 공감 능력이 떨어진다. 아카시아 잎도 살아있건만, 조심스럽게 줄기를 끊어내는 나와 달리 거침없이 잡아당기며 제 하고 싶은 일에만 관심을 둔다. 시간이 해결해줄 수도 있을 테지만, 타인과 동식물의 고통과 감정을 이해하는 아이들로 자라도록 하려면 무엇을 해줄 수 있을지 걱정이 됐다. 하기야 시골에서만 살던 내 친구 녀석도 어릴 적엔 개구리를 잡아다 바위 위에 내팽개치며 신나게 놀았다던 이야기를 들은 적도 있다. 친구 녀석이 그때는 왜 그랬는지 모르겠다고 하던 말이 새삼 떠오른다. 어린 아이들이 생명에 대한 공감을 갖기를 크게 기대하지는 않지만, 적어도 그 소중함과 가치에 대한 교육은 끊임없이 되풀이되어야겠다.

그러고 보니 어떤 선생님으로부터 한 생태전문가의 말을 들은 적이 있다. 그때 들은 이야기는 대충 이러했다.

"어린아이는 풀과 나무를 잘 구분하지 못해요. 생태 학습이라는 이름으로 아이들에게 행해지는 일들이 꼭 아이들을 위한 일이 아닐 수도 있어요. 어른의 대리 만족일 수도 있다는 거죠. 곡식이나 작물 기르기로 너무 어렵게 접근하게 하는 것보다 놀이로 자연에 친숙해지며 스스로 깨닫게 하는 게 훨씬 중요해요." 2016. 6. 7.

Tool&Tip
실천과 추천

화분을 꾸며 식물심기

화분에 식물 심는 일은 교사생활 25년이 넘도록 여전히 어렵다. 1학년 교육과정에는 씨앗을 심고 키워가는 활동이 있어 어쩔 수 없이 하게 됐다. 첫해에는 고추를 심고 이듬해에는 땅콩을 심었다. 첫해 고추 수확은 그런대로 괜찮았는데, 이듬해 땅콩은 사정이 생겨 수확물을 확인하지 못했다. 화분을 쓸 요량이면 얇고 가벼운 플라스틱을 소재로 해서 바깥에 그림을 그릴 수 있는 것이 좋다. 개인적으로 아는 선생님의 선물이었는데, 꽤 쓸 만했다. 아이들 손글씨와 그림이 들어가니 더욱 빛이 났다.

미처 그림을 그리지 않았던   아이들 손글씨와 그림이 들어간 화분
고추를 심었던 화분

아이들에게 정말 필요한 것을 주어야

일반학교에 있다가 혁신학교라는 곳으로 처음 옮겼을 때 가장 부담스럽게 다가온 것이 바로 '텃밭농사'였다. 그 바쁜 3~4월에 시도 때도 없이 흙 나르고 물주고 땅 고르는 작업을 해야만 했다. 너무 힘들었다. 혁신학교라면 당연히 해야 하는 과정인 것처럼 취급하던 이 과정이 난 탐탁치 않았다. 처음 만나는 1학년과 '텃밭농사'라니. 농사짓기도 힘들고 각기 다른 24명의 아이들과 학급살이를 꾸리는 것도 벅찬데. 아이들 몫은 적고 교사의 몫이 더 많은 이 '텃밭농사'에 대한 회의감이 컸던 시기에 들었던 어느 생태전문가의 말이 큰 위로와 응원이 돼주었다. 차라리 흙과 놀다 동식물을 만나고, 우연히 씨를 만나 심어보는 일련의 과정을 위해 텃밭이 주어졌다면 교육과정을 재구성해서 좀 더 편하고 다양한 기획을 하지 않았을까 하는 생각도 들었다. 한번은 감자를 심고 텃밭에 멀칭(농작물이 자라는 땅을 짚이나 비닐 따위로 덮어두는 일)을 해놓은 사진을 보고 지인이 이런 지적을 했다. "아이들에게 생태를 교육한다고 텃밭농사를 하면서 멀칭을 해?"

지우개
따먹기

단오 축제 때문인지 평소보다 한층 들뜬 분위기로 시간을 보냈다. 그런데 오늘따라 녀석들이 노는 모양새가 조금 다르다. 일찌감치 한글 공부를 마치고 놀던 아이들부터 중간 놀이시간, 점심시간에까지 지우개를 가지고 노는 녀석들이 군데군데 보였다. 어른들이라면 어렸을 적 누구나 경험했을 지우개 놀이를 뜬금없이 아이들이 보여주는 게 아닌가. 아이들은 언제 어떤 상황에서든 놀 거리를 찾는다는 것이 참말이 아닌가 싶다. 이런 상황에서 내가 가만히 있을 수가 있나, 광현이가 지우개 따먹기 놀이를 하는 모습을 보고 달려갔다. 녀석은 혼날까 싶어 서둘러 숨기는데, 얼른 한마디 했다.

"광현아, 그거 선생님 줘 봐."
"네? 뭐하려구요?"
"너희들 지우개 따먹기 했지? 샘하고 해볼래?"

그러자 얼굴이 환해지며 의기양양하게 지우개를 내민다. 잠시 후, 10초도 안 돼 내가 이겨버리자 광현이의 표정은 난감해지고 나는 "오예, 이겼다!"를 외치며 은근히 약을 올렸다.

"멀리서 하는 거예요. 이렇게 가깝게 놔두고 하는 게 어딨어요?"
"지우개 놀이에 거리가 어디 있냐?"
"아니에요. 거리 멀게 하고 하는 거예요."
"알았어, 그럼. 나중에 다시 하자. 지금은 점심 먹으러 가고."

점심을 먹은 뒤에 광현이랑 다시 지우개 따먹기를 했다. 그런데 또 내가 이겨버렸다.

"다시 해요. 그렇게 손으로 미는 게 어딨어요."
"아냐, 보통 다 이렇게 하는데 뭘."
"그럼, 그런 게 있다고 할 테니까 다시 해요."
"자, 지금은 집에 가야지. 대신 이달 말에 우리 반 지우개 따먹기 대회 할게. 좋지?"
"네!"

날씨 탓인지 몸 상태가 가라앉아 있었는데, 지우개 따먹기 덕분에 살짝 살아났다. 지독스럽게 말 안 듣고 장난을 쳐대는 녀석들 때문에 힘들긴 해도 녀석들 덕에 살아있다는 걸 늘 깨닫는다. 이것만 해도 복 이지 싶다. 2016. 6. 8.

아이들과 논다는 것

아이들은 교사가 함께 놀아주는 걸 매우 좋아한다. 내 마음도 크게 다르지 않지만, 빡빡한 하루 일정을 모두 소화하려면 준비할 게 많고 조심할 게 많아서 아침 일찍 출근해도 시간이 모자라다. 그래서 쉬는 시간에도 아이들과 잘 놀아주지 못하는 것이 늘 미안했다. 가끔 아이들 곁에 다가가 함께 놀아주면 그렇게 반색을 하며 반긴다. 돌이켜보면, 좀 더 아이들과 함께 놀지 못한 게 아쉽기만 하다. 1학년 담임에 좀 더 익숙해지고 교육과정을 이해한 지금 다시 아이들을 만난다면 아마도 이전보다 훨씬 잘 놀 것 같다. 수업시간에 노는 것 말고 쉬는 시간에 말이다. 그래도 한편으로는 쉬는 시간에 정말 쉬고 싶긴 하다.

앗,
아프겠다!

오늘은 그동안 공부했던 과제들을 점검하고 정리하는 시간으로 보냈다. 공책들을 다시 정리하고, 빠진 부분은 조금 더 채우게 했다. 고추모종을 심은 화분을 가져다 그림도 그리고 날짜도 쓰며 키워가는 과정을 담아내는 활동도 했다. 고추가 나기 시작한 모종들은 순을 따게 했다. 그때였다. 돌아다니며 설명을 하다 뒤로 돌아서는 순간, 태현이의 한마디.

"앗, 아프겠다!"

모종순을 따면서 자기도 모르게 뱉은 말이었을 것이다. 태현이는 학기 초만 해도 장난을 많이 치는 아이, 아이들을 툭툭 치며 재미있어하는 아이여서 늘 친구를 때리지 말라는 잔소리를 입에 달고 살았다. 이래저래 지도를 하며 지나온 석 달 동안 태현이의 모습이 조금씩 달라져 갔다. 물론 장난 섞인 말과 행동은 여전하지만, 다툼이나 고자질로 속을 썩이는 모습은 거의 사라졌다. 그런 태현이가 고추 순을 따는 순간, 아프겠다고 말한 것이 참 신기했다. 왜냐고 굳이 묻지는 않았다. 그

것이 설사 장난으로 내뱉은 말일지라도 태현이의 마음속 깊은 곳에서 나온 말이었을 거라 믿고 싶었고, 실제로도 그런 것 같았기 때문이다.

우리 반 아이들을 보다 보면 자신의 아픔과 고통만큼 남도 그렇다는 걸 잘 못 느끼는 아이들이 곧잘 보인다. 나는 때려도 되지만, 남은 안 된다는 생각, 나는 세게 때려도 살살 때린 것이고 맞을 때는 약하게 맞은 것도 눈물 흘리며 아파하는 아이들을 볼 때면 '이건 또 뭐지?' 하는 생각이 든다. 1학년 아이들이 보여주는 이른바 '오버' 때문에 당황하거나 황당했던 적이 꽤 많았다. 저번에도 한 번 언급했지만, 정도의 차이만 있지 아직 공감 능력이 떨어지는 아이들이 많다. '아직'이라고 말은 했지만, 그런 아이들이 일상에서 공감의 능력을 높일 수 있는 경험을 꾸준히 쌓지 못하고 학교폭력의 가해자 혹은 피해자가 되어 큰 상처를 입는 경우를 나는 이전 학교에서도 자주 보았다.

교사생활을 하는 동안 학습능력 혹은 시험 잘 치는 능력만 있으면 어떤 일도 용서해주는 부모들을 나는 많이 보고, 경험했다. 공부 잘하는 아이들의 인성이 위선과 독선으로 비뚤어지는 모습을 보면서 부모의 왜곡된 인생관과 교육관이 아이를 얼마나 망칠 수 있는지를 너무도 극명하게 보아왔다. 겉으로는 아이들의 인성을 이야기하면서도 정작 학업능력 앞에서는 아이들의 허물을 덮어주는 태도가 어떤 결과를 만들어내는지 똑똑히 보았다. 흔히들 21세기가 요구하는 능력에 공감이라는 타이틀을 아주 쉽게 얹어놓는다. 그러나 한국사회에서 이를 실현하기란 쉽지 않다.

최근 공동체 의식 부문에서 OECD 국가 중 우리나라가 가장 낮은 점수를 받았다는 사실이 이를 방증한다. 경쟁에서 살아남아야 하는 사회에서 사는 사람들의 최우선 과제는 남을 이기는 기술을 가지는 것이다. 이렇게 남을 속여서라도 내 목적을 달성해야 하는 문화 속에서 가정이나 학교가 공감 능력을 높여주기란 쉽지 않다. 세계관의 변화와 시대의 흐름을 읽는 위정자들, 정책입안자들의 의식과 함께 국민 전체의 의식이 변화하지 않는다면 더더욱 어려울 것이다. 안타깝지만 내가 만난 부모 가운데 일부는 아이들에게 따뜻한 공감 능력을 키워주기보다는 다음의 방식을 선택했다. 그건 바로 "친구가 널 때리면 너도 똑같이 때려줘"였다.

하지만 대다수 아이들은 태현이처럼 기본적으로 약한 것에 대한 연민과 공감 능력이 살아있다. 가정에서, 학교에서 이런 아이들의 마음을 학력이라는 잣대로 지워버리지 말아야 하는데, 시험위주의 수업문화와 평가 잣대를 만들어놓고 인성교육까지 가능하다는 해괴한 말을 해대는 관리자와 관료들이 이 사회를 주도하고 있다는 게 큰 걱정거리다. 그저 낮은 수준에서라도 고통과 아픔에 대한 공감 능력을 키워갈 수 있도록 하는 교육이 온 나라 학부모의 의식에서 살아나길 바랄 뿐이다. 이를 위해서는 교사들의 깨우침도 매우 중요하다.

오늘도 난 아이들의 삶에 공감을 해주려 애를 썼다. 예나가 달려와 상처가 났다며 약을 발라달라 하고, 윤진이가 달려와 팔에 난 상처에 약을 발라달라 하고, 가을이도 달려와 나도 다쳤으니 무릎에 약을 발라달라 하기에, 비록 보건교사는 아니지만 약을 가진 선생으로서 아이들의 작은 아픔에 공감해주었다. 어디 이것뿐인가? 짝도 여자는 여자끼리 남자는 남자끼리 앉게 해달라 해서 이번 6월까지만 동성끼리 짝을 만들어주었다. 아이들의 마음을 받아주고, 이렇게라도 마음을 풀어주면 서로에게 조금 더 마음을 열고 공감하는 경험을 쌓아가지 않을까 싶어서이다. 정말 그렇겠냐 싶긴 하지만.

상장이 아닌 성장이 필요한 교육

이 원고를 한창 쓰고 있는 이 시점에, 우리나라 교육부 장관이 대학 총장을 만나러 가서 대입 정시비율을 늘려달라는 요청을 했다고 한다. 수시에 대한 불신, 수시에 불리한 자녀를 가진 학부모들의 비난과 비판을 수용해 정시 비율을 늘린다는 건 아이들을 무의미한 경쟁의 굴레로 더 깊숙히 집어넣을 뿐이다. 더욱 안타깝고 당황스러운 것은 그도 한때는 학교를 경쟁 없는 혁신학교로 만들어야 한다고 주장하던 사람이었다는 것이다. 대학입시의 폐해가 초등학교까지 번져가는 상황을 누구보다 잘 알고 지역에서 혁신학교 운동을 하는 교사로서 황당하고 화가 나는 것을 참을 수가 없다. 아이들에게는 경쟁하지 않을 자유가 있다. 적어도 학교에서는 경쟁하지 않아야 서로 협력하고 공감하며 우정을 꽃 피울 수 있다. 아이들은 상장이 없는 학교, 시험이 없는 학교에서 진정한 지혜를 배우고 자기 삶을 돌아보며 비로소 성장하게 된다. 그래야 남의 고통과 아픔을 이해하는, 공감 능력을 지닌 어른으로 자란다. 교육부가 할 일은 정시비율의 확대가 아니라 공감 능력의 확대일 것이다.

그래도
별일 없었어요

오늘은 수업계획에 변동이 생겨 어제 미처 다루지 못한 그림책 《기분을 말해요》로 자신에 관련된 감정의 경험을 이야기하는 활동을 했다.

"이 책 주인공 얼굴 어때 보여요?"

"행복해 보여요."

"여러분이 행복했을 때는 언제였나요?"

"저는요, 집에 아무도 없어서 저 혼자 있을 때 행복했어요."

"으잉? 영준아, 그게 무슨 말이야?"

"저 혼자 집에 있어서 내 마음대로 할 수 있어서요."

"그래, 하하하. 그랬구나."

"이 주인공처럼 슬플 때는 언제였나요?"

"저는요, 엄마가 언니 옷만 사주고 내 옷을 안 사줬을 때요."

"저번에 내가 자고 있다고 아빠하고 엄마하고 동생하고만 나갔을 때요."

"나중에 깼구나?"

"네, 그런데 아무도 없어서 슬펐어요."

"그럼, 여러분이 화났을 때는 언제예요?"

"동생이 내 허락도 안 받고 마음대로 내 장난감 가지고 놀았을 때요."

"그랬구나. 속상했겠네."

대부분의 아이들이 저마다 한마디씩 하는데, 여덟 명쯤 되는 아이들은 묵묵부답이었다. 그래서 "미슬아~ 넌 이럴 때 어땠어?" 하는 식으로 직접 물으니 "음, 생각 중이에요" 하는가 하면 끝까지 아무 말도 하지 않는 아이들도 있다. 꼭 대답을 해야 하는 것은 아니지만, 분명 자기 감정이 있을 텐데 표현을 해주지 않는 모습이 조금 아쉬웠다. 말이 안 되면 그림으로, 그림으로도 안 되면 글로 하면 되니 좀 더 기다리자 마음을 먹었다.

3~4교시 수업의 주제는 '가족'이었다. 모처럼 관련 그림책을 읽어주어야겠다 싶어 책 하나를 꺼내 들었다. 제목은 《우리 가족 납치 사건》. 책을 펴들자마자 윤솔이가 한마디 던진다.

"나, 저거 읽었어요."

"그래? 그럼, 내용 알고 있다고 얘기하지 않기다."

"왜요?"

"미리 말해 친구들이 알면 재미가 없잖아."

"예."

이래 놓고 윤솔이는 결정적인 순간에 다음 장면을 말해버렸다. 참을 수가 없었나보다. 하하. 이 책은 김고은 작가의 기발한 상상력으로 만들어진 작품이다. 일로 바쁘게 살아가는 부모, 공부로 정신없이 하루를 보내는 아이. 한 번쯤은 마음 놓고 부모들과 여행을 떠나고 싶은 아이의 마음을 담아낸 책이다. 지하철 출근길에 떠밀려 열차를 놓친 아버지는 땅에 떨어진 자신의 가방에 싸여 기차를 타고 어디론가 떠난다. 목적지는 우리 윤솔이가 책장을 넘기기도 전에 소리쳤다.

"아버지는 도대체 어디로 간 걸까?"
"바다요!"

아이들이 그림책에 집중하는 게 신기할 따름이다. 항상 이렇게만 집중해주면 얼마나 좋을까 생각하며 다음 장으로 넘기니 이번에는 열심히 일하는 어머니가 아이를 학교에 보내고 100미터 달리기 스타트 자세를 취하며 회사로 가려는데 갑자기 치마가 어머니를 휘감고는 어디론가 날아가버린다. 날려간 곳은 아버지가 휴식을 취하던 바로 그 바다다. 아이들은 치마 속 어머니의 팬티에 더 주목했다. 학교에 간 아이는 한창 복잡한 수학문제를 풀고 있었다. 그러다 머리털 일부가 터지면서 마치 풍선처럼 날아오르기 시작한다. 터진 곳에서는 숫자들이 뿜어져 나오고 아이는 어디론가 날아가는데, 도착한 곳은 바로 부모님이 휴양하는 바다…. 그렇게 세 식구는 바다에서 만나 즐거운 휴식을 취하며 세상일은 잊고 시간을 보낸다. 행복한 하루하루를 보내는 그림 바로 옆에는 짧은 한 문장이 적혀 있다. "그래도 별일 없었어요."

어쩌면 이 책은 아이들보다는 어른들이 읽어야 할 책이 아닌가 싶었다. 본디 그림책은 어른들을 위한 책이고 어른이 읽어야 할 책이라는 어느 그림책 작가의 말이 문득 떠올랐다. 그래 하루쯤, 아니 2~3일 쯤 마냥 쉬어도 되는데. 그 정도면 아무런 일도 일어나지 않을 텐데도 조바심 내며 하루하루를 열심히, 최선을 다해 사는 우리네 어른들, 아이들의 모습을 돌아보게 만드는 그림책이었다. 나 또한 하루쯤은 수업이라는 틀에서 벗어나 아이들과 마냥 놀고 싶을 때가 있다. 그냥 하루쯤은 아무것도 하지 않고 보내도 별일이 없을 텐데, 짜인 각본에 맞춰 살아야 아이들을 위하고 교사의 성장을 위한다는 착각을 하며 사는 것은 아닌지 생각해보았다. '당장 다음 주에 하루를 그냥 놀아버릴까?' 하는 생각도 해본다. 조만간 실행해볼 작정이다. 책을 다 읽고 나니 여기저기서 손을 드는 아이가 있다. 뭔가 해서 물었다.

"왜 손을 드는데?"
"그 책 누구한테 빌려줄 거예요?"
"나 줘요."
"나요. 나" 2016. 6. 15.

Tool&Tip
실천과 추천

꼭 말을 해야 하나?

발표를 꺼리는 건 비단 1학년 아이들만의 문제는 아니다. 입을 열지 않는 아이들에 대한 교사와 부모들의 아쉬움, 안타까움, 불만은 계속 이어진다. 그러나 입을 열지 않는 아이들에게는 저마다 까닭이 있다. 부끄러워서 정말로 모르겠어서, 개중에는 편해서 대답을 안 하는 아이들도 있다. 그러나 모든 것을 아이들 탓으로 돌리는 건 문제다. 입을 닫을 수밖에 없는 가정환경에서 자라온 아이들이 학교에서도 쉽게 입을 열지 못하는 것처럼. 일제식 수업 방식에 익숙한 아이들은 잘하는 아이들 뒤에 숨어 수업 시간을 편하게 넘기는 일에 빠르게 적응을 해나간다. 적어도 학교에서 아이들이 입을 닫는 것은 수업방식의 문제라고 봐야 한다. 입을 열지 않다가도 짝끼리. 모둠끼리 풀어두면 입을 여는 아이들이 보인다. 1학년 아이들 중에는 관심을 보이고 눈을 맞추거나 교사의 자리로 불러주면 입을 여는 아이들도 있다. 그래도 입을 열지 않으면 그림으로 혹은 글로 표현하게 하면 된다고 본다. 입을 열어주면 좋긴 하지만 그러지 않아도 자기를 표현하는 방법은 있다. 아이들 모두에게 일정 수준의 운동 능력을 기대해선 안 되는 것처럼, 모든 아이에게 일정 수준 이상의 발표 능력을 요구하지 말고 저마다 가지고 있는 능력으로 자신을 표현하게 하는 게 중요하다. 차분히 관심을 보여주고 인정해주면 아이들은 어느새 곁에 다가와 하나 둘 입을 연다.

아이들의 공간, 교실을 꾸며라!

교실 벽에 어떻게 줄을 이을까 한 달째 고민 중이다. 작품 전시 때문이다. 출근하면서 이래저래 생각하다 좌우의 창문 차단 문고리에 걸면 되겠다는 생각이 번쩍 들었다. 나는 교실에 들어가자마자 그 작업부터 했다. 일찍 온 정우와 광현이의 도움을 받아가며 두 개의 긴 줄을 매달아 황토 손수건과 부채들을 교실에 전시해보았다. 해놓고 나니 개운하다. 앞으로도 이렇게 아이들 작품을 전시해보려 한다.

중간 놀이시간을 지나 3교시. 여전히 늦게 들어오는 아이들과 우유를 천천히 먹는 아이들을 기다리다 10분이 지나고 말았다. 오늘은 부모님들이 보내주신 가족 사진으로 우리 식구들은 어떤 행사를 치르고 어떤 이야기를 가지고 있는지를 이야기하는 수업이었다. 지난번보다는 훨씬 적은 양의 사진이었지만, 그래도 아이들과 이야기할 시간은 충분했다. 사진을 보여줄 무렵 아이들은 지난번 가족사진 전시 때처럼 흥분했다.

"잠깐만요. 선생님. 창문 닫아요."

"왜?"

"앞문 뒷문도 닫아야 해요."

"왜?"

"아이….."

부끄러운 게다. 자신의 모습, 자기 가족의 모습이 담긴 사진을 반 친구들에게 공개하는 것도 쑥스러운데, 행여나 지나가던 아이들이나 사람들이 볼까 봐 문을 닫자는 거다. 마음은 이해하지만 날씨가 너무 후텁지근하여 도무지 문을 닫을 수가 없는 상태였다. 아이들을 겨우 진정시켜 자리에 앉히고는 지난번처럼 사진을 가져온 아이들에게 발표를 시켜 경험을 나누며 시간을 보냈다.

부모님들이 보내주신 사진에는 돌, 백일, 결혼식, 칠순, 생일, 여행 등 다양한 가족 행사가 담겨 있어 흥미로웠다. 특히 한 어머니가 본인의 어릴 적 돌 사진을 보내셔서 아이들과 함께 크게 웃었다. 아이들의 어릴 적 사진이나 부모님들이 결혼할 때의 모습을 보면서 왠지 모를 흐뭇함과 감동이 밀려

아이들이 만든 부채와 시집으로 채운 교실 공간

왔다. 결혼을 하고 부부가 되어 아버지, 어머니로 살아가는 사람들과 그 아이들 그리고 나. 1년이라는 짧은 인연을 맺은 나와 스물네 식구의 인연이 아름다운 추억으로 남길 바랐다.

마지막으로 쑥쓰러워도 힘내서 발표한 아이들과 조금 산만하긴 했지만 나름대로 열심히 들어주려 애쓴 아이들에게 가족 행사와 관련된 그림을 그리게 했다. 저마다 사진 속의 풍경과 추억들을 담아내는데, 아직 그림에 서툴거나 자신 없는 아이들, 후딱 해치우려는 아이들은 어떻게 시작해야 할지를 몰라 망설였다. 어떤 풍경이든 장소든, 어떤 추억이든 상관없으니 떠올려서 그리라고 했다. 잘 그리려 하기보다 말을 할 수 있는 내용으로 담아보라 하긴 했지만 말이 쉽지 아이들에게는 무척 어려웠을 것이다. 2학기에는 아이들이 꼭 그림 그리는 법을 익힐 수 있도록 단단히 준비를 해야 할 것 같다. 글과 마찬가지로 그림도 그리는 방법을 학습할 필요가 있는 것 같다. 2016. 6. 22.

Tool&Tip
실천과 추천

교실은 전시공간이 되어야

우리 교실을 방문한 사람들은 남자교사의 교실 같지 않다는 말을 많이 한다. 교실의 절반은 책으로 가득하고 한쪽에는 장난감이 있으며 앞뒤 게시판에는 학습 결과물이 잔뜩 게시돼 있다. 창문이나 교실 모서리를 가로지르는 줄에는 아이들 작품이 매달려 있고, 심지어 천장까지 꾸며놨으니 그렇게 보일 만했다. 어떻게 보면 정신없기도 하지만, 아이들은 자기 작품이 숨어있지 않고 드러나 있기를 바란다. 그 마음을 헤아려 전시에 애쓴 것은 아이들을 생각한 내 마음이자 정성이기도 했다. 우리 교실이 예쁘다며 자랑하며 다니는 아이들, 다른 반 아이들이 기웃거리며 훔쳐보는 것을 은근히 즐기는 아이들을 보면 뿌듯하다. 1년을 살아가는 아이들의 공간인 교실은 오롯이 아이들 것이어야 한다.

선생님,
닭발 좋아해요?

 중간 놀이시간을 마치고 맞은 통합교과 시간. 오늘은 좀 수월하게 보내자 싶어 지금까지 배운 노래를 확인한 뒤 7월 말에 있을 학급마무리 잔치 이야기를 꺼냈다.

 "음, 이제 한 달 뒤면 방학인데, 우리 반끼리 학급마무리 잔치를 하려고 해요."

 "그게 뭐예요?"

 "여러분과 선생님이 1학기를 잘 보냈다는 뜻으로 잔치를 벌이는 거지."

 "먹는 거도 해요?"

 "그럼! 그러기 전에 먼저 여러분들이 평소에 배웠던 걸 발표하는 시간을 준비할 거예요. 지금까지 배운 시 암송하기, 배운 노래 부르기. 율동하기…."

 "아~"

 "어렵지 않아요. 여러분은 벌써 두 개의 시를 외고 있잖아요."

그러고 나서 교과서에서 배운 〈아기의 대답〉과 〈아침〉이라는 시를 읊게 하니 곧잘 한다.

　"봐요. 쉽죠? 그리고 그림자극도 하고 빛그림책 공연도 하고… 연극도 할까?"
　"와, 재밌겠다. 저도 할래요."
　"자, 나는 그림자극에 참여하고 싶다. 손들어보세요."

　처음에는 빼던 녀석들이 이래저래 설명을 해주었더니 서로 하려고 든다. 모든 아이가 골고루 참여할 수 있도록 신경을 써야 할 것 같다. 문득 8년 전에 맡았던 2학년 아이들과 했던 학급마무리 잔치가 떠올랐다. 그런 행복했던 기억을 이곳의 아이들과도 만들어보고 싶어졌다.

　"이날은 수박 화채도 만들어보고 그럴 거예요."
　"그건 단오날에…."
　"단오날에는 어머님들이 준비해서 너희들에게 판 거지."
　"아하! 맞다."

　학급마무리 잔치라고 별로 특별히 준비할 것은 없다. 그저 평소에 하던 것을 쭉 모아내면 된다. 자연스럽게 전시회도 만들어질 것 같다. 모든 아이가 주인공인 학급마무리 잔치에 아이들 부모님과 교장, 교감 선생님도 초대하려 한다. 이제 딱 한 달 남았다.

　학급마무리 잔치에 대한 이야기를 하고난 뒤 아이들을 데리고 텃밭으로 갔다. 그동안 자란 고추, 가지, 토마토, 호박 따위를 관찰하게 하기 위해서다. 늘 생각하는 점이지만, 아이들은 기본적으로 식물에 관심이 없다. 동적인 것, 움직이는 동물에 더 관심을 보인다. 정말로 아이들을 위한다면 생태가 아닌 놀이가 통합교과학습의 주제가 되어야 한다고 나는 생각한다. 다음 코스는 아이들과 놀기 위해 학교 밖 공원에 가서 마음대로 뛰어놀게 했다. 아이들은 아무런 준비를 해주지 않아도 공간과 시간만 주어지면 어떻게든 놀이를 만들어내서 즐겁게 논다. 나 또한 아무런 준비도 하지 않고 아이들이 가는 대로 따라 가주었다. 어떤 녀석들은 아카시아 가지를 꺾으며 노는가 하면, 어떤 녀석들은 나뭇가지를 가지고 장난을 치고, 어떤 녀석들은 서로 놀리고는 잡는다고 뛰어다니고, 어떤 녀석들은 운동기구를 놀이기구처럼 타고 있다. 지나가다 나를 마주치는 아이들과 대화를 나누고 같이 놀아주는데, 다은이가 내게 와서는 살며시 손을 잡고는 묻는다.

"선생님!"
"왜?"
"선생님! 닭발 먹어봤어요?"
"뭐?"
"아, 닭발이요!"
"닭발? 갑자기 닭발은 왜?"
"아, 먹어봤냐고요."
"먹어봤지. 근데 왜?"
"맛있다고요."

1학년 녀석들은 종잡을 수가 없다. 뜬금없이 닭발이 맛있다는 말은 왜 하고 싶었던 건지. 그래도 살며시 다가와 손을 잡고는 내게 묻는 다은이가 참 예쁘다. 나랑 친해지고 싶어서 뜬금없이 닭발을 대화 소재로 꺼냈나 보다. 다행히 구름이 껴서 산책하기에 큰 무리는 없었다. 점심을 먹고 교실로 돌아와 아이들을 돌려보내고, 한글을 미처 익히지 못한 아이들 둘은 따로 남겨 잠시 공부를 시켰다. 그러고 돌아가는 아이들을 붙잡아 물었다.

"정우! 선생님이 너 좋아하는 거 알아?"
"네."
"그래? 좋아하는 거 알았구나."

고개를 끄덕이는 정우를 꾹 안아주고는 한글 공부 열심히 하자 했다. 다른 녀석도 똑같이 해주었다. 하~ 후텁지근한 월요일. 오늘도 겨우 하루를 보냈다. 2016.6.27.

Tool&Tip 실천과 추천

학급마무리 잔치 준비하기

10년 전부터 담임을 맡은 해면 학기 말 혹은 학년 말에 학급마무리 잔치를 열었다. 학예회처럼 잘하는 아이들만 나오는 행사가 아니라 누구나 참여할 수 있는, 수업시간에 했던 것을 조금 다듬어 무대에 올리는 잔치. 아이들이나 교사나 수업 중에 해결할 수 있어서 특별한 준비가 필요가 없는 잔치. 그래도 어른들을 초대하여 지난 한 학기나 한 해 동안 아이들이 무엇을 공부했으며 얼마나 성장했는지 보여줄 수 있는 시간. 시와 노래, 역할극과 그림자 연극, 빛 그림책 공연과 작품전시회가 준비되어 있는 어엿한 잔치이다. 한 달 전부터 차근차근 준비하면 무리 없이 추진할 수 있으며, 지치기 쉽고 느슨해지기 쉬운 7월에 자칫 흔들릴 수 있는 아이들을 다잡아가는 계기도 될 수 있다.

선생님,
우리랑 놀아줘요

    수요일이 되니 금요일이 코앞으로 느껴지는데도 교실로 들어서는 발걸음은 무겁기만 하다. 체력이 떨어졌다는 느낌이 든다. 그런데도 교실에만 들어서면 언제 그랬냐는 듯 나아지는 내 모습을 보면 직업이 참으로 무섭다는 생각도 든다. 오늘도 별반 다르지 않았다. 교실로 들어서서 급한 업무를 처리한 뒤 수업준비를 하면서 아이들 맞을 준비를 했다. 시영이가 제주로로 여행을 가는 바람에 일찍 오는 아이가 없어져 버렸다. 30분이 넘어서야 한두 명씩 들어와 내게 인사를 건넨다. 오늘은 아침노래를 부르고 어제 깜빡하고 들려주지 못한 옛이야기를 길게 들려주었다. '세 갈래 길로 걸어간 삼형제 이야기'였는데, 아이들이 재미있다고 난리다.

    오늘은 또 지민이가 배가 아프다고 결석을 하는 바람에 두 명이 빠진 채 수업을 하게 됐다. 이달 들어 특히 다치고 아프고 여행가는 아이들이 늘어 수업에 온전히 참여하는 아이들이 늘 부족하게 느껴진다. 첫 시간은 국어. 오늘은 또박또박 읽어내는 것과 띄어 읽기에 중점을 둔 수업이었다. 띄어 읽기 위해서는 띄어쓰기 개념도 가르칠 수밖에 없어, 이해를 돕기 위해 그림책《왜 띄어 써야 돼?》를 곁들였다. 책을 들자마자 동석이가 말을 꺼낸다.

"선생님, 저거 우리 집에 있어요."
"그래, 어땠어?"
"엄청 재밌어요."
"저도 갖고 있어요."
"야, 우리 반 아이들이 이 책을 많이 가지고 있네. 그래도 없는 아이들을 위해 한번 읽어볼게."
"네~"
"자, 표지를 넘겨볼게요."

표지를 넘기자 띄어쓰기가 안 된 문장들이 가득했다. 띄어 쓰지 않으니 아버지가 가방에 들어가고, 어머니도 가방에 들어가고, 부모가 가죽을 먹는 모습도 나오고, 어머니가 시어머니로 변신하게 되는 상황이 아이들에게는 매우 재미있고 웃긴가보다. 지난해 만난 아이들도 이 그림책을 보고는 크게 웃으며 재미있어했다. 책을 다 읽어주니 역시나 서로 빌려 가겠다고 난리다. 내가 팔을 다쳐 한동안 오른손을 못 쓰는 민정이에게 빌려주는 게 어떠냐고 했더니 아이들이 흔쾌히 받아들여 주었다. 민정이도 고맙다는 말을 하며 한껏 들뜬 표정으로 책을 받아들었다.

"자, 띄어 읽기를 잘해야 띄어쓰기도 할 수 있는데, 어때요? 보니까 띄어 읽기나 쓰기를 할 때 무엇을 가장 주의해야 할까요?"
"토씨요."

"맞아요. 잘 기억하고 있네요. 다시 한번 이 그림책에 들어있는 붙어있는 문장들을 보세요. 어때요?"

"토씨에서 떼어 쓰고 있어요."

"그렇죠. 떼어 읽기와 쓰기를 잘 하려면 이 토씨가 어디에 있는지를 먼저 잘 살피고 주의하는 게 필요해요."

토씨가 어떤 역할을 하는지 아이들이 조금씩 알아가는 것 같다. 아직 읽기에 미숙한 준우까지 토씨에 대해 이해를 하는 것 같았다. 그렇게 문장을 다듬어 읽고 또박또박 읽는 연습을 하며 첫 시간을 마무리했다. 내일부터는 또박또박 읽는 연습을 개별적으로 확인하고 지도할 작정이다.

점심시간에는 팔을 다쳐 깁스를 한 민정이를 옆에 앉혔다. 함께 밥을 먹을 차례인 태현이랑 가을이는 앞에 앉았다. 아이들 세계는 참으로 알다가도 모르겠는 것이, 평소에는 그렇게 다투고 양보도 안 할 것처럼 살던 녀석들이 누가 아프거나 힘들면 서로 돕겠다고 나선다. 오늘도 정훈이랑 동석이가 서로 민정이 밥을 챙기겠다고 나서다가 음식이 담긴 급식판 하나를 더 가져오는 해프닝이 벌어지기도 했다. 1학년 아이들과 1년 넘게 살아봤지만, 아이들을 정말로 이해하려면 더 많은 시간이 필요하겠다는 생각만 든다. 방과 후에는 돌봄 교실에 있던 지민이랑 윤진이가 교실로 들어오더니 씩 웃으며 내게 말을 건넨다.

"선생님, 돌봄 교실에 가서 우리랑 놀아주면 안 돼요?"

"왜? 지금 잘 놀고 있구만."

"아이, 지금 놀 사람이 없단 말이에요."

"선생님 지금 바쁘게 일하는 거 안 보여?"

"컴퓨터 집에 가져가서 하면 되잖아요."

"뭐? 아이고, 선생님 집에 가서는 쉬어야 하잖아."

"조금씩 일하고 조금씩 쉬면 되잖아요."

"아이고 끝이 없겠다. 지민이랑 말을 하면 끝이 없어. 빨리 가. 선생님 일해야 돼."

"흥, 알았어요. 내일 봐요."

아이고, 오늘도 이렇게 하루가 지나간다. 2017.6.28.

하루 종일 학교에 있는 아이들

언제부터인가 맞벌이 부부를 위한 정책으로 아이들이 학교에 더 오래 머물 수 있는 돌봄 교실이 만들어졌다. 학기 초가 되면 담당업무를 맡은 선생님과 학교는 초비상 상태가 된다. 조금만 실수해도 학부모들의 비난과 저항이 만만치 않기 때문이다. 학교에 남게 된 아이들은 5시까지 학교에 머물며 부모를 기다린다. 때때로 운동장과 강당을 오가며 활동을 곁들이기는 하지만, 학교에 종일 머무는 게 아이들에게 정말 유익한 일일까? 얼마 전, 저학년 아이들이 학교에 더 오래 머물 수 있도록 하는 교육과정 개정안이 회자되어 논란이 되었다. 학교가 모든 것을 해결해야 하고, 해결할 수 있다는 학교만능주의가 아이들에게 얼마나 큰 폭력인지 그들은 정말 알고 있을까? 아이들은 오늘도 학교에서 방황하고, 교사들은 힘겨워하고 있다.

문장부호?
아이부호!

    오늘 첫 수업은 문장부호에 대해 공부하는 시간이었다. 그림책《문장부호》를 꺼내 아이들이 문장부호에 좀 더 친숙하게 다가갈 수 있도록 안내를 해보았다. 처음 이 수업을 준비할 때는 그림책은 간단하게만 살펴보고 교과서에 실린 문장에 있는 부호들을 살펴보는 안내를 하려 했는데, 그렇게 하기에는《문장부호》에 있는 그림이 너무도 예뻐 아이들에게도 이렇게 그림을 그리며 문장부호를 익히게 하면 좋겠다 싶었다.

    "자, 제목부터 한번 읽어볼까?"

    "문장부호."

    "맞아요. 얼마 전부터 선생님이 문장부호라는 말을 썼고 그 가운데 하나를 가르쳐주었지요? 뭘까?"

    "마침표요."

    "맞아요. 예전에는 온점이라는 말만 썼는데, 이제는 마침표라는 말도 함께 쓰기로 했대요."

    "어, 저기 물음표 보여요!"

    "어디?"

"저기요!"

"저기는 쉼표도 있어요!"

"야, 정말 잘 찾네."

"느낌표는 잘 안 보여요."

"그러네. 그런데 너희들이 모두 다 말해버렸네. 오늘 만날 문장부호를."

이 그림책은 문장부호에 빗대어 이야기를 펼쳐나간다. 마침표를 닮은 씨앗에서 싹이 튼 모습이 쉼표를 닮았고, 초록빛 싹이 고개를 쳐들면 그것이 느낌표 모양이고, 작은 봉오리가 맺힌 제비꽃이 꽃잎을 벌리면 마치 물음표와 같은 형상이 된다. 나비가 마침표 같은 알을 낳고, 쉼표 같은 애벌레가 알에서 나와 번데기가 되어 잎을 먹어대는데, 그렇게 만들어내는 상황에서 느낌표가 만들어진다. 마지막으로 번데기에서 나온 나비의 날개 무늬는 물음표를 닮았다는 이야기. 이렇게 해서 문장부호를 닮은 모든 자연물이 한데 어우러져 아름다운 봄 풍경을 만들어낸다는 그림책이다. 다 읽고 나서 아이들에게 제안을 했다.

"어때? 우리도 이런 그림책 만들어보면 어떨까?"

"좋아요!"

"근데 어떻게요?"

"너희들이 생각하는 모든 것들을 네 편의 그림으로 이어봐."

"잘 모르겠어요."

"선생님이 예를 들어줄게. 너희 식구들끼리 여행을 가는 거야. 차를 타고 가는 그림을 먼저 그려요. 그리고 난 뒤에 이 그림에 무슨 부호를 넣으면 될지를 생각해봐. 어떤 부호를 넣으면 좋겠니?"

"마침표요. 바퀴에 그리면 돼요."

"하하. 맞아요. 그다음에는 차를 타고 바닷가로 간 장면을 그리는 거예요. 그러면서 막 그림을 그리는데, 선생님 같으면 벤치 다리를 쉼표로 그릴 것 같아. 어때? 그러면 정말 쉬는 모습 같잖아."

"재밌겠다."

"그리고 난 뒤 돌아오는 길에 바닷가에 등대가 있는 모습을 그리면 등대가 기둥이 되고 밑에 점을 찍으면 느낌표가 되겠지."

"그리고 마지막에는 어떻게 해요?"

"음, 마지막에는 집에 돌아오는 장면을 그리고 적당한 곳에 물음표를 넣으면 어떨까?"

아이들에게도 저마다 한 편의 이야기를 국어 공책 넉 장에 나누어 담아보라 했다. 서툴고 어색하고, 뭔가 안 어울리는 것도 같지만 이런 과정을 통해 아이들이 문장부호에 조금이라도 친숙해지길 바랐다. 지난해에는 이 그림책이 없어서 기계적으로 익히게 했는데, 이런 과정을 거치니 훨씬 자연스럽다. 지난해에는 그렇게 글을 잘 쓰던 아이도 습

관적으로 마침표를 빠뜨리는 모습을 자주 봤다. 그 아이가 올해 스승의 날에 바른 글씨로 열심히 편지를 써서 내게 주었는데, 세상에 또 마침표가 빠져 있는 게 눈에 띄었다. 이렇게 친숙하고 편하게 다가갔다면 조금은 달라졌을까?

오늘 점심은 빵. 전국 비정규직 노동자들의 연대파업 때문에 부득이빵이 제공됐다. 어제 어머니들로부터 도시락이나 과일을 가지고 가도 되겠냐는 연락이 올 정도로, 이틀만이라지만 부모들에게는 적잖이 신경이 쓰이는 날이었던 것 같다. 하지만, 비정규직 문제는 정말 심각한 문제이고 학부모와 교사들 모두 이 땅의 국민으로서 함께 걱정하고 응원하며, 외면해서는 안 될 일이다. 비정규직의 고통에 대책 마련을 요구하는 일이 곧 내 아이의 미래를 돕는 일이 될 수도 있다. 우리 부모님들도 모두 그렇게 생각하실 거라 믿었다. 아이들은 빵 급식에 오히려 환호성을 질렀다. 달콤한 빵의 유혹에 빠져 앞으로도 급식이 빵으로만 나왔으면 좋겠다는 아이들도 많았다.

오늘은 종일 에어컨을 켰는데, 아이들은 더 난리를 치며 소란을 피웠다. 시원함이 오히려 아이들의 에너지를 자극한 건지도 모르겠다. 그래서 아이들에게 웃으며 농담을 걸었다.

"너희들 오늘 좀 심했어. 에어컨을 종일 틀었는데도 더 떠들고 난리를 치네. 어제는 에어컨을 잠깐만 틀었는데도 오늘보다 훨씬 생활을 잘 해주었는데. 내일 한번 실험을 해봐야겠어. 에어컨을 적게 틀면 너희들이 좀 더 잘하는지."

그러자 아이들은 그러지 말라고, 잘하겠다고 한다. 오늘 아이들과 문장부호를 익혔는데, 문장부호란 문장의 의미를 좀 더 뚜렷하게 해 주는 기호라고 할 수 있다. 그러고 보니 1학년 아이들은 도무지 이해 할 수 없을 때가 많다. 아이들에게도 아이부호라는 걸 등에라도 붙이 면 좋을 텐데. 도대체 무슨 생각으로 저러는지 쉽게 알 수 있도록 말이 다. 알다가도 모르겠고, 모르다가도 불쑥 깨닫게 되는 아이들의 모습. 정말 우리 교사들에게 아이부호가 필요하다는 느낌이 드는 날이다.

2017.06.29.

아이부호가 필요해

정말 알다가도 모르겠는 게 아이들이다. 특히 1학년은 더 그렇 다. 오늘은 좀 안정되어 앞으로 기대를 해볼까 싶다가도 이튿날이 되면 전혀 다 른 모습을 보여주곤 한다. 발달 이론이다 심리학이다 말은 많지만, 그런 이론과 학문이 실생활에서 부딪히는 다양한 아이들의 모습을 정확하게 해석하고 분석 해주지는 못한다. 교사가 직접 이해해가며 잘못을 줄여나가는 편이 효과적이고 확실할 때가 더 많다. 그것을 기록하고 다듬는 것이 우리나라 교사들이 해야 할 일이 아닐까 싶다. 이것을 학문적으로 발전시키는 일이 학자의 일일 텐데, 우리 나라에서는 여전히 외국이론이 판을 치며 교대를 졸업해도 학교현장에서는 무 용지물이 되는 경우가 많다. 국내 어느 학자는 교사의 실천교육학이 교수의 이 론교육학을 앞서기 시작했다고 솔직하게 고백하기도 했다. 그만큼 현장에 있는 교사들의 실천이 이전보다 세밀하고 탄탄해지고 있다는 뜻이다. 전혀 다른 환경과 역사 속에서 자란 아이들을 분석하고 해석해 완성시킨 이론으로 우리 아이들을 바라보지 말고 우리 환경과 역사에서 드러나는 아이들의 모습을 직접 지켜보고 바라볼 때다. 그러면 우리 아이들을 해석하는 '아이부호'가 정말로 탄생하지 않을까?

아이들의 소원

출근하자마자 다음 주 작가 초대에 쓸 학습자료를 만드느라 정신없이 움직였다. 어제 만들다가 실수하는 바람에 의욕을 잃고는 저녁에 다시 정비해 오늘 아침 재도전을 했다. 다행히도 성공하여 1반 선생님께 노하우를 전수하고 교실로 들어서는데, 이 녀석들이 가만히 앉아 책을 읽기는커녕 돌아다니며 장난치고 난리다. 아침부터 소리치기 싫어 조용히 앉아 책 읽으라 했다. 물론, 단번에 듣는 녀석은 극히 일부다. 아침부터 바쁘게 움직였더니 어느새 9시가 넘어가고 있었다.

아침 노래를 부르고 옛이야기로 들어가려는데, 마침 오늘 제목이 '세 가지 소원'이길래 이야기를 들려주기 전에 너희들은 소원이 무엇이냐 물었다. 그랬더니 우리 반에서 제일로 몸이 가볍고 잘 까불고 대답도 씩씩하게 잘하지만 그만큼 공부시간에 딴짓도 많이 해서 내 잔소리와 혼을 듬뿍 받는 효영이가 손을 번쩍 들었다.

"내 소원은 20억이 생기는 거예요."
"뭐? 20억?"

"네."

"뭐에 쓰려고?"

"우리 아빠 람보르기니 사줄라고요."

"하하하. 그래?"

손을 번쩍번쩍 들며 나 좀 시켜달라는 남자 녀석들을 잠시 뒤로 하고 효영이를 보며 생각에 잠겼다. 효영이는 아버지를 참 좋아하는구나. 저렇게 까불고 눈물 많고 겁도 많은 녀석이 20억이나 벌어 아버지에게 세상에서 가장 비싼 차를 사주려 하는 마음은 과연 어떤 것일까 잠시 생각해보았다. 소원 이야기를 계속하는데, 여자아이들은 생각보다 반응이 별로 없고 남자 녀석들만 난리다. 마땅히 기억나는 소원은 없는데, 광현이가 한 말은 효영이 못지않게 기억이 난다.

"저는 다른 소원은 없고요. 우리 가족 건강하게 해달라고…."

쑥스러워하면서도 진심을 담은 광현이 말을 들으니 왠지 찡하다. 다른 아이들은 모르는 나만 알고 있는 녀석의 뒷이야기가 오버랩되면서 평소에는 목소리를 키워대며 때로는 앞뒤 안 가리고 뛰어다니는 녀석이 속마음은 저랬구나 하는 생각이 들어 마음이 따뜻해졌다. 결국 아이들이 마구 손을 들어대는 통에 시간이 없어져 얼른 옛이야기를 들려주고는 첫 시간으로 들어갔다. 2016. 7.1. 일기 중에서 오늘은 아이들에게 무작위로 시집을 나눠주고 각자 마음에 드는 시를 골라 그 까닭을 이야기하고 자기 시집에 담는 수업으로 하루를 시작했다. 어느 정도 글을 읽을 수 있는 아이들이니 짧은 시 정도는 쉽게 익힐 수 있어 지난해에도 해본 수업이었다. 올해는 지난해보다 조금 앞당겨 해보았는데, 역시나 아직 시간이 더 필요해 보였다.

"자, 우리 지금 나만의 시집을 만들어 일주일에 한 번씩 쓰고 있죠?"

"네!"

"오늘은 여러분에게 진짜 시집을 막 나눠줄 거예요. 거기서 자기 마음에 드는 시가 있으면 여러 번 읽고 나중에 그 이유를 이야기해주면 좋아요."

아이들에게 시집을 나눠주자 저마다 시를 읽기 시작했다. 하지만 왜 이 시가 마음에 드는지 확실하게 말하는 아이는 드물었다. 거의 모두 다 '재미있다, 슬프다' 등 간단한 표현에 그치고 있었다. 그 시가 왜 마음에 들었는지를 정확히 짚어내어 자기 말로 표현하는 일에 아직 익숙하지 않은 듯했다.

　"민정이는 왜 그 시가 맘에 들었어요?"
　"제목이 재밌어서요."
　"제목이 왜 재밌는데요?"
　"오줌이라고 쓰여 있어서요."
　"제목만 보지 말고 시에서 느낀 점을 이야기해줬으면 좋겠어요."

　꽤 많은 아이들이 시의 내용을 읽어내어 그 뜻을 살피고 자기 삶과 견주기보다는 의성어, 의태어 몇 자나 제목만 가지고 시를 뽑아놓고 왜 좋았는지, 왜 마음에 드는지 설명하기를 주저했다. 이제 시작이라는 생각으로 다른 시집을 권해주거나 설명을 해주기도 하며 시간을 보냈다. 한 명 한 명 다 살피다 보니 무려 두 시간이 지나고 말았다. 둘째 시간에는 우산을 쓰고 비를 맞으며 산책하려 했는데 그만 놓쳐버렸다. 늦게라도 나가려 했건만, 아쉽게도 3교시 즈음에는 비가 그치고 말았다. 비를 만나기가 이렇게 힘들 줄이야.

　4교시에도 비가 오지 않아, 대신 교실에서 비와 관련된 영상을 보고 노래를 부르며 시간을 보냈다. 태풍과 홍수, 가뭄에 관한 영상을 보면서 비와 물의 소중함을 살펴보았고, 물을 어떻게 아껴 쓸지에 대한 이야기도 나누었다. 혹시나 해서 아이들에게 피터 스키어의 그림책《야호, 비 온다!》를 읽어주며 점심식사 뒤에 내릴지도 모를 비를 기다렸다. 이 그림책은 글이 없는 그림책이다. 비 오는 날 바깥으로 나간 두

남매가 즐겁게 빗속에서 노는 장면을 글 대신 그림으로 가득 담았다. 칼데콧 상을 받은 작가가 보여주는 비 오는 날의 즐거움이 아주 경쾌하다. 웅덩이 물 튀기기, 비를 피해 숨은 동물들과 숨바꼭질하기, 진흙에 발자국 찍어보기, 맨 처음 떨어지는 작은 빗방울부터 푸르게 갠 맑은 아침 하늘까지, 글 없이도 비 오는 날의 매력을 가득 담아놓아 아이들도 흥미롭게 지켜보았다.

"나는 저렇게 못 해요."
"왜?"
"비 오면 엄마가 못 나가게 해요."
"그렇구나. 아쉽겠다."
"저는 나가요. 그래서 막 비를 맞아요."
"우산도 없이?"
"네."
"나가서 뭘 해봤는데?"
"웅덩이에 가서 흙탕물을 만들어 튕기며 놀아봤어요."
"나는 길에 차가 지나가면 우산으로 막아보고 그랬어요."
"저는 장화에 물이 다 들어가서 나가기 싫어요""
"저번에 한번 바깥에 비가 와서 나갔다가 바람에 우산이 다 부러졌어요."

요즘 어른들은 비나 눈이 오면 어른 없이는 바깥에서 놀지 못하게 하는 모양이다. 하긴 도시에는 이래저래 위험한 요소가 늘었으니 충분히 이해하고도 남는다. 하지만 아이들이 세상을 만나고 즐길 요소가 그만

우산 위로 떨어지던 빗소리를 들으며
운동장을 걷는 아이들

웅덩이에 고인 물에서 장난을 치던 아이들

큼 줄어든 것만은 분명해 보인다. 그림책의 주인공들은 시골 어느 마을
의 일반 주택에 사는 아이들이다. 충분히 있을 법한 장면이지만, 한국의
도시에 사는 아이들에게는 쉽지 않은 일이었다. 그래도 이렇게 비가 오
면 함께 놀거리가 많다는 것을 새삼 느끼게 해준 그림책이었다. 나도 이
그림책에 나온 장면들처럼 아무 생각 없이 뛰어놀고 싶다는 생각이 들
어 반가웠다. 점심을 먹고 나자, 아이들이 달려와 소리를 질렀다.

"선생님, 지금 밖에 비 와요!"

모처럼 아이들과 추억을 만들 수 있을 것 같아, 교실에서 노는 아이
들에게 우산을 씌워 서둘러 바깥으로 나갔다. 후두둑 소리를 내며 비
가 마구 쏟아졌다. 아이들과 운동장 가장자리를 한 바퀴 돌며 빗소리
를 느껴보고 비 오는 풍경을 감상하게 했다. 그런데 웬걸. 비가 조금
씩 줄어들더니 운동장 한 바퀴를 다 돌기 전에 비가 그쳐버렸다. 올해
는 참 '비 복'이 없다 싶었다. 아이들을 빗물 웅덩이로 안내해 각자 자

기 얼굴을 비춰보게 했다. 아이들은 여기저기서 운동장 바닥에 우산으로 그림을 그리고 선을 긋기 시작했다. 신발이 젖어 빨리 교실에 들어가자는 아이들이 있어서 얼른 아이들을 모아 교실로 올려 보냈다. 앞으로는 비가 오면 모든 걸 제치고 나와야지 싶었다. 2017.07.10.

Tool&Tip
실천과 추천

비 오는 날의 추억

10여 년 전, 존경하는 강승숙 선생님의 글에서 아이들과 비 오는 날을 보낸 이야기를 아주 인상 깊게 읽었던 적이 있었다. 비 오는 날 아이들을 데리고 나가서 신발과 양말을 벗긴 채 우산을 쓰고 운동장을 걷게 하여 늘 운동화로만 밟던 땅을 맨발로 밟아보며 흙의 촉감과 우산에 떨어지는 빗소리를 느끼게 했다는 이야기였다. 그 뒤로 나는 기회가 있을 때마다 강승숙 선생님처럼 아이들을 데리고 밖으로 나가 비 오는 날의 추억을 만들었다. 1학년하고는 맨발까지는 힘들어도 우산을 쓰고 비를 맞으며 운동장을 조용히 거닐면서 무엇을 듣고 봤는지를 아이들 입을 통해 들으려 했다. 비가 그치면 어떤 아이들은 우산을 접어 축구 골대 그물에 우산을 걸어놓기도 하는데, 이를 따라 하는 아이들이 늘어나면 진풍경이 펼쳐지기도 한다. 비 오는 날, 한 번쯤 모든 걸 접어놓고 아이들과 함께 교실 밖으로 나가보시라. 다녀와서는 굳이 시나 글을 쓰게 하지 말고 아이들과 자유롭게 느낌을 나눠보시라.

풀들은 힘이 세서
쑥쑥 자라나 봐요

오늘은 그동안 연습해 온 그림책《무지개 물고기》를 극본으로 한 그림자극의 최종 연습을 하는 날. 아침부터 그림자극에 쓸 막을 챙기고 오버헤드 영상기를 준비하느라 바쁘게 보냈다. 아이들은 그림자극을 해본다는 사실에 잔뜩 들떠 있었다.

"선생님, 이거 뭐예요?"
"음, 그림자극 할 때 화면으로 쓰는 거야."
"선생님, 이건 뭐예요?"
"나중에 보면 알아. 조금만 기다려봐."

그렇게 겨우 준비한 무대에 화면을 띄우고 나니 아이들의 탄성이 절로 나왔다. 아마도 이렇게 가까이서 그림자극을 보는 것이 처음이었을 것이다. 자신들의 목소리, 직접 조작한 인형으로 작품을 연출하는 경험은 더더욱. 잘하고 싶은 마음이 들어서인지, 아이들은 내가 주의 준 것들 하나하나를 끝까지 잘 지켜 즐겁게 그림자극을 체험했다. 지난 일주일 동안 그림책을 보고, 극본을 읽어보고, 연습하고 나눔 활동도 해보고, 또 그림자극까지 하면서 아이들은 과연 무엇을 배웠을까? 나 또한 한 작품으로 아이들과 나흘 정도를 함께 하면서 다양한 활동과 내용을 담아 풍성한 이야깃거리를 만들 수 있겠다는 생각을 새삼하게 되었다. 2학기에는 한 달에 한 번 정도 이런 '온작품읽기'로 아이들과 좀 더 즐거운 문학적 체험을 함께 나누었으면 한다.

통합교과 시간에는 비 오는 풍경을 간단하고 재미있게 그리는 수업을 해보았다. 교과서에는 없는 방식으로 비 오는 풍경을 나타내는 것인데, 일단 투명 컵을 준비한다. 거기다 파란 물감과 하얀 물감을 조금 넉넉히 넣고, 세제와 물을 조금 부어 빨대로 휘젓는다. 그러고 난 뒤 빨대로 불어 거품을 내고, 컵을 약간 기울여 컵에 있는 거품들이 준비된 도화지에 자연스럽게 옮겨 갈 수 있도록 컵을 천천히 이동시킨다.

이것이 관건이다. 아이들에게 시켰더니 컵을 급하게 기울이는 바람에 컵에 든 액체가 쏟아져 망치는 일이 잦았다. 그래도 실패를 거듭하며 배우고 잘하는 아이들이 못하는 아이들을 도우면서 그런대로 완성할 수 있었다. 거품을 잘 옮기면 절대로 터뜨리지 말고 시간을 두어 자연스럽게 말려야 한다. 어느 정도 마르면 색연필로 빗줄기와 빗방울을 그려 비 오는 풍경의 재미난 효과를 만들어낼 수 있다. 아이들도 거품이 구름을 만들어내는 모습을 매우 재미있어했다.

비구름 그리기가 끝나고 어느 정도 시간이 남아 산책을 나갔다. 무더운 날씨 때문에 나가지 말자는 아이들의 아우성도 있었고, 나도 사실 나가기 싫었지만 일주일 내내 에어컨 바람만 쐬는 아이들에게 잠깐이라도 더운 바람을 쐬게 해주어야겠다는 생각이 들었기 때문이다. 역시나 너무 더워서 20분만에 들어와야 했지만 잠시라도 이렇게 바깥바람을 쐬는 게 아이들에게 더 좋을 것 같았다. 바깥에 나갔다 오니 교실이 시원하다고들 난리다. 잠시 쉰 다음 점심을 먹고, 주말 즐겁게 보내라는 인사와 함께 하교시켰다. 이제 방학이 머지않았다. 방학 동안 할 일이 산더미다. 정말 힘들다. 방학이라고 해봐야 3주밖에 되지 않는 데다 방학 일정도 만만치 않아 10여 년 전, 여유롭던 방학이 새삼 그립기도 하다. 문득 윤진이와 손을 꼭 잡고 산책하다 꺼낸 말이 생각난다.

"아이고, 우리 밭이 풀들로 가득 찼네."

"선생님, 풀들은 힘이 세서 쑥쑥 자라나 봐요."

"하하. 윤진이 표현이 재미있네. 그러게, 풀들은 이 무더운 날씨에 물도 잘 주지 않았는데 잘도 자라네. 윤진이도 그렇게 자라야지."

"난 이렇게 뜨거운 데서는 못 살아요."

"하하하. 하긴."

윤진이 말처럼 악조건 속에서도 쑥쑥 자라는 저 들풀같이 나도 힘을 내야겠지. 푸우~ 2017. 7. 14.

Tool&Tip 실천과 추천

7월에는 누구나 지친다

7월이 되면 1학년 교사들 말고도 몸살을 앓는 교사들이 많아진다. 아이들과 다섯 달을 달려온 탓에 여기저기 탈이 나기 시작하는 것이다. 그럴 때 정말 위로가 되는 건 학부모들의 격려와 응원 그리고 아이들의 말과 태도다. 예전 어느 7월, 한 아이와 주고받으며 나눈 대화를 통해 나도 모르게 힘이 나고 마무리를 잘 지어야겠다는 생각을 하게 됐다. 교사에게는 아이들이 누구보다 큰 힘이 된다. 7월이 되면 교사라면 누구나 지치게 마련이다. 아이들에게 힘을 받아 조금만 더 버티시라.

숨 고르고
아이들 다시 보기

　오늘은 방학식을 하루 앞두고 숨 고르기를 하는 시간을 가졌다. 두루두루 살피며 한 학기를 보낼 수 있을 거라 여겼지만, 돌아보니 여전히 앞만 보고 달려왔던 지난 다섯 달. 열심히는 한 것 같은데, 정말 아이들을 보아왔는지 반성만 하게 된다. 불안하기는 지난해와 마찬가지였다. 중고학년, 아니 2학년만 해도 일 년의 밑그림을 그릴 수 있는데, 한글도 셈하기도 미숙하고, 몸짓이나 표현도 미숙한 아이들을 데리고 일 년을 사는 일은 정말 너무나 버거웠다. 주변에서는 그 정도면 잘한 거라고, 대단하다고 하지만, 그런 말들이 그리 반갑지도 고맙지도 않았다. 나는 늘 걱정이고, 불안했고, 그래서 몸으로라도 열심히 해보려 했을 뿐이기 때문이다.

　지난해 1학년과 생활했던 경험 덕에 그나마 마음의 여유는 생겼지만, 여전히 부족하기만 하고 아이들을 제대로 돕지 못하고 있다는 생각이 든다. 아이들에게 짜증이나 화를 내는 경우도 적지 않았다. 그럴 때마다 애들 잘못이 아니라는 생각에 아이들과 부모님에게 미안하고, 앞으로도 1학년 담임을 할 수 있으려나 걱정만 가득했던 한 학기였다. 계획으로 가득했던 지난 한 학기 과정이 어느 정도 끝났는데 마침 놀이기구 '젠가'가 도착했길래 아이들에게 제공하여 실컷 즐거운 시간을 보내게 했다. 아이들은 신이 나서 소리 지르고 환호했다. 벌칙으로 춤을 추라고 했더니 어찌나 잘들 추던지.

마지막으로 통지표와 함께 나갈 '자기 성장 기록표'를 전해주며 표시를 하게 했다. 생각보다 냉정하게 표시를 하는 아이가 있는가 하면, 만점 표시만 하는 아이들도 보였다. 내 잔소리를 기억하고 자신의 성장을 너무 낮게 평가하지는 않았을까? 혹은 너무 잘하고만 있다고 생각하는 것은 아닐까? 이런저런 생각이 들었다. 어쨌든 이 과정을 통해 잠시나마 자신을 돌아봤을 거라고 믿으며 2학기에는 더 나아지길 바라는 수밖에 없었다. 나 또한 아이들의 자기 평가에 걸림돌이 되지는 않도록 더 주의해야겠다. 그래도 시간이 남아 교실에 있는 그림책을 자유롭게 읽도록 했다. 그림만 보고 연신 책을 바꿔 읽는 아이, 몇 주 동안 똑같은 책을 보고 또 보는 아이, 최근에 읽어준 그림책에 관심을 보이며 빌려 가는 아이. 스스로 책을 정하지 못하고 친구들이 읽는 곳을 찾아가 함께 읽는 아이 등 다양했다.

오늘 노는 모습과 자기 평가를 하는 모습, 책 읽는 모습을 가만히 지켜보니 내가 꼼꼼히 챙기지 못한 아이들의 모습이 곳곳에서 눈에 띄었다. 계획한 수업에만 집중하다 보니 내가 늘 강조하던 아이들의 삶과 성장 과정을 제대로 보지 못한 것 같다. 2학기에는 이러지 말아야 할 텐데 생각은 하지만, 자신은 없다. 그래도 방학 동안 미리 준비하고, 1학기보다는 더 잘 관찰하고 안내하고 지도할 수 있도록 해야겠다는 생각은 들었다.

일단 무엇보다도 말글살이를 도울 수 있도록 애를 쓰려 한다. 나는 여기에 가장 중점을 둘 것이다. 자기 삶을 말과 글, 그림으로 자유롭게 표현할 수 있어야 학교생활이 좀 더 평안해질 것은 분명하기 때문이다. 소근육 발달이다 문화예술 교육이다 말들은 많지만, 뭐 하나라도 제대로 하는지, 내가 좋아하는 것을 아이들에게 강요하는 건 아닌지, 내가 하고 싶은대로 끌고가다 정작 중요한 아이들을 놓치고 있는 것은 아닌지 끊임없이 생각해야 한다. 그 가운데서 절대로 놓치지 말아야할 것이 말글살이다. 2학기 내내 연구하여 나만의 실천이론을 생산해내려 한다. 오늘은 모처럼 아이들이 노는 모습을 오랫동안 지켜보았다. 숨을 고르고 아이들을 보는 일이 얼마나 중요한지를 새삼 느꼈다. 아무런 프로그램이 없었는데도 참 평화로운 하루였다. 2017.07.26.

누구를 위한 평가인가? 평가를 위한 평가는 아닌가?

초등학생 평가를 점수로 치환하는 대신 서술하는 방식을 택한 지 얼마 되지 않은 탓인지, 부담스럽고 힘들다는 이야기가 학교 현장 여기저기서 들린다. 소위 '진보교육감'이 들어선 지역에서는 객관식 위주의 일제평가가 사라지고 수행평가 중심으로 평가방식이 바뀌어 아이들이 불필요한 경쟁을 하는 문화에서 조금씩 벗어나고 있다. 그러나 '교육과정, 수업, 평가의 일체화'라는 용어와 '평가 전문성'에 대한 요구가 강해지면서 교사들 사이에서는 '과정중심 수행평가'가 불편하고 부담되는 것으로 작용하고 있다. 수업이 수행평가 중심으로 바뀌는 데에도 아직 시간이 더 필요한데, 과정 중심의 학교문화가 정착하기도 전에 각종 정책들이 쏟아지는 탓에 교사들의 불만이 쌓여가고만 있는 형국이다.

일부 혁신학교에서는 기록의 과잉이라고 할 만큼 아이들의 평가사례를 긁어모아 우수사례인양 선보이기도 하는데, 일반학교 교사들은 그것을 딴 나라 이야기인 듯 바라보기만 하거나 자신은 할 수 없는 것으로 치부하고 거부감을 드러내기도 한다. 정말로 아이들을 위한 기록이란 어떤 것일까? 진정 누구를 위한 평가이고 기록이어야 하는지에 대한 교사들의 논의와 각성, 실천이 필요하다. 누가 옳고 그르냐가 아니라 차이와 다름을 인정하고 교사들의 자발성을 끌어낼 정책과 동료 교사들의 의미 있는 실천이 필요하다. 사실 나 또한 과잉 기록을 앞장서서 실천한 교사였다. 학급밴드에 글을 올리거나 따로 통신문을 보내기도 하고, 한 아이의 상담을 한 시간이 넘도록 하면서 통지문에도 정성을 다했다.

그러다 얼마 전 《칼리의 프랑스 학교 이야기》의 주인공 칼리의 프랑스 초등학교 통지표에 실린 글을 읽었다. 칼리의 한 학기 생활을 단 두 줄로 통지하는 프랑스의 초등학교. 그런 통지표에 대해 전혀 이의를 제기하지 않는 학부모. 평가만큼은 기존의 낡고 오래된 일제식 선다형 평가를 선호하는 학부모들에게 이전과 달라진 과정중심의 서술식 평가 기록이 신뢰를 얻지 못하고 있는 게 현실이다. 그래서 더욱 이러저러한 통로를 통해 내 나름대로 최선을 다하려 했는지도 모르겠다. 학생의 학력에 심혈을 기울이는 교사에게 더 신뢰를 보내는 학부모를 위한 좀 더 세련된 평가 통지는 없을까? 사실 '통지'라는 말이 사라졌으면 좋겠다. 통지라는 단어에는 '갑을' 개념이 섞여 있는 것 같아 영 불편하다.

아이들이
사라졌다!

오늘도 오후 1시까지 바쁘게 움직였다. 아침에는 통합교과 '여름'을 정리하는 '배지 만들기'로 시간을 보내고 방학식을 했다. 그리고 중간 놀이시간을 보낸 뒤 학습결과물을 가방에 담고 통지표와 방학계획서를 성장기록장 케이스에 넣어 나눠주었다. 화분 정리, 사물함 정리를 마치고 끝으로 방학에 다들 무엇을 할 것인지 이야기를 나눴다. 식구들과 여행 가는 것은 빼고 집 혹은 밖에서 하고 싶은 것을 물었다.

"저는 우리 식구랑 산책을 자주 하고 싶어요."
"저는요, 아빠랑 수영장에 가고 싶어요."
"나는요, 친구들이랑 인라인스케이트를 타고 싶어요."
"저는요, 동생 신경 안 쓰고 아침에 일찍 일어나서 텔레비전 보고 싶어요."
"저는요, 친구 집에 가서 하룻밤 자고 오고 싶어요."

누구 하나 공부하고 싶다 하는 아이가 없다. 혁신학교라지만, 꽤 많은 아이들이 학원을 다니며 영어를 배우고 그런다. 이미 주어진 학습

방학식날 아이들이 사라진 텅 빈 교실

이 있으니 자발적으로 공부할 거리를 찾아나서는 일이 쉽지 않을 거다. 방학이 너무 짧아 돌아서면 금방 개학이지만, 모쪼록 우리 반 아이들이 푹 쉬고 푹 자고 많이 놀다 왔으면 좋겠다. 아이들을 돌려보내고 나서 간단히 뒷정리를 하고 나니 교실이 텅 빈 것 같았다. 아이들이 순식간에 사라진 듯했다. 3주 뒤면 이곳에 또다시 아이들이 나타나겠지. 이번 방학은 교실에 갑자기 나타날 아이들을 위한 준비를 하는 시간이 될 것이다. 그래도 짬을 내어 푹 쉬련다. 교실을 아무리 둘러봐도 아이들이 없다. 아이들이 정말 사라졌다. 야호~ 2017.07.27.

아이들이 사라진 교실에서

교사 혼자서 스무 명이 넘는 1학년 아이들과 다섯 달을 살아간다는 건 정말 힘든 일이다. 더군다나 모든 교육과정을 재구성해서 평가와 기록을 남기는 일을 근무시간 안에 전부 해낸다는 것은 불가능에 가깝다. 그래서 퇴근 시간을 넘기거나 집으로 일을 가져가는 경우도 허다했다. 7월만 되면 선생님들이 몸살이 나서 학교를 못 나오는 경우가 잦은 게 괜한 일이 아니다. 그런데도 어려운 경제 상황과 취업난 속에 잊을 만하면 교사 방학 무용론이 들먹여지는 현실이 안타깝다. 최선을 다한 교사에게는 떳떳하게 쉴 시간이 필요하다. 잠시 아이들과 떨어져 자기 자신을 돌아보며 아이들을 위한 새로운 마음가짐과 수업을 준비하는 시간이 필요하다. 요즘 여름방학이 어디 방학인가? 불과 3주다. 그것도 각종 연수에 2학기 준비를 위한 기간을 따지면 제대로 쉴 수 있는 시간은 1주일도 안 된다. 그나마 쉴 수 있는 것을 다행이라고 여겨야 할까? 아이들이 사라졌다는 일기 속 장난스러운 내 반응이 순간 짠하게 다가온다.

가을 이야기

아이들이 만들어가는 가을,
그 이야기를 들어주며
아이들 곁에서 함께 커간다

개학을 맞은 아이들 모습은 입학식 때 본 그 아이들이 아니다. 부쩍 자란 모습으로 교실에 들어서는 아이들을 바라보고 있노라면 학교 교육이라는 게 의미가 있는 걸까 하는 생각마저 든다. 가을은 어른이 가르치지 않아도 아이들이 스스로 자란다는 사실을 깨닫는 계절이기도 하다. 몸의 성장뿐만 아니라 학교에 익숙해지고 담임에게 적응하며 자기 공간과 시간을 적절히 만들어가는 아이들의 모습을 자주 보게 된다. 교사는 스스로 자라는 아이들의 모습을 보고 어떻게 도울지를 생각하며 아이들이 만들어준 길을 따라 가면 된다. 나도 처음에는 이런 사실을 알지 못했고 두 번째에 들어서서 겨우 알 수 있었다. 특별한 방법이 아닌 아이들 곁에서 함께 살며 경험한 실수와 잘못 그리고 성찰을 통해 스스로 터득하는 길 찾기. 교사에게도 가을은 필요하다.

흔히 가을은 차분하게 책을 만나는 계절이라고들 하는데, 1학년 아이들에게 가을이란 입을 열어 자신을 드러내는 계절이다. 이 계절에 만난 아이들은 너 나 할 것 없이 입을 열어 자신이 어떤 아이이고, 선생님은 어떤 사람인가를 보여주고 가르쳐주었다. 그리고 자신들의 이야기를 만들어갔다. 소설가 김영하는 2010년 7월의 어느 날, TED×Seoul 강연에서 이런 아이들의 습성을 일컬어 "예술을 하는 행위"라고 했다.

롤랑 바르트에 의하면 플로베르는 소설을 쓴 것이 아니라 문장과 문장을 연결한 것뿐이었다고 합니다. 그렇습니다. 소설은 기본적으로 앞에 쓴 문장에 이어 말이 되도록 다음 문장을 쓰는 것이죠. …(중략)… 만약 어느 엄마가 이런 말을 꺼내는 아이에게 "말도 안 되는 소리 하지 마. 사람이 어떻게 벌레가 된단 말이냐?"라며 꾸짖는다면 다음 문장은 이어지지 않습니다. "그래? 그래서 어떻게 됐어?"라고 묻는 것 그리고 그 질문에 답하는 것. 이 순간이 스토리텔러가 탄생하는 마법의 순간입니다.(김영하의 산문 《말하다》 p.70)

아이들이 엉뚱하게 말이 안 되는 말을 할 때 그것을 쓸데없는 것으로 치부하고 들어주지 않는 것은 이야기를 이어가며 자신을 풀어내는 아이들의 예술적 행위를 막는 것이며, 그런 어른들의 잘못이 아이들의 행복한 성장을 막아 결국에는 예술로부터 멀어진 성인으로 만든다는 주장을 펴고 있다.

아이들이 스스로 이야기를 만들어내는 계절, 가을. 1학년 담임은 아이들이 만들어가는 가을을 들어주는 것으로 시작해서 들어주며 끝을 맺어야 한다.

가르치지 않아도
아이들은 자란다

　오늘은 개학 날. 어김없이 8시에 도착해 현관문을 처음으로 열고 교실에 들어가 환기를 시킨 다음 오늘 수업거리를 챙기기 시작했다. 오늘은 누가 제일 먼저 올까 궁금해하면서. 뜻밖에도 예희가 제일 먼저 들어왔다. 시크하게 인사를 하고 1학기와 다름없이 무심하게 자기 자리로 들어가던 녀석에게 물었다.

　"방학 때 학교 오고 싶었니?"
　"오고도 싶었고 안 오고도 싶었고 막상막하였어요."
　"하하하. 그래. 그나마 다행이네. 학교 오고 싶은 마음이 조금이라도 있었으니."
　"네. 막상막하예요."

　수업준비가 거의 마무리 될 무렵, 한두 명씩 교실로 들어오고 마침내 모든 아이가 들어오자 개학식을 강당에서 하겠다는 방송이 스피커에서 흘러나왔다. 서둘러 아이들을 챙겨 강당으로 갔다. 한 줄로 쭉 늘어선 아이들 곁을 지나칠 때마다 몇몇 아이들이 내 손을 잡고 끌어안고 잡아두려 한다. 반갑고 고마운 일이다. 간단하게 개학식을 마치고 나서 아직 조금 덥긴 해도 산책을 나가기로 했다. 나가는 길에 교장선생님이 아이들에게 반갑게 인사를 건네셨다.

"학교 오니 즐겁니?"

그러자 아이들 모두 "네!" 하고 대답하는데, 그 뒤로 예희가 아침에 했던 말을 되풀이했다. "막상막하예요." 때마침 벌레 물린 듯 갑작스레 눈이 부어올라 늦게 온다던 광현이와 광현이 어머니를 현관 앞에서 만났다. 병원에 다녀오는 길이라고 했다. 눈이 퉁퉁 부은 광현이 얼굴을 보며 놀라기도 하고 한편으론 우습기도 했는데, 시간이 갈수록 가라앉는 중이라 해서 다행이었다. 녀석도 1학기 때의 씩씩함과 활달함은 변한 게 없었다. 가볍게 산책을 하며 아이들에게 방학 전과 무엇이 달라졌는지를 찾아보고 이야기해달라 했다.

"선생님, 저쪽에 꽃이 없어요."
"선생님, 땅바닥에 이런 줄이 그어져 있어요."
"이거 방학 전에 있었거든."
"그래, 이거 방학 전에 해놓은 거야."
"선생님, 이건 무슨 놀이예요?"
"오징어놀이라고 나중에 가르쳐 줄게. 이번엔 저쪽 놀이터와 사육장을 가볼까?"
"놀이터에서 놀자."
"아냐, 지금은 안 돼. 중간 놀이시간이 있잖아."

"토끼가 새끼를 낳았다는데 소식 들었니?"

"아뇨?"

아이들을 데리고 공원으로 가서 잠시 머물며 공원의 변화도 눈여겨보게 했다.

"선생님. 망이 쳐졌어요."

"그러게 이거 방학 전에는 없었는데 그지? 아, 이거 뱀 들어오지 말라고 한 것 같네."

"선생님. 여기 뱀 조심이라고 붙어 있어요."

"그러네. 여기 뱀이 많다고 하더니 이렇게 해놓았네. 너희들도 조심해."

공원은 계절과 날씨의 변화에 맞게 조금씩 달라지고 있었다. 아이들은 꽃들이 방학 전과 다르다며 한마디씩 하는가 하면, 넝쿨의 크기가 달라졌다고 말하기도 했다. 이렇게 계절의 변화를 느낄 수 있는 시간을 경험한다는 것이 참 좋았다.

교실로 돌아와 오랜만에 아침 노래와 옛이야기를 들려준 다음, 방학 동안 겪었던 일을 나누는 시간을 마련해보았다. 방학 동안에 있었던 일을 기뻤던 일, 즐거웠던 일, 기분 나빴던 일, 화가 났던 일, 놀러 갔던 일, 재미있었던 일 등으로 나눠 살펴보게 하고, 문어발 책 접기 방식을 끌어와 수학의 '여러 가지 모양' 단원에 나오는 원과 네모, 세모 모양으로 구멍을 뚫어 형식에 맞춰 발표를 준비하는 과정으로 안내했다. 네댓 명이 적응하지 못하고 종이를 여러 번 바꿔 가기는 했지만, 간단한 주의만 주고 별다른 잔소리나 꾸중은 하지 않았다. 실패도 배움의 과정이니 좀 더 관심을 가지도록 하는 방향으로 안내하며 이런저런 설명을 덧붙였더니 조금씩 나아졌다. 1학기에 책 만들기와 꾸며 쓰는 글씨를 열심히 익혔던 터라 모든 과정이 자연스러웠다. 심지어 몇몇 아이들은 쉬는 시간에도 열심이었다.

　점심시간이 끝나고 완성한 작품을 앞으로 들고 나와 직접 발표하며 방학 동안 있었던 일에 대한 이야기를 나누었다. 아이들은 서투르기는 해도 이전보다 확실하게 나아진 모습으로 저마다의 방학을 이야기했다. 시간이 모자라 조금 서두르기는 했지만, 저마다 한마디씩 자기 이야기를 할 수 있었다. 가만히 오늘을 돌이켜보니, 첫날이어서 그런지는 몰라도 아이들이 꽤나 성숙해져서 온 것 같은 기분이 들었다. 특히 정우가 부쩍 말을 많이 하고 자신감 있게 글을 쓰고 그림을 그리는 모습에 놀랐다. 다른 아이들의 변화도 크게 다르지 않았는데, 조금 더 지켜볼 작정이다. 짧은 방학이었지만 그 잠깐 사이에도 아이들은 자기도 모르게 자라고 있었는지도 모르겠다. '가르치지 않아도 아이들은 자란다'는 말을 누가 이미 했는지 아닌지는 모르지만, 딱 이 말이 오늘 하루 지켜본 아이들의 모습이었다. 어쨌든 아이들을 다시 만나는 건 설레고 반가운 일이었다. 그리고 고마웠다. 다들 무사히 돌아와줘서. 반갑다, 얘들아! 2학기도 정말 잘 지내보자. 2016. 8. 23

방학 이야기를 담는 문어발 접기

개학 날 만나서 방학 동안 있었던 일을 나누는 수업은 아이들을 다시 만나는 날이면 으레 하는 활동이다. 보통 이야기만 하고 그냥 넘어가는 경우가 많은데, 북아트의 방식 중 하나인 '문어발 접기'를 써보면 꽤 유용하다. 1학년 수학의 도형 영역까지 포함하는 수업이 될 수 있어 더욱 좋다. 먼저 8절 도화지를 세로로 세워 반으로 접고, 반으로 접은 한쪽 면을 대략 3등분 해서 아이들에게 나눠준다. 그리고 아이들에게 표시된 부분을 가위로 자르게 한다. 수학시간에 배운 여러 가지 모양의 핵심인 동그라미, 세모, 네모를 세 갈래 종이 아래 그려놓고 모양대로 오려 구멍을 내게 한다. 모양 위쪽으로는 기쁜 일, 슬픈 일, 재미있었던 일, 즐거웠던 일 등 여러 가지 일 가운데 기억나는 세 가지를 골라 색연필로 예쁘게 적게 한다. 문제는 구멍이다. 1학년 아이들 대부분이 손 근육이 덜 발달한 터라 종이 가운데를 가위로 뚫는 작업이 쉽지 않다. 많이들 실패해서 새로운 종이를 사용해야 하니 넉넉하게 준비해둘 필요가 있다. 가위로 구멍

을 뚫을 때는 종이가 구겨지더라도 도형 부분을 반으로 접어 한 번에 자를 수 있도록 안내한다. 뚫린 모양 구멍 뒤에 각각 방학 때 있었던 일을 그림으로 그리게 하고, 한 명씩 앞으로 나와 자신의 작품을 들고 발표하게 한다. 그냥 입으로만 발표하게 하는 것보다 훨씬 자연스러웠다. 이 작품들은 게시판에 붙이거나 다른 곳에 걸어 전시하면 더 좋다.

비가 온다. 쭉쭉. 노랫말처럼 정말 황금 같은 비가 쭉쭉 내린다. 낮에는 그친다지만, 폭염을 몰아내는 반가운 비가 와서 아침부터 기분이 좋았다. 효영이가 이번 주에도 어김없이 빨리오기 1등을 차지하고, 다음으로 예서가 들어오며 아침이 시작되었다.

"오늘 아침 비가 오니까 참 좋죠?"
"예!"
"아니요?"

'예' 하는 소리 사이로 '아니요'가 꼭 들린다. 저렇게 딴죽을 거는 녀석들이 가끔은 얄밉지만, 오늘은 그런 마음은 뒤로 미루고 '아니요'라고 대답한 박광현에게 물었다.

"넌 왜 이런 반가운 비가 싫은데?"
"난 비 오는 거 싫어요. 그런데요. 우리 아빠는 비만 오면 밖으로 나가요."

"왜?"

"몰라요. 비만 오면 차 가지고 밖으로 나가요."

"너희 아버지, 선생님하고 똑같이 비가 좋은가 봐. 선생님도 비만 오면 차 가지고 밖으로 나가고 싶어지는데."

"치~"

"얼마나 좋으냐? 음, 선생님은 비 오는 날 첫사랑도 생각해보고 좋던데."

"와, 첫사랑이래?"

"선생님, 첫사랑 이야기 들려주세요."

"너희들한테? 1학년한테?"

"네!"

"첫사랑! 첫사랑!"

이건 또 뭔가? 내가 1학년들에게 뭔 말을 한 건지. 녀석들의 반응은 또 뭔가?

"너희들은 선생님 같은 어른들의 사랑을 몰라. 이야기해도 잘 몰라."

"우리도 알아요."

"아냐, 나중에 크면 얘기해줄게. 자, 그러면 오늘 아침 노래와 옛이야기로 시작해보자."

그렇게 하루를 시작했다. 오늘 첫 시간은 어제와 마찬가지로 '본 대로 들은 대로' 따라 하고 이야기해보는 수업이었다. 어제와 마찬가지로 절반의 아이들만 발표했고, 나머지 절반은 해오지 않거나 말로 꺼내지 못했다. 어제와 다른 점은 어제 발표했던 아이들이 어제보다 조금 나아졌다는 거였다. 가장 먼저 발표한 아이는 영준이다. 안 그래도 나랑 친했던 까불이 영준이가 방학 때 우리 집을 다녀간 뒤로 더욱 친근감 있게 다가오고, 까불고 장난치는 모습도 쑥 들어갔다. 이렇게 열심히 수업에 참여하는 모습도 보여 흐뭇하다. 시작을 열어준 영준이의 이야기는 재미있어 아이들도 많이 웃었다.

"제가요, 엄마보고 '엄마, 코스트코 시식하러 가자' 했어요. 그러니까 엄마가 그러자고 했는데, 아빠가 들어와서 코스트코 가자고 했어요. 그런데 엄마가 갑자기 '갈비 먹으러 갈까?' 했어요. 그래서 나는 코스트코에 가자고 했는데 엄마가 갈비 먹으러 가자고 해서 갈빗집에 먼저 갔어요. 그런데 코스트코에는 가지도 못했어요."

영준이의 이야기 뒤로도 윤솔이의 합기도 승단시합 이야기, 벼리의 변기 사건, 주현이 아빠 생일 사건, 효영이 할아버지 제사 이야기, 광현이가 말해준 밤에 놀이터에서 벌어진 일 등 재미난 이야기들이 줄을 이었다. 아직은 서툴러 사건의 흐름에 맞게 이야기를 하지는 못하지만, 어제보다는 나아진 모습이었다. 문제는 나머지 열두 명의 아이들. 아직까지 말로 표현하기를 주저하거나 숙제를 해오지 않는 아이들이다. 지금이라도 혼자 생각해보겠다는 의지는 가상하나, 그렇게 시간을 끌 수는 없는지라 발표한 아이들은 그림일기를 쓰면서 정리하게 하고 발표하지 못한 아이들은 생각하는 과정을 밟게 하고 싶었다. 한편으로는 아이들의 글쓰기 상태가 어느 지점에 있는지 진단을 해보고 싶은 마음도 있었다.

그림이야 그렇다 쳐도 겪은 일을 글로 써보게 하는 것이 처음이라 괜히 긴장도 하고 기대도 되었다. 기대보다 못한 아이들이 많으면 어쩌나 싶고, 기대보다 잘한 아이들이 있으면 정말 좋겠다는 생각도 들었다. 두 시간이 지나자 대부분의 아이들이 그림일기를 써서 냈는데, 24명 중 16명 정도가 나름대로 사건의 흐름을 파악하고 글을 썼고, 4명 정도는 좀 더 연습이 필요해 보였다. 나머지 4명은 아직 읽기도 원활하지 않은 터라 쓰기에서 기대를 하는 것은 역시나 무리였다. 이 정도면 나쁘지는 않지만, 남은 넉 달 동안 더 부지런히 읽고 쓰게 하여 자기가 겪고 생각한 것을 짧은 문장으로 정리할 수 있도록 해야겠다는 생각을 했다. 이전에 도시에서 2학년 33명을 가르쳤을 때, 그 아이들 대부분은 읽고 쓰는 데 무리가 없었다. 그래서 참 다양한 활동을 할 수가 있었는데, 그때는 1학년 교사와 부모들의 고마움을 잘 몰랐었다. 직접 1학년을 맡고 보니 2학년 올려보낼 걱정이 사뭇 커졌다.

대단한 읽기, 쓰기 능력을 지니게 할 수는 없어도 단문을 이해하고 간단히 써서 자기표현을 할 수 있을 정도로는 해놓아야겠다는 생각은 늘 하게 된다. 이제 시작이다. 겁을 먹지도, 너무 애를 쓰다가 아이들에게 부담을 주지도 않는 선에서 할 수 있는 좋은 길을 찾아야 할 것 같다. 3~4교시에는 1학년 첫 배움책으로 겹모음과 겹받침을 마무리 짓고, 교과서 2단원에 실린 단문을 읽고 쓰는 공부를 했다. 아이들이 어렵다고 한마디씩 한다.

"여러분, 어렵죠? 오늘 다 알 수는 없어요. 오늘은 가볍게 훑어만 보고, 책이나 교과서에서 자주 만나 저절로 익혀야 돼요. 이런 게 있다는 것만 기억하고 넘어가길 바랍니다."

9월부터는 읽기 과제와 쓰기 과제를 조금씩 내주어 읽고 쓰는 일에 자신감을 가질 수 있게 할 작정이다. 소현이도 지난 학기에 비해 읽기 능력이 훨씬 좋아졌다. 본인이 아는 글자를 자랑스럽게 말하기도 하는 걸 보고 한숨 덜었다. 이제부터가 중요한데 멈추지 않기를 바라고 있다. 건우도 아직은 더 시간이 필요하지만, 긍정적인 변화의 가능성을 보여주고 있다. 말도 늘었고 수업의 집중도나 글에 대한 스트레스도 훨씬 줄어든 것 같다. 이제, 남은 다은이를 어찌할 것인지가 고민이다.

오늘도 어김없이 아이들과 몸으로 부대끼며 하루를 보냈다. 웃고 장난치고 울기도 하고, 때로는 아이들에게 줄기차게 당하기도 하면서 하루를 보냈다. 그리고 보니 벌써 한주가 훌쩍 지나버렸다. 이제 시작이다 싶은데, 벌써 1주일이 흘러버렸다. 수업이 아이들에게는 여유롭게 다가가되, 교사인 나는 부지런해지도록 해야 놓치는 부분을 최대한 줄일 수 있을 것 같다. 마치 오리가 강물에서 헤엄칠 때 몸과 발의 움직임이 다른 것과 마찬가지로. 그렇다. 이제 겨우 시작일 뿐이다.

2016.8.26.

Speculation
선생님의 사색 **1학년 아이들의 말글살이**

1학년 아이들과 살아가면서 담임으로서 가장 큰 고민은 아이들의 말글살이다. 아이들이 조금 더 편하게 말하고 쓰면 좋겠지만, 그렇지 못해서 부대끼고 힘들어하는 아이들을 만날 때면 생활 자체가 힘들어 보일 때도 있다. 수업에서 좌절이나 부담을 느끼는 아이들은 학교에 가지 않겠다고 하거나 학교가 힘들다고 핑계를 대기도 한다. 1학년의 교육과정 수준과 양을 줄여 학습 부담을 줄였다고는 하지만, 아이들이 여유롭게 학교생활을 하려면 더 줄이고 더 천천히 가야 한다. 같은 나이의 또래들이 모두 출발점이 같지 않고, 배우는 속도도 달라 발달이론만으로는 한계가 분명하기 때문이다. 한 명의 교사가 20~30명이 넘는 아이들을 맡아야 하는 도시학교에서 양도 많고 빠른 교육과정은 부진 학생을 만들어낼 수밖에 없다. 1학년에서 가장 큰 격차를 보이는 것이 아이들의 말글살이다. 가정의 문해환경과 읽기 수준, 문화적 배경에 따라 아이들이 보이는 품이 너무도 다르다. 수업에서 이런 차이를 모두 감안하기란 힘들다. 수업이 곧 삶으로 다가가도록, 아이들 속으로 스며들도록 하기 위한 교사의 고민은 바야흐로 가을부터 시작이다. 그 중심에 아이들의 말글살이가 있다.

때로는
끝까지 가야 한다

개학하고 일주일이 지나면서 아이들이 다시 제 색깔을 보여주기 시작한 걸까, 남학생들과 한 여학생 사이의 장난과 다툼이 일으킨 논란을 해결하느라 아침부터 조금 바빴다. 장난이 심해져서 벌어진 일인데, 서로 편을 갈라 대결하는 놀이 아닌 놀이는 1학기 때 하지 않기로 했는데도 녀석들이 새 학기에 들어 까맣게 잊고 저질러버린 것이다. 앞뒤 가리지 않고 손발을 뻗어대는 아이들 몇몇이 기어코 일을 벌인 덕분에 어제 오늘 학부모님들까지 들썩이며 잠시 소동이 있었는데, 뜻밖의 반전으로 어이없이 웃고 넘어가긴 했다. 사건의 개요와 결과 등을 관련 학생들의 어머님께 연락드리고 사건을 종결지었다. 저학년 아이들의 경우 아이가 배우는 무술이 맞대결 구도를 그려내기도 한다. 무술의 참뜻을 배우기보다 상대방을 이기려는 수단으로 쓰는 것이 아쉽지만, 결국에는 시간이 해결해줄 거라 믿는다.

이렇게 정신없이 아침을 열고 옛이야기를 들려준 뒤, 첫 시간을 맞이하기 전에 '본 대로 들은 대로 따라 하기' 발표를 했다. 이제부터는 발표할 사람을 지정해서 하기로 했는데, 첫날치고는 그런대로 괜찮았다. 여전히 발표하기를 주저하는 두 아이는 내일 다시 발표하기로 약속했다. 수업시간에는 그림을 보고 낱말 쓰기, 글자 틀린 곳 고쳐서 쓰기라는 과제를 해결해보도록 했다. 여전히 읽기에서 쓰기로 바뀌는 과정에서 어이없이 실수하는 아이들이 많다. 책을 많이 읽는다는 아이들도 어김없이 틀린다. 이런 실수는 책을 빨리, 대충 읽는 아이들이 보이는 특징이기도 하다. 우리 어른들은 책을 빠르게, 많이 읽는 것을 선호하는 편이다. 그러다보니 아이들도 어렸을 때부터 그렇게 책을 읽는 경향이 짙다. 그래서 생각하며 읽거나 문장을 바로 잡으며 읽는 게 잘 안 된다. 양으로만 학력을 기르는 낡은 교육방식이 아직까지 아이들 몸에 묻어나는 듯 하다. 잘못된 책읽기 습관이 아이들의 글쓰기에도 영향을 미치는 것 같아 안타깝지만, 그것을 바로 잡는 일 또한 이번 2학기에 내게 맡겨진 책임과 임무가 아닌가 싶다. 그렇게 한 시간을 보내고 이번 주부터 새로 시작한, 일주일에 한 번씩 있는 국악수업이 2교시에 이어졌다.

낯선 여선생님의 수업이라서 그랬을까? 아이들의 집중도가 매우 높았다. 평상시 노래를 부르며 율동을 따라 하라고 해도 대충대충 하던 녀석들이 오늘은 아주 흥겹게 따라 한다. 이런 모습을 보면 나는 이제 아이들에게 익숙한 부모와 같아진 건 아닐까 싶다. 부모 말은 안 듣는데 선생님 말은 듣는다는 옛말이 이제는 담임선생님 말은 잘 안 듣는데 새 선생님 말은 잘 듣는다는 뜻으로 확장된 것 같다. 우리 반 녀석 중에도 내 말에 꼬치꼬치 말대꾸도 자주 하고, 친구처럼 이따금 반말을 하는 녀석이 있다. 그런데 그게 싫지가 않다. 누군가는 아이들을 버릇없이 만든다고 비판할지는 모르겠으나, 나는 아이들과 이렇게 허물없이 지내는 게 좋다. 물론 엄해야 할 때는 엄해진다. 부모가 자식들을 대하듯, 나 또한 교사로서 부모처럼 아이들을 만나고 있다. 자칫 오해를 불러일으킬 수도 있는 방식이지만, 온갖 일을 겪으면서도 나와 아이들 사이의 신뢰에 금이 가지 않는 까닭은 바로 이 때문이라 믿고 있다. 다른 반에서는 잘 하지 않는다는 안기고 매달리고 뽀뽀하고 포옹하는 모습이 우리 반에서 심심치 않게 벌어지는 일도 다 이 덕분이라 여기고 있다. 3교시에는 앞서 미처 마무리 짓지 못한 틀린 낱말 고쳐 쓰기, 한 문장 바로 쓰기를 좀 더 공부하고, 4교시에는 어제에 이어 추석에 관한 이야기를 해주었다. 일단 그림책 《분홍 토끼의 추석》으로 문을 열었다.

"야, 정말 그림 잘 그렸다."
"그래, 그러네. 그림을 재밌게 그렸다. 박재철 화가님이 그렸네? 어? 이 구름은 뭘까?"
"잘 모르겠어요."
"이야기를 듣다 보면 곧 알게 될 거야."

그렇게 《분홍토끼의 추석》을 들려줬다. 이야기는 절굿공이를 달에서 떨어뜨린 토끼가 추석맞이가 한창인 땅에 내려와 벌어지는 풍경을 바탕으로 펼쳐졌다.

"아, 알겠다. 토끼가 구름 타고 내려와서 첫 그림에 구름을 넣은 거예요."
"그렇지. 맞아. 토끼가 계단 타듯이 구름들을 밟고 내려오는 모습을 봤지? 자, 여기는 송편을 만드는 그림이 담긴 곳이네. 너희들도 이렇게 돼지 송편, 토끼 송편을 만들어도 돼요. 한 사람당 두 개씩만 만들건데, 그중 하나만. 왜 그런지 알아요?"

"너무 많이 만들면 못 먹으니까요."

"맞아. 먹을 만큼만 만들자. 그런데 이렇게 크게 돼지 모양이나 토끼 모양 송편을 만들면 맛은 별로 없을 거야."

"맞아요. 두꺼워서. 전에 나도 그렇게 해봤는데, 별로 맛이 없었어요."

이렇게 아이들과 나는 추석을 맞이하며 해야 하는 일, 할 일에 대해 이야기를 나누었다. 벌초에서부터 소 놀이, 줄다리기, 소원 빌기까지, 그렇게 추석을 조금씩 준비해나갔다. 마지막 5교시는 수학수업으로 마무리를 지었다. 2단원 '여러 가지 모양'은 스토리텔링과 조작수업이 가득한 단원이어서 굳이 놀이수학을 적용하지 않고 일단 교과서를 따라가고 있다. 조금 지루하다는 느낌도 들었는데, 조작활동이 많은 덕인지 아이들이 힘들어도 재미있어서 그나마 다행이었다. 오늘은 조금 진도를 많이 나간 탓인지 제 시간에 과제를 마치는 아이들이 드물었다. 다 마친 아이들부터 한 명씩 돌려보냈는데, 시간이 걸리더라도 끝까지 하게 했다. 아이들 한 명 한 명에게 주어진 과제를 끝까지 해보는 경험을 하게 해주어야 한다고 느꼈고, 담임 또한 그런 과정에서 흔들리지 않아야 한다고 생각했기 때문이다. 태권도 학원 시간 때문에 정말 어쩔 수 없었던 아이 둘을 빼고는 모두 오늘 해야 할 양을 마치고 검사를 맡고 돌아갔다. 때로는 끝까지 가야 한다. 아이들의 생활지도로 시작해서 학습지도로 끝났던 오늘 하루. 그렇다. 때로는 끝까지 가야 한다. -2016.8.30.

1학년 담임에게 필요한 것

1학년 아이들과 2년 동안 지내면서 부쩍 달라진 내 모습은 한 명씩 모든 아이를 지도하려 한다는 점이다. 본디 교사라면 응당 그래야 하는 것이 아니냐고 반문할지 모르겠지만, 25년이 넘는 교사경력을 보내는 동안 정말로 매 수업마다 아이들 한 명 한 명을 다 챙겼냐고 스스로에게 묻는다면 나는 솔직히 '아니요'라고 말할 것이다. 중고학년 아이들과 하는 수업에서는 처지는 아이들을 주로 챙기게 되고, 모둠수업이나 협력학습을 통해 얻은 결과로 평가하고 지도를 했기 때문에 아이들을 개별적으로 지도할 일은 별로 없었다. 그러나 1학년은 모든 아이가 각기 다른 속도로 말과 글을 익히고 수와 연산을 습득하기 때문에 일일이 지도를 하지 않으면 꼭 빈틈이 보인다. 이 틈을 채워나가려면 아이들 하나하나를 보고 가르칠 수밖에 없다. 시간이 좀 걸리더라도 그날 해결해야 하는 부분을 챙겨서 보내다 보면 수업이 끝난 뒤 녹초가 될 때도 많았지만, 돌이켜보니 아이들을 위해 꼭 해야 할 일이었다고 생각된다. 이런 점에서 보면 1학년 담임은 참 어렵다. 1학년 담임에게 필요한 것은 집요함과 끈질김이다.

중간 놀이시간이 짧아요!

4교시 국악시간을 조금 앞당긴 바람에 수요일마다 점심시간이 좀 이르다. 오늘은 민정이, 지민이, 정훈이랑 같이 앉아 먹었는데, 요즘 부쩍 학교생활을 즐겁게 하는 지민이에게 물었다.

"요즘 학교 오는 게 좋니?"
"별로예요."
"왜?"
"그냥요."
"그런 게 어디 있냐? 이유가 있어야지."
"헤헤."

그때 민정이가 다른 답을 내놓았다.

"학교가 51%만 좋아요."
"왜?"
"그런 게 있어요. 말 안 할 거예요."

"뭔데? 왜?"

그러자 정훈이가 대답을 한다.

"중간 놀이시간이 짧아요."
"야~ 30분이나 되는데 뭐가 짧아."
"한 시간은 줘야죠."
"점심 놀이시간까지 치면 한 시간인데?"

그때 옆에 있던 지민이가 거든다.

"중간 놀이시간이 세 시간은 돼야 해요."
"야, 그러면 그게 집이지 학교냐?"
"그 정도는 해야 학교가 재밌죠."
"아이고…… 선생님 죽것다. 민정이는 왜 불만인지 말 좀 해줘."
"5교시가 너무 길어요."
"그렇지? 선생님도 그래. 5교시 하기 싫어. 그게 불만이었구나? 민정이."
"네."

1학년 아이들에게 아침 시작해서 오후 2시가 넘어서까지 이어지는 하루 일정은 참 버거워 보인다. 아이들도 힘들지만 교사도 힘들다. 무작정 수업시수만 늘리지 말고 보조교사의 확보나 다양한 프로그램들의 개발이 병행되어야 그나마 버틸 수 있을 것인데, 교사 혼자서 모든 과정을 기획해야 전문성이 생긴다고 밀어붙이는 관료들 때문에 교사나 아이들이나 괜히 지쳐가며 의미 없는 시간을 보내고 있는 것은 아닌지 깊이 생각해볼 일이다. 아이들과 점심을 먹으며 나눈 놀이시간 이야기가 자꾸 생각이 난다. 나도 놀고 싶다. 여유롭게 살고 싶다. 아이들만의 바람은 아닌 것이다. 2017.08.30.

기어코 9월이 됐다. 2017년도 넉 달밖에 안 남았다. 나는 이맘때가 되면 슬그머니, 아니 미리미리 연말을 계획하며 학급운영의 밑그림을 그려놓곤 했다. 아이들과 멋있게 헤어질 준비를 하는 것이다. 이 아이들이랑은 멋있고도 슬픈 이별을 할 것 같다. 그래서 더 준비를 잘해야겠다는 생각이 든다.

오늘은 이번 주에 놀이로 배웠던 '100까지의 수'를 교과서로 다시 다지고 익혔다. 전체적으로 무난했는데, 한 아이가 유독 힘들어한다. 힘들어한다기보다는 제대로 이해하지 못하고 자기 맘대로 풀어버리는 듯했다. 그래 놓고 내가 틀렸다고 하자 이해를 못하겠다는 표정을 짓는다. 몇 십 번을 되풀이해서 아는 것처럼 보이기는 했는데, 암기한 것인지 정말 안 것인지는 시간을 두고 지켜봐야 알 것 같다. 놀이수학 때도 개념과 원리 파악이 늦거나 이해도가 낮았던 아이라서 더욱 신경이 쓰였다.

빠르게 교과서를 마무리한 뒤, 먼저 끝난 아이들은 내게 검사를 받고 바로 중간 놀이로 들어갈 수 있게 했다. 그래서 그런지 다들 열심이었다. 무려 40분을 쉴 수 있으니 그럴 수밖에. 잠시 새로 오신 교감선생님께 인사차 영어실에 갔다가 교실로 돌아오니 다들 노느라고 정신이 없었다. 그래서 물었다.

"야~ 노는 시간 너무 길지 않니?"
"네, 길어요."
"그래서 좋아요."

다들 헤헤거리는 얼굴이다. 어제도 몇몇 아이들이 30분 중간 놀이 시간도 짧다고 했는데, 오늘은 긴 시간을 쭉 놀고 있으니 얼마나 신이 났을까? '공부를 이렇게 즐겁게 해야 할 텐데' 하는 생각만 든다. 다음 주부터 본격적으로 하게 될 PBL(Project Based Learning) 수업이 바로 그런 수업일 거라 여기고 있는데, 사실 아직 준비하지 못했다. 생각만 곁돌고 있다. 주말에 시간을 내서 또 고민해봐야 할 것 같다. 노는 것처럼 생각하고 즐기면서도 자연스럽게 공부가 되는 수업. 2학기에는 아이들에게 이런 쾌락을 전해주고 싶다.

3교시에는 남은 교과서 문제를 풀어내고 교과서에 실린 놀이로 시간을 보낸 뒤 아이들과 산책을 나섰다. 막상 나가 보니 햇볕이 따가워 멀리 공원까지 가지는 않고 운동장을 가로질러 연못 있는 곳에서 1학기 때 정한 자기 나무를 찾게 했다. 감나무, 청단풍나무, 소나무, 살구나무 사이로 아이들이 잘 크고 있다며 자랑스러워했다. 간단히 사진을 찍고 야외 무대가 있는 곳으로 갔다. 교문 앞을 지나면서 푸르게 한창 자라고 있는 벼를 보고 이야기를 나누기도 했다. 야외 무대에 도착한 뒤에는 가위바위보왕 뽑기 놀이를 했다.

시원한 그늘 밑에서 소리 지르며 즐거워하는 아이들의 모습이 참으로 예쁘고 싱그러웠다. 점심을 먹이고 다시 교실로 돌아오자 녀석들은 교실에 있는 놀이도구를 가지고 여전히 열심히 놀고 있었다. 그때 민정이가 눈에 들어왔다. 민정이는 자신의 하루 삶의 질을 퍼센트로 나타내곤 한다고 민정이 어머니가 말씀해주신 기억이 떠올랐다.

"민정아, 오늘은 몇 퍼센트나 만족해?"
"오늘은 100% 넘어요."
"하하. 그래? 왜?"
"오늘은 많이 놀아서요."
"그래, 그렇겠지. 하하하."

9월 1일. 아침저녁으로 서늘한 바람이 부는 초가을 날. 민정이 말대로 오늘은 참 놀기 좋은 날이었다. 그래서 100% 이상으로 기분이 좋은 날이었을 게다. 늘 오늘 같아라! 하하하. 2017.09.01.

194

중간 놀이시간이 필요해

저출산 고령사회위원회에서 '저학년의 하교 시간 3시'가 발표되자마자 많은 논란과 저항이 일어났다. 늦춰진 하교 시간이 돌봄 공백을 해결하기 위한 방안 중 하나라는 주장은 아이들 생활 리듬과 실상을 전혀 고려하지 않은 전형적인 탁상공론이었다. 얼핏 보면 아이들을 위한 정책으로 보이지만, 하루 종일 학교에 잡혀 있어야 하는 아이들이 어떤 고충을 겪을지가 전혀 고려되지 않았다. 일기에서도 볼 수 있듯이 아무리 즐겁게 수업을 한다고 해도 1학년 아이들에게는 2시에 수업을 마치는 것조차 쉽지 않은 일이다. 변화하는 사회에 따라 하교 시간도 늦춰져야 한다는 논리는 아이들을 학교에 잡아둘 수밖에 없는 현실을 인정하고 받아들이자는, 먼 미래를 내다보지 못한 수준 낮은 발상일 뿐이다. 부모가 아이들과 함께할 시간을 만들어주는 것이야말로 진정한 복지사회로 가는 길이라는 걸 생각하지 못하는 근시안적이고 천박한 전망과 상상력으로는 행복해질 수 없다. 당장 우리 아이들에게 필요한 것은 교육과정을 대폭 줄여 좀 더 여유롭고 즐겁게 학교생활을 할 수 있도록 돕는 정책이다. 정부가 하지 못하면 교사와 학교가 나서야 한다. 교육과정을 재해석, 재구성해서 수업의 양을 줄이고 놀이시간을 늘려 수업과 놀이가 즐거운 학교, 행복을 경험하고 배우는 학교로 재탄생하도록 도와야 한다.

아이들 곁에
살아야 한다

　기어코, 마침내, 결국은, 전학생이 왔다. 아침 수업을 시작하기 전, 천안에서 천재명이라는 남학생이 전학을 왔다. 아이들이 우르르 달려들어 전학생을 신기한 듯 바라본다. 전학 온 친구를 처음 만나는 우리 반 아이들은 매우 들떠 있었다. 아침노래를 부를 때도 어찌나 힘차게 부르던지.

　"야, 너희들 너무한다. 평소에는 열심히 불러달라고 해도 힘없이 부르더니 오늘은 왜 이렇게 잘 부르는 거야. 전학 온 친구 때문에 그렇구나?"

　"잘 아시네요. 뭐."

　"당연하죠."

　"자, 오늘 전학 온 친구를 소개할게. 이름은 천재명. 야, 이름 앞에 천재가 붙었네."

　"그럼, 천재인데 명까지 길다는 말인가?"

　"하하하."

앞으로는 전학 오는 아이들이 계속 늘어날 것이고, 한 반에 30명을 넘길지도 모른다는 우울한 전망이 나와 걱정을 많이 하기는 했지만, 막상 전학을 오니 반갑게 맞이하지 않을 수 없었다. 녀석도 오늘 우리 반 남학생들에게 특이한 신고식을 받아야 했다. 덕분에 나도 덩달아 잔소리를 들어야 했는데, 예상컨대 이 녀석도 만만치는 않을 것 같다. 하여간 잘 지내기를 바랄 뿐이다.

오늘은 1~2교시에 시를 받아 적거나 외워 적는 수업을 했다. '두껍아, 두껍아'를 재료 삼아 글쓰기 연습을 했는데 속도는 느리지만 띄어쓰기와 맞춤법이 어느 정도 나아진 것 같아 비교적 만족했다. 많지 않은 학습량으로라도 꾸준히, 오랫동안 지속해가는 것이 중요하겠다 싶었다. 하지만 경험이 없으니 아이들이 어디서부터 달라질지를 몰라 지금도 늘 불안하다. 그저 부지런히 지켜보며 갈 수밖에 없을 것 같다. 2교시 마지막에 교과서에 있는 시 〈매미〉와 〈그만뒀다〉, 지도서에 실린 시 〈수박씨〉로 시 맛보기를 했다. 어린 1학년들이지만, 시에 말 걸기로 시를 맛보는 연습을 시켰다. 우리 아이들은 종종 책을 읽든 시를 만나든 그림책을 대하든 그저 읽고 보는데만 초점을 두고는 한다. 몇 권을 읽는다는 데 목적을 두고, 엄마가 많이 읽으면 선물을 줄 거라 약속했다는 이야기도 들린다. 사람이 왜 책을 읽는지, 책이 어떤 점에서 사람의 삶에 유익한지, 어떻게 만나야 하는지에 대한 고민이 부족하다는 점은 어른과 차이가 없다. 아니, 오히려 어른보다 더 위험하다. 그래서 앞으로는 모든 문학작품에 말을 거는 연습을 시킬 작정이다.

"〈매미〉라는 시를 지은 강현호라는 분은 왜 이런 시를 지었을까?"

"재미있으라구요."

"물론 재미있으라고 했겠지, 그런데 하필이면 왜 매미일까?"

"음, 매미가 시끄럽게 해서."

"그래, 맞아 윤솔이가 힌트를 줬네. 좀 더 생각해보자."

"매미가 시끄럽게 해서 깬 거예요. 그래서 이런 시를 지었어요."

"매미가 시끄럽게 한 걸 이 시인은 뭐라고 표현했죠?"

"알람시계."

"왜?"

"잘 때 알람시계 울리면 시끄럽잖아요."

"그래, 맞아. 강현호 시인은 여름날 시끄럽게 울어대는 매미를 알람시계 같다고 생각하고 이런 시를 쓴 거예요. 너희들은 진짜 시계 말고 뭐가 알람시계 같니?"

"우리 엄마 잔소리요."

"왜?"

"아침마다 빨리 안 일어난다고 시끄럽게 소리 지르거든요."

"맞아, 우리 엄마도 그러는데."

"그럼, 너희들은 우리 엄마라는 제목으로 시를 쓰면 되겠네. 하하."

어린 아이들과 시를 어떻게 만나게 해야 할지, 여전히 답을 찾지 못했지만 그나마 겨우 찾은 방식이 '질문'을 하는 거다. 다른 말로 작품에 말 걸기. 시와 동화, 그림책이 그저 읽어야 할 대상, 지식으로 쌓아야 할 대상이 아니라 내 삶을 돌아보고 다른 이의 삶에 공감하는 대상이 되려면 우리 아이들이 작품에 말을 걸고 작품과 공감하며 자기 삶을 돌아보는 연습을 해야 한다고 본다. 우리 아이들은 지금껏 시험 치는 대상으로만 시를 공부하고 동화와 그림책을 만났지, 그것을 내가 품을 다른 이의 삶이라 여기진 않았지 않은가. 다가올 시대를 공감의 시대라고 하면서도 우리네 학교와 교실에서는 여전히 공감이 아닌 공격의 대상으로 문학을 대하고 있다. 이것을 극복하는 일이 곧 아이들의 삶을 위하는 일일 것이다.

오늘은 윤솔이랑 같이 점심 먹는 날. 그런데 양쪽에서 달려드는 계집애들 때문에 윤솔이에게 집중하기란 애당초 글렀다. 이런 저런 얘기를 하다 윤솔이에게 장난치듯 제안을 했다.

"선생님은 윤솔이가 맘에 들어."
"뭐가요?"
"음, 이렇게 씩씩하게 밥도 잘 먹지, 공부도 열심히 하지, 놀기도 잘하지. 샘은 윤솔이가 선생님 딸 했으면 좋겠다."

윤솔이는 부끄러운 듯 히죽 웃는다.

"그래서 말인데, 윤솔이 선생님 딸 해라. 선생님 집에 가서 살자."
"음, 그건 안 돼요."
"왜?"
"엄마한테 물어봐야 해요."
"그럼, 당연히 물어봐야지. 오늘 꼭 집에 가서 물어봐."
"네. 그런데 아빠가 안 된다고 할 것 같아요."
"그럼 어쩔 수 없지. 한번 물어보기나 해. 그런데, 선생님 집에 가서 살고는 싶니?"

윤솔이는 웃으면서 고개를 끄덕인다.

"됐다. 그럼, 윤솔이는 선생님 딸 하는 거야."

그랬더니 옆에 있던 예서랑 미슬이가 한마디씩 한다.

"나도, 나도요."

나는 선심 쓰듯 "그래, 그럼, 너희들도 부모님께 물어보고 와"라고
했다.

"저는요. 그냥 갈래요."
"물어보지도 않고? 미슬아, 너도 물어봐."
"아냐, 난 그냥 갈래."
"너, 그럼, 겨울방학 때 금산 선생님 집에 와서 살아."
"응. 그럴 거야."
"예서도 그럴 거야."
"야, 그러면 선생님이 딸 셋이 됐네. 윤솔이 니가 첫째, 둘째는 미슬
이, 셋째는 예서. 만세!"

쓸데없는 농담으로 점심시간을 보내면서 졸지에 나는 딸 셋을 얻었
다. 하이고, 금요일이다. 웃으며 마무리할 수 있어 참 좋았다. 2016. 9. 2.

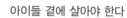

아이들 곁에 살아야 한다

글쓰기 강의로 선생님들을 만나면 꼭 듣는 질문이 있다. 아이들이 어떻게 이렇게 글을 잘 쓸 수 있냐는 질문이다. 여러 방법이 있지만, 내가 생각하는 가장 좋은 방법은 교사가 아이들 곁에 살아주는 것이다. 글쓰기를 단순한 기능적 습득으로만 생각해서는 아이들이 절대 자기 삶을 글에 담지 않는다. 기능의 습득과 더불어 왜 써야 하는지, 글쓰기가 왜 필요한지를 스스로 터득하게 해주어야 한다. 그러기 위해서는 교사가 아이들 곁에서 함께 살아주는 것이 제일이다. 아이들에게 책과 이야기를 들려주고 아이들의 이야기를 들어주고 함께 살아야 비로소 아이들은 글을 써주기 시작한다. 수업만 하는 것도 힘든 1학년 교사에게 해주고 싶은 말은, 그래도 아이들의 곁에서 함께 살아가라는 것이다. 글쓰기만이 아니라 다른 부분에서도 마찬가지이다. 함께 사는 교사에게 아이들은 자기가 가진 보물들을 하나둘씩 꺼낸다. 거창한 교육철학과 방법론 같은 건 내게는 부수적인 것에 불과했다. 진정성을 가지고 아이들을 만났을 때 어떤 철학이나 방법보다 효과적이었고 수업도 잘 진행됐다. 이래서 교사가 힘든 직업인지도 모르겠다. 여전히 실패하고 잘못하는 선생이지만, 그중에서도 순간순간 잊고 사는 것이 바로 이런 부분이다. 학급운영의 출발이자 좋은 수업의 출발은 교사가 아이들 곁에서 살아주는 것이다. 내가 존경하고, 이따금 연락드릴 때마다 따뜻한 격려와 위로의 말씀을 해주시는 《행복한 교실》의 강승숙 선생님께 배운 거다.

화장실에 사뿐사뿐
다녀올게요

피곤한 상태로 일어난 월요일. 찌뿌둥한 상태로 출근해 8시 10분쯤 들어선 교실에는 예상대로 아무도 없었다. 컴퓨터를 켜고 창문을 열어 환기를 시킨 뒤 오늘 할 일을 살펴보고 곧바로 일을 시작했다. 언제 피곤했냐는 듯 금세 일에 빠져들었다. 며칠 전 우리 학교의 한 선생님이 명예퇴직을 신청하셨다. 50대 초반에 새로운 인생을 시작하기 위해서란다. 언제 끝날지 모르는 남은 인생을 학교에서만 머무를 수 없다는 생각이었을까? 나는 교실에서 무엇을 하는 것일까? 그런 생각할 여유도 없이 아이들이 들어와 수업준비에 정신을 쏟기 시작했다. 푸우~

월요일인 만큼 시 맛보기로 시작을 했다. 아무 생각 없이 교과서에 실린 〈달리기〉로 하려다가, 다시 살펴보니 작가도 찾기 힘들고 내용도 너무 단순하길래 《소리가 들리는 동시집》에서 고른 〈줄넘기〉로 바꾸었다. 아이들과 세 번 정도 함께 읽어보고 줄넘기와 관련된 경험을 나눈 뒤 개인 시집에 연필로 옮겨 담는 활동까지만 하고 오늘은 마무리를 지었다. 내일은 이 시로 또 다른 이야기를 할 생각이었다. 다음에는 감정카드로 놀이를 즐겼다. 저마다 마음에 드는 카드를 한 장씩 뽑아 모둠 친구들에게 자신이 들고 있는 카드에 무슨 감정이 담겨 있는 지를 맞히게 하는 놀이다. 카드를 들고 있는 친구는 친구들에게 표정으로 1차 힌트를, 말로 2차 힌트를 주고 마지막으로 상황까지 설명해 주는 것으로 감정을 맞추도록 했다. 아이들은 별것 아닌 것 같은 놀이도 즐겁게 참여하였다. 가끔 재미없다고 분위기를 흐리는 아이들이 있기도 한데, 오늘은 그런 모습도 전혀 없이 깔끔하게 즐기는 모습이 보기 좋았다.

2교시에는 강당으로 가서 변형된 '가마놀이'를 한바탕 신나게 즐긴다음 중간 놀이시간을 보내고, 3~4교시에는 국어 2단원의 '흉내 내는 말' 공부를 했다. 먼저 교과서에 실린 노래와 시를 간단히 훑어보았는데, 아직 어려서 어른들이 만들어놓은 말들을 익히는 것만으로도 벅차보였다. 다음 국어시간에는 그림책과 옛이야기 책에 실린 텍스트로 공부할 수 있도록 안내하려 한다. 덤으로 아이들에게 숙제 아닌 숙제도 내주었다.

"음, 이번 주 내내 선생님이나 친구들에게 흉내 내는 말을 넣어 말을 해보세요. 가장 많이 한 친구 두 명에게 선물을 줄까 싶네."

"무슨 선물요?"

"음, 여기 작은 색연필하고 모기 물리치는 팔찌."

"어떻게 하면 돼요?"

"뭐, 이렇게 하면 돼. 예를 들어, 선생님, 오늘 점심밥이 보슬보슬해서 맛있게 보여 살랑살랑 날아갈 것 같아요."

그러자, 잠시 뒤 아이들이 앞으로 나오기 시작하면서 한마디씩 한다.

"선생님, 저 화장실 사뿐사뿐 다녀올게요."

"선생님, 저 화장실 쿵쿵 뛰면서 다녀올게요."

"선생님, 저 화장실 살랑살랑 바람 부는 것처럼 다녀올게요."

"선생님…"

"선생님…"

"야, 다 비슷해지잖아, 새로운 말을 생각해서 해도 되니까, 좀 다르게 해봐요."

시키면 시키는대로 따라 하는 아이들, 그게 1학년이다. 하하하.

5교시에는 어휘 불리기 수업으로 '몸'을 익혔다. 몸과 관련된 말들과 문장을 익히고, 자기가 겪은 일 가운데 몸과 관련된 이야기를 쓰는 과정까지 이어갔다. 여전히 'ㅆ'을 어떻게 써야 하는지 모르는 아이나 '데'와 '대'를 헷갈리는 아이들, 조사 뒤에는 띄어 써야 한다는 걸 자꾸 까먹는 아이들이 있지만, 그래도 처음보다는 낫다. 조금 더 지켜보며 나아지길 기대해야지 싶다. 이제 9월이다. 아직 시간은 많다. 그럭저럭 오늘도 하루가 갔다. 피곤함은 잠시 잊자. 이겨내자. 살다 보면 또 길이 생기겠지. 2017.09.04.

따라쟁이 아이들

1학년 아이들이 가장 재미있어하는 것 중 하나가 따라 하는 거다. 옛이야기 중에서도 '따라 하는' 행위가 즐거움을 주는 꼭지가 나올 때면 아이들이 배꼽을 잡으며 자신들도 따라 하려는 모습은 매우 귀엽다. 때로는 일부러 아이들이 나를 따라하도록 유도해서 무료하던 시간을 반전시키기도 했다. 동화작가이자 교장인 김영주의 《본 대로 따라쟁이》는 아이들의 이러한 특성을 잘 포착해서 만든 동화책이다. 아이들에게 실감 나게 읽어주면 너무 재미있어한다. 자신들도 동화책에 나온 것처럼 본 대로 들은 대로 따라서 잘 기억하려 한다. 이것을 이용해 숙제를 내기도 하고, 겪은 일 쓰기 수업에 적용하기도 했다. 무료하고 무심하게 지나는 날에는 아이들과 따라 하기 수업을 해보시라. 무척이나 재미있어할 것이다.

이렇게
붙어 있을래요

　정말 푹 쉬었다. 아무것도 하기 싫어서 추석 내내 그냥 푹 쉬었다. 책 한 장 읽지 않고 보낸 연휴는 이번이 처음이었다. 마치 새롭게 방학을 맞이한 것처럼 쉬었다. 그래서 그런지, 여름방학을 끝내고 돌아온 느낌마저 들었다. 아이들이 교실로 들어오면서 인사를 하는 게 낯설었다. 그래도 조금씩 아이들이 늘어나면서 깨어나기 시작했다. '그래, 이제 다시 시작이야.' 폐렴으로 추석 내내 앓다가 입원까지 했다던 소현이만 빼고 모든 아이들이 자리에 앉아 나를 바라보는데, 대부분 힘이 없는 얼굴과 몸짓이었다. 그래도 아침노래로 잠을 깨우고 옛이야기 들려주며 시작을 했다.

　오늘은 추석 이야기를 나누는 시간으로 보내기로 했다. 먼저 아이들 이야기를 들어보기 위해서 그림책 《엄마 반 나도 반 추석 반보기》를 들려주었다. 반보기. 10년 전 쯤 추석을 끝내고 이야기를 나누기 위해 자료를 뒤적거리다가 우연히 '반보기'라는 낯선 낱말과 만났다. 뜻인즉, 예전 한가위 날이면 친정에 가지 못하던 며느리가 시부모의 허락을 받고 친정과 시댁의 중간쯤 되는 곳에서 친정 부모를 만나 안부를 묻고 짧게나마 함께 시간을 보내는 풍습이란다. 어떻게 보면 참으로 안타깝고 서러운 풍습이긴 하지만, 이것을 학급운영의 한 꼭지로 끌어들여 긴 추석 연휴 동안 어떻게 지냈는지 아이들이 서로에게 묻고 대답하는 시간으로 만들어보았다.

　바로 그 '반보기' 이야기를 그림책으로 들려주며 아이들에게 지난 추석 연휴를 돌아보고 자기 이야기를 할 수 있게 안내했다. 그런데 기대한 만큼 아이들의 이야기가 나오지 않았다. 꽤 많은 아이가 특별히 기억나는 이야기가 없다던가, 집안에만 있었다던가, 그냥 스마트폰 게임만 가지고 놀았다는 이야기를 했다. 지쳐 있는 아이들도 보여서, 겨우겨우 한마디라도 꺼내보게 하는 것으로 만족해야 했다. 아이들의 추석 이야기를 들어보며 세상 풍습이 참으로 빠르게 변한다는 느낌이 들었다. 상당수의 가정에서 차례 풍습이 사라지고 있다는 긍정적인 모습이 있는가 하면, 추석 연휴를 소비적으로 즐기거나 텔레비전과 스마트폰으로 무심히 시간을 보내고 있는 안타까운 모습도 보인다. 그래서일까? 적어도 우리 반에는 추석 연휴에 가장 기억에 남는 일이 뭐냐고 물었을 때 선뜻 대답하는 아이가 많지 않았다.

　그럼에도 아이들에게 일일이 물어가며 '우리 반만의 추석 이야기' 그림책을 만들고자 했다. 지난 2주 동안 추석맞이를 준비했던 마무리를 잘하고 싶어서였다. 순전히 교사의 바람이기는 했지만, 막상 그림책을 만들자 하니 아이들이 재빠르게 반응하고 움직여주었다. 아이들도 그림책 만들기에 맛을 들인 모양이었다. 우리 반만의 책이 하나씩 만들어질 때마다 대출해 가는 아이들이 조금씩 늘어나고 있다.

"자, 이제 다 한 사람들은 자유롭게 책을 읽어도 되고 장난감 가지고 조용히 놀아도 돼요."

그때 다은이가 곁에 오더니 내 배에 머리를 붙이고는 속삭이듯 말한다.

"난 이러고 있을래요."
"다 한 사람은 자유롭게 시간 보내라니까?"
"난 이러고 있을 거라니까요?"
"이게 뭔데."
"이렇게 머리 붙이고 있을 거라구요."
"나, 참. 너, 선생님 좋아해?"
"네."
"얼마만큼?"
"하늘만큼."
"알았어. 그럼 조금만 붙어 있어."

5분이 지나도 자석처럼 붙어 다니는 다은이 녀석을 떼어내느라 고역이었다. 좋아해줘서 고맙기는 한데, 허이구 녀석… 이제 녀석들하고도 석 달 뒤면 헤어져야 한다. 나는 2학기 되면 늘 아이들하고 이별할 준비를 한다. 마음의 준비도 하고, 문집도 만들고, 선물 준비도 하면서 '좀 더 잘해줘야지' 하는 마음을 갖는다. 생각만큼 잘되지는 않지만, 그렇게라도 시간을 가늠하며 살면 무리수는 두지 않게 돼 나름의 효과는 있다. 중간 놀이시간에는 광현이를 불렀다.

"광현아, 어머니가 너 과외 또 시킬 거라던데. 안 할 거라 했다며?"

"네."

"그래서 말이야. 선생님하고 열심히 읽기, 쓰기 하면 안 시키신대. 어떻게 할래?"

처음에는 무슨 말인지 몰라 어리둥절하다가 겨우 상황파악을 하고는 "학교공부 열심히 할래요" 한다.

"그래, 선생님하고 열심히 읽고 쓰는 거 스스로 잘해보자. 1학기 때도 해냈잖아."

그러자 이내 자랑을 한다.

"저요, 저번에 저기에 글 쓸 때, '괜찮아'라고 쓸 때, 받침 'ㄴㅎ'을 썼어요."

"야, 정말?"

"네."

"그래, 네가 열심히 책을 읽었으니 기억하는 거지. 다른 것도 그렇게 하면 쉽게 쓰고 읽게 될 거니까. 잘해보자."

"네."

광현이는 1학기 말부터 책 읽기에 부쩍 맛을 들였다. 책 읽기라기보다는 낱말을 읽는데 맛을 들였다. 그래서 모르는 글자는 스스로 묻거나, 적어놓고는 맞느냐고 묻기도 한다. 한글 공부하자고 하면 늘 장난만 치고 훼방만 놓던 광현이는 이제 없다. 아이들은 이렇게 성장한다. 나는 아직도 1학년을 잘 모르지만, 아이들마다 속도의 차이는 있어도 꾸준한 지도와 관심이 아이들을 바뀌게 한다는 것은 조금씩 느끼고 있다. 가장 큰 변화는 아이들의 부모님과 담임교사가 함께 노력을 했을 때 일어난다. 이건 지난 24년간 어느 학년에서나 느낀 거였다. 추석 연휴가 끝나고 맞은 오늘 아침, 나는 아이들의 성장발달기록장을 하나하나 들춰 보았다. 부모님의 정성과 아이들의 성장, 변화가 어떻게 일치하는지 단번에 읽어낼 수 있었다. 남은 석 달 동안 우리 부모님들도 깨달았으면 하는 바람이다. 추석이 지난 첫날, 그럭저럭 솔찬했다.

2016.9.19.

교사-부모의 노력과 아이들 성장의 상관관계

당연한 것 같으면서도 우리네 공립초등학교에서는 당연하게 이뤄지지 못하는 게 교사와 부모 사이의 협업이다. 가장 큰 원인은 교사에 대한 신뢰가 부족하기 때문인데, 그 책임을 전적으로 부모들에게만 돌릴 수도 없는 것이, 그동안의 우리네 학교문화에는 아픈 상처의 역사가 있었기 때문이다. 교사는 늘 촌지를 받는 존재, 아이들을 볼모 삼아 부모들을 힘들게 하는 존재로 여겨져 왔다. 교사가 학생들을 대충 가르치고 평가하여 그것으로 존재감을 부각시킨다고 여긴 학부모들은 더 이상 학력조차 교사에게 기대지 않는다. 어느샌가 부모들은 학교보다 학원교사를 신뢰하고, 공교육보다 사교육에 더 의지하게 되었다. 오랫동안 쌓여온 교사와 부모 사이의 불온과 불신의 역사는 오늘을 사는 교사와 부모들의 협력을 더욱 어렵게 만든다. 안타깝지만 내 경우에도 1년 내내 보인 호의와 친절, 행위를 의심의 눈초리로 보는 부모가 있었고, 그만큼 힘들 수밖에 없었다. 문제는 이런 과정에서 가장 큰 피해를 보는 것이 아이들이라는 것이다. 다행히도 처음에 보이던 의심의 눈초리를 거두고 내게 전적으로 교육을 맡긴 아이들은 그만큼 성장하고 또 성장했다. 불온과 불신의 역사라는 상흔을 품은 부모들은 지금도 여전히 교사를 신뢰하지 않는다. 1학년 교사들에게 부여된 책임 가운데 하나가 이런 아픈 역사를 극복하고 그들에게 믿음을 주어야 한다는 것이다. 따라서 부모를 거리를 두어야 할 대상이 아니라 협력의 대상으로 보고 곁에 두어야 한다. 나 또한 수많은 실수와 잘못을 저지르면서 부모들이 곁에 다가오게 하기 위해 많은 노력을 했고, 다시 1학년 담임을 맡게 되면 그렇게 할 것이다. 우리네 초등학교에서 학급운영과 수업, 평가의 문제는 교사의 전문성 신장만으로 해결될 수는 없는 부분이 분명히 있다.

아이들은
더 잘할 수 있다

    오늘은 아이 한 명이 아프고 네 명이 교외 체험학습을 떠나는 바람에 19명과 수업을 했더니 평소보다 한결 수월했다. 한 학급에 학생 수가 20명 미만이었으면 정말 좋겠다는 생각을 했다. 이웃학교에는 서른 명을 넘어 마흔 명에 육박하는 학급도 있다고 하는데, 교사 혼자 그 많은 아이들을 책임지고 창의적으로 수업을 한다는 것은 기적에 가까운 일이다. 수가 적으니 아이들이 자주 눈에 들어오고 아이들 상태를 더 정확하게 파악할 수가 있었다. 남학생만 다섯 명이 빠져서 그런지, 수업 중의 소란도 줄어들고 집중력도 한결 높아졌다.

    오늘 첫 시간은 국어교과서로 문장을 익히는 수업. 한 달 전부터 꾸준히 낱말과 띄어쓰기, 문장들을 익혀왔던 터라 아이들에게 그리 어려운 부분은 아니었다. 그저 주어, 목적어, 서술어를 문장 속에서 자연스럽게 익히는 과정을 다시금 확인하게 하는 정도로 진행했다. 교과서 대로만 하면 쉽고 빠르게 넘어가버리는 수업이 될 수도 있어서 장면을 보고 문장을 만들어 내는 경험을 쌓고 놀이로 즐기는 과정도 담았다. 아울러 문장부호 익혔던 것을 다시 확인하고, 새로운 문장부호인 작은따옴표와 큰따옴표의 쓰임새에 대해서도 알아보았다.

이야기 속에서 파악하게 해보았더니 더 자연스럽기는 했는데, 그래도 연습이 더 필요해 보였다. 지난해의 경험을 통해 깨달은 것이 작은 따옴표와 큰따옴표 개념을 아이들도 충분히 이해하고 쓸 수 있더라는 것이었다. 제대로 익히고 충분한 연습만 한다면 말이다. 문제는 1학년 때 제대로 익히지 못한 상태에서 2학년에 올라가면 끝까지 배우지 못한다는 데 있다. 이러한 누락이 누적되어 생기는 학습 결핍이 중고학년 아이들의 글쓰기를 망치고 있는 것이다. 그러고 보니 어제 상담을 하다 들었던 정훈이 어머님의 말씀이 참 고마웠다.

"정훈이가 냉장고에 놀러 나간다고 종이를 붙여놨더라고요. 그래서 봤더니 정훈이가 글쎄 글씨를 또박또박 쓴 것도 대견한데, 띄어쓰기랑 마침표까지 딱 써서 완성된 문장으로 써서 종이를 붙여놔서 놀랐어요. 제대로 배우면 아이들이 이렇게 잘할 수 있구나 생각이 들고, 귀엽고 대견해서 사진도 찍어놨네요."

어렸을 때 차근차근 기본부터 착실하게 다져놔야 학년이 거듭될수록 문장을 다루고 해독하면서 겪는 피곤함과 좌절을 줄여서 이겨낼 수가 있다. 그래서 아이들에게 문장을 가르치는 일은 다른 무엇보다도 쉽게 넘겨서는 안 된다고 여기고 있다. 나도 힘이 들고 아이들도 때로는 힘들어하지만 쉽게 놓을 수가 없다. 준비했던 수업이 생각보다 일찍 끝나서 5교시에 할 예정이었던 낱말 불리기 주제 '벽'을 3~4교시로 앞당겼다. 주제가 '벽'이라서 그런지, 낱말이나 문장을 만들기가 다른 주제보다 쉽지 않았다. 그래도 어떻게든 완성해내는 아이들이 참 대견했다. 2017.09.19.

기초와 기본에 대한 딜레마

독일의 초등학교 교사 출신 교수 페에 치쉬의 저서 《교실혁명》에는 '아이들은 지금보다 훨씬 잘 할 수 있다'라는 부제가 달려있다. 공립학교에서 자칫 놓치거나 쉽게 넘겨버릴 수 있는 부분이다. 자유롭게 키운다는 것과 아이들에게 꼭 필요한 부분을 가르치는 것 사이에서 일어나는 갈등과 딜레마는 우리네 교육현장이 과학과 이론에 바탕을 둔 실천의 장이 되지 못했다는 증거다. 교육대학에서는 초등학생의 특성에 맞는 교육과정을 제대로 가르쳐주지 못하고, 학생들도 배우지 못하고 있다. 그러다 보니 상당수의 교사들이 맨땅에 머리를 박듯이 꿍꿍거리며 1년을 보내고, 주변에서 찾기 힘든 경험 많은 선배들의 도움을 얻으려 애를 쓸 수밖에 없다. 문제는 그러한 경험도 개인차가 커서 신뢰하기가 어렵다는 데 있다. 1학년 아이들이 작은따옴표와 큰따옴표, 마침표를 자유롭게 사용할 수 있다는 걸 부모와 교사들은 잘 모른다. 교육과정과 교과서에서도 이런 게 있으니 잘 쓰면 좋다는 수준에서 끝난다. 하지만 자연스럽고 즐겁게 익혀서 일상에서 되풀이하게 해주면 1학년 아이들이라도 어렵지 않게 문장부호를 쓴다. 고학년을 맡은 교사들의 고충을 듣다 보면 문장력이 떨어진다는 고민이 빠지지 않는다. 이는 1학년부터 제대로 가르쳐 올려보내려는 교사들의 의지와 이를 위한 효과적인 방법이 공유되지 않기 때문이다. 이런 문제를 빨리 해결하지 않으면 우리 교육은 10년, 20년이 지나도 유행처럼 스쳐가는 교육학 용어와 정책들 사이에 끼어 제자리걸음일 수밖에 없을 것이다.

제일 먼저 오면
뭐가 좋은데요?

"어, 현서가 제일 먼저 왔네?"

"내가 왜 1등이에요?"

"너 앞에 아무도 안 왔잖아."

"제일 먼저 오면 뭐가 좋은데요?"

"뭐가 좋냐고?"

"음, 이렇게 선생님이 사탕 하나를 줄 수도 있지. 대신 누구한테도 말하지 마."

"왜요?"

"다른 아이들이 막 달라고 하잖아."

"알았어요."

오늘은 오랜만에 현서가 제일 먼저 교실로 들어서기에 먼저 말을 걸었다. 둘만의 대화가 어색한지 자꾸 딴죽을 거는 말만 뱉는 모습이 더 귀엽다. 오늘 아침엔 여유가 좀 있어 한동안 이야기를 나눴다. 이어서 한글을 아직 어려워하는 도훈이가 들어오기에 한글 교구로 글자 모양을 만들어보라 했더니, 잇따라 들어오는 아이들이 관심을 보이며 함께 만들기 시작했다. 어느새 8시 50분이 되어 모두를 자리에 앉으라 했는데, 아이들은 나를 껴안고 인사를 하고 한동안 매달려서는 떨어지지를 않았다. 바쁘다는 핑계로 아이들과 여유롭게 아침을 맞지 못했던 게 못내 미안했다. 아이들은 이렇게 나와 가깝게 지내고 싶어 하는데 말이다.

오늘 첫 수업은 교과서에 등장하는 '여러 문장 만들어보기'로 했다. 여러번 해보았던 터라 그리 어렵지 않게 문장을 이어갔다. 공책에 받아 적게도 하면서 문장에 대한 이해를 높여갔다. 교과서에는 단발로 끝나는 수업이 많은데, 이를 확산시켜 한 학기 동안 꾸준히 이어가야 아이들에게 실질적인 도움을 줄 수 있다. 최근 한 달간 해온 어휘와 문장 늘이기 학습이 교과서의 부족한 부분을 채워주고 있는 것 같다. 실제로도 아이들의 글쓰기가 조금씩 늘어나고 있어 나 또한 자신감이 생기기 시작했다.

다음으로는 《남사당놀이》와 《선생님 과자》라는 그림책을 보여주었다. 특히 《남사당놀이》는 지난주에 현장학습으로 안성맞춤랜드에서 남사당놀이패 공연을 관람했던 경험을 다시 확인시켜줄 수 있는 좋은 그림책이었다. 줄타기를 하는 사람을 일컬어 '어름사니'라고 부르는 것을 잊지 않고 기억하는 아이들도 있고, 일명 대접돌리기라 불리는 버나돌리기의 추억을 꺼내는 아이들도 있었다. 내용 있는 현장학습은 그만큼 아이들에게 만족감과 뚜렷한 인상을 남긴다는 사실을 새삼 깨닫게 됐다.

어린아이의 시를 그림책으로 엮은 《선생님 과자》는 함께 공부하는 선생님들의 추천으로 우연히 보게 되었는데, 재미있길래 아이들에게 소개해주었다. 마침 지난주에 과자로 아이들을 놀리며 재미를 봤던 내 모습과 꼭 닮아 실감 나게 읽어줄 수 있었다. 아이들도 내 모습과 똑같다며 웃었다. 어떤 상황도 시가 될 수 있다는 걸 아이들이 알아주면 좋으련만. 11월부터는 조금씩 자기 삶을 시에 담는 과정으로 안내를 해볼 작정이다. 겹받침 공부까지 하고 나서야 세 시간의 수업을 모두 마칠 수 있었다.

4교시에는 오랜만에 아이들을 데리고 산책을 나섰다. 놀이터를 지나 운동장을 가로질러 학교 밖 공원까지 가는 코스였다. 도중에 학교 놀이터에서 10여 분간 놀게 해주었는데, 어찌나 잘 놀던지. 이 나이 또래 아이들은 딱히 놀잇감을 주지 않아도 시간과 공간만 주면 모든 사물을 놀잇감으로 써서 논다. 모래나 버려져 있던 페트병까지 놀잇감으로 삼아 놀이를 해대는 아이들을 지켜보는 것이 새삼 즐거웠다. 잠시 뒤 아이들을 데리고 학교 밖 공원으로 나갔다. 신나게 떠들며 따라 오는 아이들. 3월까지만 해도 데리고 다니는 것조차 힘들고 조심스러웠는데, 이제는 대충 알아서 따라오겠거니 하며 앞장을 선다. 15분을 뛰어놀고도 좀 더 놀다 가자고 하여 결국 5분을 더 놀다 신나게 노래 부르며 교실로 돌아왔다. 2017.09.22.

Speculation 선생님의 사색

깨달음은 언제나 한참 뒤에

우리는 지금 아이들의 '성장'을 '학력'으로만 논하는 시대에 살고 있다. 너른 범위의 성장에는 학력도 포함되겠지만, 일반적으로 성적 위주의 학력이라는 개념은 아이들의 올바른 성장을 막는 요소로 거론된다. 같은 나이 또래의 아이들을 한 교실에 모아놓고 수업을 하는 공립학교의 제도와 형식은 서구 산업사회에서 시작했는데, 이것은 모든 아이의 출발점이 같다는 것을 전제로 한다. 하지만 같은 나이 또래 모두가 같은 출발지점을 갖고 있지 않다는 건 이미 누구나 아는 사실이다. 그런데도 학교는 여전히 교사 하나에 각기 다른 아이들 여럿을 모아놓고 전문성을 발휘하도록 강제하고 있다. 어쩌면 우리네 교실에서는 날마다 기적이 일어나고 있는지도 모른다. 내가 3월에 만난 1학년 아이들은 저마다 달랐다. 똑같은 교과서, 비슷한 교육과정으로 진도를 나가는 수업으로는 이런 아이들을 모두 감당할 수가 없다. 느리거나 빠른 아이들을 예의 주시하며 수업을 진행하고 학급을 운영해야 한다. 더욱 놀라운 것은 2학기가 되면 생활과 학습 태도가 전혀 다른 양상으로 흐르는 아이들이 곧잘 보인다는 것이다. 1학기 때 자세가 좋지 않았던 아이가 바른 자세로 학습을 하는가 하면, 1학기 때까지만 해도 한글 익히기에 어려움을 겪던 아이가 자연스럽게 글을 읽기도 한다. 아이들의 성장을 예견하는 것도 단정하는 것도 어렵다는 사실을 깨닫는 시기가 바로 2학기이다. 1학기 때의 모습으로만 아이들을 단정 짓지 말고 꾸준히 관찰하고 돕는 것이 1학년 교사의 역할이라는 걸 나는 한참 뒤에야 깨달았다. 무던히 믿어주고, 부족하면 도와야 하는 게 바로 1학년 담임이다.

다른 눈으로
볼 수는 없을까?

　　그림책 마을 현장학습 건에서 관리자와 업무담당자 그리고 내 서로 견해가 달라 어제오늘 신경을 쓰느라 조금 피곤했다. 원칙적(?)이고 행정적인 사항이라 이해는 가지만, 적어도 나는 생각이 달랐다. 교감선생님이나 담당자와 얘기를 나누면서 나온 이야기들은 대강 이런 것이었다.

　　"현장학습에 학부모를 동반해서 가는 것은 인솔 행위이고, 이것은 공적인 지원 활동이라 학교에서 공식적으로 출장 조치를 할 수밖에 없다. 그런데 앞으로는 이런 경우를 좀 더 생각을 해볼 필요가 있다. 모두가 그렇지는 않겠지만, 학부모가 자기 아이가 있는 반에 가게 되면 부모가 불필요하게 자기 아이만을 챙기거나 아이가 자기 어머니에게 매달리게 돼 인솔의 효과를 떨어뜨릴 수 있다. 학생이 어릴 수록 더 그렇다. 그리고 부모와 함께하지 못하는 아이들의 상처와 부득이 참여하지 못하는 부모들의 마음도 고려해야 한다. 굳이 한다면 다른 반으로 교차 인솔하는 게 좋다. 아니면 특별한 행사는 원하는 학부모와 학생들만 갈 수 있도록 따로 기회를 마련해 추진할 수도 있겠다."

어떻게 보면 틀린 얘기는 아니다. 사실 꽤 오랫동안 나 또한 그렇게 생각해왔다. 그러나 시간이 지날수록 '현장학습에 부모님이 오지 못한 아이가 받을지도 모르는 상처와 부득이하게 참여하지 못하는 부모들의 마음을 고려해야 한다'는 점에 의문이 생겼다. 사실 꽤 많은 아이가 여러 가지 가정 사정 때문에 부모님이 학교에 오기 힘들다는 고충 속에서 학교생활을 한다. 그렇다고 학부모의 지원활동이 중단되지는 않는다. 어떤 형태로든 학부모의 학교 지원활동은 유지되고, 수업이나 현장학습에서 부모님들이 노출될 수밖에 없다. 만약 아이들의 감정을 정말로 고려한다면 어떤 수업이나 현장학습에도 학부모를 동원하거나 노출시켜서는 안 되는 거 아닌가?

학부모가 노출되는 것이 불가피하다면, 적어도 수업과 현장학습 지원에 참여하는 과정에 좀 더 충실하게 마음을 담아 활동할 수 있도록 하는 안내와 연수를 통해 해결해야 한다. 나는 학교라는 공간이 특별한 학부모만 드나드는 공간이 아니고, 자기들을 돕는 사람이 비단 교사뿐만 아니라 학부모도 있다는 것을 학생들에게 지속적으로 각인시키고 안내할 필요가 있다고 본다. 그래서 학교가 특정 교사, 특정 부모들 만의 무대가 아니라 마음을 함께하는 어른과 아이들이 함께 하는 공동체임을 깨닫게 해야 할 것이다. 그게 혁신 아닌가? 언제까지고 이기적인 학부모에 대한 선입견과 우려, 일부 아이들이 입을 상처만을 고려해서는 일을 추진할 수 없다. 사실 아이들의 상처라는 부분에서도 나는 생각이 전혀 다르다. 나 역시 맞벌이여서 우리 아이의 초등학교 입학식과 졸업식에 가보지 못했다. 할머니와 삼촌이 졸업식과 입학식에 대신 가게 한 것이 가슴 아팠지만, 정작 우리 아이와 얘기해보니 그

것 때문에 상처를 받은 것 같지는 않았다.

우리 아이들은 그보다 더 심한 상처와 환경 속에서 살아가야 한다. 부모가 없어도 나를 돌보는 누군가가 있다는 것. 멀리 있지만, 이 자리에는 함께하지 못하지만, 부모는 언제나 내 곁에 있다는 믿음을 준다면 문제가 없다고 본다. 사실 상처라고도 보기 어려운(적어도 내가 보기에는) 이런 상처 때문에 정작 할 수 있는 활동, 효과가 있는 활동을 제대로 기획하지 못한다는 것은 참으로 안타까운 일이다. 최고의 상담사 겸 심리치료사인 우르술라 누버는 그의 저서 《심리학이 어린 시절을 말하다》에서 부모에게 상처받은 자식들이 불행한 과거를 잊고 오늘을 어떻게 살아가야 하는지에 대한 혜안을 준다. 그는 과거를 있는 그대로 받아들이고 자기 삶의 각본을 다시 쓰라고 조언한다. 나아가 과거와 거리를 두고, 아직도 남아있는 내면의 어린아이를 달래주어야 한다고 말한다. 그리고 그의 책 마지막 장에서는 '용서'라는 제목에 '다른 눈으로 부모를 보기'라는 부제를 달아 '용서'를 통해 마침내 부모로부터 독립하는 자신을 만들라 충고한다. 특히 자신에게 상처를 준 부모를 '용서'하는 방법으로 부모가 살아온 과거를 들어보라는 대목이 인상깊었다.

"부모의 이야기를 알아가면서 관점을 바꿀 수도 있다. 당신 또한 그 시기를 거친 어린아이의 입장에서가 아니라 어른의 입장에서 부모의 삶을 관찰할 수 있다. 관찰의 중심을 어린아이로부터 당신의 지금 상태인 어른으로 옮기면 당신이 이제까지 일부만 보고 많은 것을 간과했다는 사실을 알 수 있을 것이다."

어린 시절부터 청소년기, 성인기까지 자식은 부모의 삶을 일부만 알고 있다는 우르술라 누버의 생각에 전적으로 동의한다. 만약 부모의 삶 전반을 잘 알고 있다면, 상처를 준 부모들이 나에게 왜 그랬는지를 이해할 수 있을 것은 분명하다. 학교에 오지 못하는 부모의 처지를 알게 하고 이해시켜 불필요한 오해와 상처를 받지 않게 하면서도 학교에 지원을 하는 학부모를 이해하고 어른들의 돌봄을 받아들이도록 안내하는 것이 진정 해야 할 교육활동이 아닌가 싶다.

실제로 1학년 우리 반 아이들에게 차분히 설명했더니, 적어도 겉보기로는 이해 못 하겠다는 아이는 없었다. 한 학기 내내 수업을 도와주셨던 어머님들에 대한 안내를 했더니, 자기들도 그건 잘 안다고, 이제는 그것 때문에 마음 아파하거나 그러지는 않는단다. 아마도 우리 학교에서 나와 같은 생각을 하는 사람은 없을 것이다. 의견을 모은다고 해도, 내 의견이 얼마나 반영이 될까 싶다. 결국에는 학부모를 교차지원하게 하는 선에서 받아들이자는 주장에 승복할 수밖에 없을 것이고, 내년은 아마도 그렇게 일이 추진될 것이다. 내가 생각하는 좀 더 의미 있고 따뜻한 현장학습의 기획은 더 이상 하지 못할지도 모르겠다. 학부모가 처음에는 자기 아이만 생각해서 신청했던 수업이나 현장학습 참여에서 다른 아이에게까지 시선이 가는 경험을 통해 깨달음을 얻는 일은 내 아이가 있는 곳에서는 이루어질 수 없는 것일까. 내 아이가 없는 곳으로 교차지원하도록 했을 때 과연 자발적인 지원에 대한 의지가 높아질까 여전히 의문이다. 조금 다른 눈으로 바라볼 수 있었으면 좋겠다. 그냥 내 눈에는 그렇다는 거다. 2016.9.28.

학부모의 학교 지원, 수업 지원 활동을 어떻게 볼 것인가?

학부모의 참여가 권장되고 있는 요즘, 어느 정도까지 받아들일 것이냐는 각 학교가 처한 상황과 교원들의 상황에 따라 다를 것이라 생각한다. 다만 자신의 부모가 학교에 오지 못한 것에 상처를 입을 아이들에 대한 고려라든지, 이기적인 학부모들에 대한 염려를 늘어놓으며 교차지원만이 옳다는 주장에 나는 여전히 동의할 수 없다. 이런 논리대로라면 공개수업에 학부모들을 초대하는 것도 이치에 맞지 않기 때문이다. 게다가 내 경험상 아이들은 현장학습보다 공개수업에 부모가 오지 않았을 때 더 실망하는 경우가 많았다. 맞벌이가 일상이 된 시대, 일을 해야 하는 시간에 이루어지는 학교행사에 모든 학부모가 참여하는 것은 우리나라에서는 힘들 수밖에 없다. 북유럽이나 서유럽처럼 자녀의 등교와 행사에 부모가 참여하는 것을 직장에서 적극 협조하고 배려해야 된다는 법령이 제정되지 않는 이상, 불가능한 일이다. 이런 상황에서 일부 학부모들만 참여하는 상황은 불가피할 수밖에 없다. 이런 상황을 어떻게 받아들이고, 해석하고 적용하여 좀 더 올바르고 유익한 방향으로 나아갈지를 고민해야 한다. 적어도 나는 학부모들로 하여금 자신의 아이 이외의 아이들에게 눈이 가는 경험을 쌓게 하고, 우리 아이가 잘 자라기 위해서는 다른 아이들도 함께 보살펴야 한다는 생각을 갖게 하는 것이 우선이라고 생각한다. 그리고 미처 참여하지 못한 부모들은 미안함과 고마움을 느끼는 것.. 나는 이것이 함께 살아가는 세상의 자연스러운 이치라고 생각한다. 학교는 그런 이치를 자연스럽게 받아들여 학교를 운영하고 교사들의 수업을 지원해야 한다고 본다.

부모님한테
말해야 하는 거 아니에요?

한 시간 동안 즐겁게 보드게임을 한 뒤, 아이들을 데리고 산책을 나갔다. 아침에는 쌀쌀하던 날씨가 해가 오르고 나니 한층 따사로워졌다. 아이들은 놀이터에서, 학교 밖 공원에서 마치 고삐 풀린 망아지처럼 이리저리 돌아다녔다. 그러기를 30여 분, 나는 아이들을 데리고 다시 학교로 돌아갔다. 그런데 요상한 모습이 보였다. 우리 반 준우랑 지은이가 놀이터에서부터 공원까지 그리고 학교로 돌아가는 길에서도 손을 잡고 다니는 게 아닌가?

"선생님, 준우랑 지은이랑 사귀기로 했대요."
"어? 정말?"
"누가 먼저 사귀자고 했어?"
"준우가요."
"그럼, 지은이가 승낙한 거야?"

수줍게 고개를 끄덕이면서도 준우의 손을 놓지 않는 지은이가 귀엽기도 하고 우습기도 했다. 그래서 둘이 밥도 같이 먹게 해주었다. 그랬

더니 이게 웬일? 밥을 잘 안 먹던 준우가 밥을 빨리, 골고루 다 먹는
다. 그렇게 빌고 잔소리하고 혼을 내어도 되지 않던 일이 순식간에 해
결되는 순간이었다. 밥을 먹으면서 연신 지은이를 보며 빨리 먹으라
재촉도 한다. 빨리 나가서 함께 놀고 싶은 것이다. 결국 한 학기 동안
늘 밥을 늦게 먹던 준우가 제시간에 다 먹고 급식실을 빠져나갔다. 물
론 지은이와 함께 손을 잡고. 교실로 돌아와 보니 둘이서 블록을 가지
고 놀고 있다. 어찌나 신기하고 우습던지. 옆에 있던 예나가 걱정스럽
다는 듯 말했다.

"선생님, 얘네 엄마 아빠한테 말해야 하는 거 아니에요?"
"무슨 말을?"
"둘이 사귄다고요."
"뭐 어때서. 밴드에 올라온 사진 보시면 눈치채시겠지."

아이들도 신기한가 보다. 그런데 초등학교 1학년짜리 둘이 사귀는
데 부모님한테 알려야 하는거 아니냐는 예나 또한 우습고 귀여웠다.
2017.09.29.

1학년도 사귈 줄 안다

1학년 아이들과 지내면서 낯설게 다가온 요소가 이성에 대한 관심이다. 중고학년에서나 겪던 일이 1학년에게도 일어나 살짝 당황스럽기도 했다. 첫해에는 남자아이들이 여자아이들의 몸에 손을 대는 경우가 잦아 이것을 지도하는 데 애를 먹었다. 불쾌하게 여기는 여자아이들과 일을 저지른 남자아이들 사이를 중재하고 부모님께 상황을 환기하는 일을 가볍게 여기면 나중에 큰 탈이 날 수가 있다. 다른 반, 다른 학교에서 1학년 아이들의 성적 호기심 때문에 학교폭력위원회까지 열린 적도 있다는 말이 심심치 않게 들려왔다. 이듬해에는 오히려 여자아이들이 남자아이들에게 적극적으로 다가서는 모습도 보였다. 몇몇 아이들은 남자친구 여자친구를 자처하며 사귀는 모습도 보였다. 1학년 아이들 중에서도 일부는 이성과 신체에 관심이 높은 경우를 곧잘 볼 수 있고 적극적으로 애정표현을 하는 모습까지 보여준다. 1학년 아이들도 중고학년과 다르지 않은 모습을 보였다. 1학년이라도 이런 점은 담임이 관심을 가지고 지도할 필요가 있다.

가을,
가을 하늘이다!

"자, 오늘부터는 선생님이 동화책도 읽어주려고 해요. 매일 조금씩 읽어줄게요."

"무슨 동화책이요?"

"음, 지난 토요일 선생님이 대전 계룡문고라는 곳에 갔는데, 거기서 이 책《날아라, 뻑뻑아!》를 지은 권오준 작가님을 만났거든. 내용이 너무 감동적이어서 너희들에게 읽어주려고."

오늘 아침은 수학수업을 잠시 미루고 동화책 이야기를 먼저 꺼냈다. 이달부터 조금씩 아이들에게 긴 글이 들어간 동화책을 읽어주는 게 좋을 것 같다는 생각이 들어서다. 아무래도 수학 주기 집중학습이 이어지다 보면 이래저래 국어활동이 줄어들 수밖에 없다. 그래서 조금 불안했던 터라 이렇게라도 아이들이 이야기와 친숙해지도록 안내하고 싶었다.

지난 토요일 대전에 있는 계룡문고에 그림책《엄마의 선물》의 김윤정 작가를 만나러 갔다가 우연인지 필연인지 《날아라, 뻑뻑아!》의 작가를 만나 너무도 반갑고 뜻깊었다. 그의 이야기에 감명을 받아 우리 아이들에게 책을 읽어주고 싶어졌다. 학교 연못에 방치되어 있던 흰

뺨 검둥오리의 알을 우연히 발견해 과학실 인공부화기에서 키우다 알에서 깨어난 새끼오리 삑삑이를 돌보면서 벌어진 실제 사건을 동화로 만든 책이다. 언론에 알려지면서 주목을 받기도 했는데, 아이들이 이 이야기를 듣고 어떤 생각을 할지 자못 궁금했다.

이야기 두 꼭지를 들려주는 동안 아이들은 매우 진지했다. 아직 본격적인 이야기에 들어가지 않았는데도 다음 이야기를 기다리겠다는 표정들이었다. 하루에 한 꼭지씩, 가을방학 하기 전까지 모두 읽어주면 마지막 날에 아이들이 어떤 말을 해줄까 기대가 된다. 문득 금산에서 우리 부부를 마냥 기다리고 있을 들고양이 미야가 떠오른다. 나흘을 굶어서야 우리 부부를 만나는 미야. 우리가 오면 집 근처 혹은 데크에 숨어서 기다리고 있다가 반겨주며 밥 달라고 난리를 치는 미야. 생명의 소중함을 깨닫게 해주었던 미야. 나는 《날아라, 삑삑아!》를 통해 우리 아이들에게도 그런 따뜻함을 전해주고 싶었다.

이렇게 동화이야기를 마쳤는데 옛이야기까지 해달라는 통에 오늘 첫 수업은 20분 늦게 시작했다. 놀이수학으로 100까지의 수를 기록한 놀이판을 이용해 주사위를 굴려 짝끼리 승부를 겨루는 게임을 했다. 아이들은 너 나 할 것 없이 즐겁게 참여했고, 두 번째 시간에는 스무고개를 통해 생각한 수를 알아맞히는 놀이를 했다. 적극적으로 참여하는 모습은 좋았지만, 질문을 통해 답을 찾아가는 방식을 이해시키는 데에는 꽤 시간이 걸렸다. 질문이 왜 필요한지, 질문에서 어떤 힌트를 얻어 수를 맞히는지를 깨닫기까지 시간이 필요했다.

점심을 먹고 들어오니 내 책상 앞에 앉은 시영이가 열심히 숫자 배

열표를 완성해가고 있다. 수업시간에 딴짓을 하다 완성하지 못한 것을 마저 하고 있었는데, 꽤 열심이다. 거의 다 해갈 즈음에는 이렇게 중얼거렸다.

"아, 집중하니까 빨리 하네."
"그래, 그렇게 집중하니까 빨리 하네. 수업시간에 집중 좀 하지."
"야~ 다 했다. 해보니까 이런 게 쉬운 걸 내가 왜 안 했지?"
"그러게, 시영이가 왜 안 했을까?"

1학기 때 자세와 수업 태도가 좋지 않아 내게 잔소리와 꾸중을 자주 들었던 시영이. 2학기 들어서 자세는 좋아졌는데, 수업에 집중하지 못하는 것은 여전해 내 책상 앞까지 데려왔더니 요즘 들어 조금씩, 아주 조금씩 달라지고는 있다. 중간 놀이를 하지 못한다는 협박(?)에 힘을 내는 것이 그나마 다행이다. 좀 더 나아지길 바랄 뿐이다. 마지막 5교시는 통합교과활동이었다. '우리나라'에 어울리는 활동으로 놀이터 놀이기구를 두루 돌고 돌아오는 이어달리기를 했다. 놀이기구에 올라갈 수 없다는 가을이에게 용기를 주어 넘게 했고 하진이도 내가 도와주니 쉽게 올라갔다. 그렇게 또 하루를 마무리했다. 아이들 하나하나 악수하며 돌려보낸 뒤, 한글 공부를 기다리는 윤수를 불러 그림책 《나를 세어 봐!》를 읽어주었다. 이제는 자연스럽게 내 다리 위로 올라와 앉는다.

"선생님이 또 그림책 읽어준다~"
"그래, 보자. 오늘은 이 책으로 읽자. 제목이 뭔지 읽어볼래?"

"나를 세어봐!"

"응? 어떻게 읽을 줄 알아? 정말 니가 읽을 수 있는 거야?"

"아뇨. 아까 선생님이 제목 말하면서 가져왔잖아요."

"그걸 기억해서 외운 거야?"

"그렇죠."

"이 녀석이~"

　윤수는 여전히 글자 읽는 게 더디다. 그래도 그림책을 읽어줄 때 얼마나 신나라 하는지 모른다. 선생님과 둘이서만 책을 읽을 수 있다는 것이 윤수에게는 큰 자랑인가 보다. 동학년회의를 마치고 교실 정리하고 창밖을 바라본다. 아~ 가을, 가을 하늘이다. 2016.10.11.

선생님~ 오늘은 왜 책 안 읽어줘요?

이제는 '온작품읽기'도 전국초등국어교과모임을 시작으로 온 나라의 교사들과 아이들 사이에서 하나의 운동으로 자리 잡기 시작했다. 국어교육과정에 '한 학기 한 권 읽기'로 들어가게 되면서 각종 교사연수도 확산되고 있다. 그러나 일부에서 온작품읽기 수업이 따라 하기 수준의 기능화된 수업사례가 돼 가고 있는 것은 아닌지 걱정이다. 온작품읽기 운동은 교실과 학교가 책을 읽어주는 곳으로 변화하고, 교사와 부모가 아이들과 함께 책을 읽고 삶을 나누는 문화가 확산되길 바라는 마음에서 시작했다. 평상시에 교사가 책을 읽어주지도, 들려주지도 않는 교실에서 온작품읽기 수업은 의미가 없다. 교실에 책이 있고 언제든 그 책으로 수업이 가능한 교실, 책으로 삶을 나누고 깨치는 교실. 교실 속 아이들의 언어발달과 온작품수업은 기능이 아니라 삶으로, 문화로 다가가야 한다.

그래야 진정한
선생님이잖아

점심시간에 지유가 내게 매달리더니 하는 말.

"선생님, 나랑 놀아줘."
"선생님 지금 일하잖아."
"나랑 놀아주면 안 돼?"
"선생님이 학교에 일하러 왔지 너랑 놀아주러 온 줄 알아?"
"선생님이 애들이랑 놀아줘야지. 그래야 진정한 선생님이잖아."

따박따박 반말로 대꾸를 하는 지유에게 순간 나는 할 말을 잃었다. 얼굴에는 웃음을 띠고 있지만, 옳은 얘기만 하는 지유에게 딱히 되돌려줄 말이 없었다. 아침에는 수업준비로 업무로 바쁘고, 중간 놀이시간에도 다음 수업준비로 바쁘고, 점심시간에도 수업 끝나고도 계속 바쁜 나는 요즘 아이들과 놀아주는 데 인색해졌다. 혁신학교라길래 아이들하고 잘 놀아줄 수 있는 학교라고 생각하고 왔는데, 그렇게 녹록치 않다. 수업준비를 제대로 하자면 늦게까지 학교에 남아야 하는데, 그러기에는 체력이 달린다. 주어진 시간 안에 수업준비와 학년업무까지 처리하다 보니 정작 아이들과 제대로 놀아줄 마음의 여유가 없다. 이게 무슨 선생이란 말인가. 여유가 필요하다. 6시까지 남아서 수업준비를 해야 하는가? 아니면 수업을 대충하고 아이들과 더 호흡해야 하는가? 25년차에 들어섰지만 여전히 초보교사의 틀을 벗어나지 못하고 있는 듯하다. 2017.10.16.

진정한 1학년 교사가 된다는 것

애들 말이 틀린 게 하나도 없었다. 아이들하고 노는 교사가 진정한 교사인데, 그 시절 나는 너무도 바쁘고 힘들었다. 수업시간 동안 아이들과 즐겁게 지내기 위해 이런저런 준비를 하다 보면 늘 시간이 모자랐다. 아이들은 내 곁으로 몰려오는데, 정작 나는 수업준비가 바쁘다는 핑계로 아이들을 밀쳐내고 있었다. 1학년 교사는 아이들의 알찬 성장을 위해 해야 할 일, 생각할 일이 참으로 많다. 경험은 부족하고 욕심은 많은데, 준비된 것이 없으니 자꾸 실수하고 잘못만 저질렀다. 돌이켜보면 아이들과 좀 더 놀아야 했다는 생각이 든다. 그 시절 나는 아이들의 진정한 교사라기에는 모자란 점이 너무도 많았다. 다시 한번 1학년 아이들과 지낸다면 아이들과 좀 더 놀 것이다. 그게 1학년 아이들에게 가장 좋은 교육이라는 걸 그때는 알고도 실천하지 못했으니까.

아이들에게
'힘들다'란?

　오늘 오후 시간에는 통합교과서 '가을'에 실린 첫 주제 '이웃'으로 활동을 해보았다. 옛날에는 사람들이 어디로 모였는지, 어떻게 생활했는지에 대해 이야기를 나누고, 정보 그림책 《아하! 그땐 이렇게 살았군요》를 살펴보며 우리 조상들의 생활 모습을 훑어보았다. 다음으로는 교과서에 실린 활동인 점묘화 그리기를 했다. 교과서에서는 물감을 사용하라고 했는데, 점묘화의 특징을 살려 아이들이 생생하게 느끼게 하려면 사인펜이 훨씬 나아 보여서 도구를 바꾸어보았다. 역시나 훨씬 나았다. 아이들 스스로 점묘화의 특징을 느낄 수 있는 계기가 되었던 것 같다. 다만 여전히 대충, 빠르게 끝내버리려는 몇몇 아이들이 있어 때로는 꾸중도 해야 하는 것이 마음 불편한 일이었다. 점묘화를 비롯한 미술작업이 참을성을 요구한다는 것을 나는 누구보다 잘 안다. 내가 미술활동을 싫어했던 이유 또한 바로 이런 점 때문이었다. 아이들도 다르지 않은지, 시간이 지나면서 조금씩 '힘들다'는 아이들이 생겨났다.

　"힘들어요."
　"그래도 참고 해봐요. 이거 다 해내면 기분이 좋아질걸?"

"맞아요. 마음이 뿌듯해질 거예요."

"오, 지민이가 뿌듯하다는 말도 아네?"

"네. 그 정도는 알아요."

"선생님, 일어나서 해도 돼요?"

"왜, 힘들어서? 그래라."

"어, 목이 아파요."

"자세 바르게 하고."

"선생님, 다 했어요."

"이렇게 빈 곳이 많은데? 사인펜을 살짝 찍어서 촘촘히 공간을 채워넣으세요."

아이들에게 힘들다는 것은 무엇일까? 세상 모든 일에는 다 수련의 과정이 필요할 텐데, 요즘 아이들은 쉽게 포기하는 모습을 보이는 경우가 꽤 많다. 3년 전 체육교과 전담을 하던 시절에도 멀리뛰기 준비를 시키는데, 여자아이 한 녀석이 시작도 안 하고 한마디 했다.

"난 못 하겠어요. 어차피 난 못해요."

'어차피 못한다'는 말을 요즘 아이들은 무척이나 많이 한다. 실패의 경험이 성공을 향한 동기를 유발하는 것이 아니라 좌절모드에 빠뜨리고 포기 의식을 정착시키는 모습을 보면 대체 어디서부터 잘못되었나 싶다. 지난해에 아이들에게 일기 쓰기 지도를 하던 중 아이들이 힘들어한다며 몇몇 학부모가 나에게 간접적으로 불만을 표시한 적이 있다. 물론 나도 1학년 아이들에게 겪은 일 쓰기를 가르치는 것이 처음이었기에 문제가 없진 않았을 것이다. 그러나 아이들이 힘들어하는 모습을 조금도 보기 싫다는 부모, 그 과정을 지켜보는 것을 힘들어하는 부모들이 하소연할 때는 어떻게 해야 할지 정말 고민이었다. 세상 어느 일에나 힘든 요소는 있다. 아이들이 힘든 과정을 거치면서 슬기롭게, 지혜롭게, 좌절에 빠지지 않고, 성취동기와 의지를 갖고 헤쳐 나가도록 하려면 어른들이, 부모들이, 교사들이 어떻게 도움을 주어야 할까? 아이들이 힘들어할 때 조금 더 힘을 내라고 격려하고 자극하고, 때로는 꾸중하는 과정이 정말 필요한 것일까? 오늘 아이들이 점묘화를 그리는 과정을 지켜보면서 여전히 해결점을 찾지 못하고 고민하는 나를 보았다. 정답이 없는 문제의 정답을 찾으려 하는 일도 정말 힘들기만 하다. 2017.10.19.

Tool&Tip 실천과 추천 　아이들은 쉬운 것만 해야 할까?

　1학년 아이들이 가장 쉽게 내뱉는 말 가운데 하나가 바로 '힘들어요'다. 지나친 학습량이나 과정도 아닌데 오랫동안 일정한 자세로 학습을 하거나 생각을 하다 보면 힘들다는 말을 자주 내뱉는다. 격려하고 응원해주며 조금씩, 천천히 하도록 안내해서 힘든 순간을 넘어서도록 하기는 하지만, 그래도 가끔은 포기하려 하는 아이들이 보인다. 때로는 부모들 쪽에서 아이가 힘들어하는 것을 못 견디고 과제를 안 하게 하거나 간접적으로 교사에게 항의하기도 했다. 본디 공부라는 건 재미있기만 한 게 아니라 자신에게 부담이 되는 일을 이겨내는 과정을 통해 성취감을 느끼며 한 걸음씩 성장하는 데 목적이 있다고 본다. 이런 의식을 아이들, 학부모와 함께 공유하기 위해서는 어쩔 수 없이 담임의 노력과 친절하고 정확한 안내가 필요했다. 그것마저 거부할 땐 어쩔 도리가 없었다.

쉬었지만,
보람은 없었던 날

　오늘은 올해 처음으로 교과서대로 진행한 날이었다. 그래서 그런지 꼭 쉬어 가는 날 같았다. 10을 가지고 노는 방법을 충분히 익히게 하기 위해 교과서 맨 끝 단원 덧셈과 뺄셈(3)의 한 영역을 해보았다. '10을 이용하여 가르고 모으기를 해보자'가 그 내용이다. 많은 아이가 8+7을 계산할 때 별 생각없이 외워서 해결하곤 한다. 그러고는 자신은 덧셈을 잘한다고 말한다. 하지만 10을 이용하여 계산해 보라고 하면 어리둥절한 듯 망설인다. 왜 이렇게 하냐고 따지기도 한다. 그러나 이런 방식으로 하면 못 풀던 아이들도 조금은 해결하려는 의지를 보인다. 잘한다고 생각한 아이들이 오히려 이런 방식에 서툴기도 하다. 덧셈의 개념을 다르게 이해하는 방식에 대한 거부감이 강한 것이다. 학원 식, 문제풀이 식 교육의 폐단이 아닐까 싶다. 두 시간 동안 여유를 가지고 그럭저럭 아이들 하나하나를 살펴볼 수 있었다.

　두 번째 시간에는 통합교과 '가을'의 주제 '이웃'을 교과서로 다루어 보았다. 어제오늘 만났던 이웃의 모습을 이야기하고 그것을 그림에 담아내는 과정이었다. 너무 평범한 활동이라 아이들 작업이 마무리되면 이웃에 관한 그림책을 읽어주려 했는데, 그림을 그리는 시간이 생각보다 길어져버렸다. 아쉽지만 다음 주에 읽어주어야겠다. 다음 주에는 주제 '이웃'을 바탕으로 문제기반학습을 하려 한다. 아파트에서 벌어지는 소음문제에 대해 이야기를 나누고 어떻게 문제를 해결할 수 있을 것인지 아이들만의 방법을 찾아보려 한다. 실제로 문제를 해결할 수는 없겠지만 상황극을 만들어보면 좋겠다는 생각은 하고 있다. 이래저래 정신없이 지내다 보니 벌써 10월도 열흘밖에 안 남았다. 조금 쉬어 가는 날이었던 오늘. 이런 날은 보람도 없다. 2017.10.20.

'교과서대로' 수업의 편안함

하루를 오롯이 교과서로만 해결했던 날이었다. 보통 1학년들과 지낼 때는 교과서 내용을 조금 바꾸거나 완전히 다른 것으로 기획해서 수업하다 보니, 교과서대로 한 이 하루가 얼마나 편했는지 모른다. 생각을 많이 하고 준비를 다르게 하는 수업은 그만큼 힘들다. 그래서 많은 교사가 교과서대로 수업을 하는 기존의 관행에서 벗어나고 있지 못하는 건지도 모르겠다. 교사들을 대상으로 교육과정에 관한 설문을 했을 때, 교사들이 가장 많이 요구한 게 '친절한 지도서'였다고 한다. 교육과정을 공부하고 자기 빛깔을 내는 수업을 구성하여 학습과 실천을 하기보다는 누군가가 만들어 준 매뉴얼에 의지해서 수업하고 싶어하는 이런 교사들은 과연 누가 만들어내었을까? 힘들겠지만, 낡은 관행을 깨는 연습을 꾸준히 해야 한다. 그래야 비로소 교사의 전문성이 싹을 틔운다.

제주에서 만난
아이들

　제주여행 둘째 날, 오늘은 우리 반 아이들 일부가 우리 학교와 자매결연한 제주 애월초등학교의 1학년 교실을 방문하는 날이기도 했다. 사실 이번 가을방학은 집에서 조용히 지내려고 했다. 마땅히 어디로 떠나고 싶은 생각도 없었기 때문이다. 그러던 어느 날, 상담하던 어머님께서 우리 반 몇몇 부모님들이 제주여행을 떠나려 하는데 함께 가지 않겠냐는 제안을 해주셨다. 순간 마음이 흔들렸다. 며칠 생각한 끝에 제주여행은 가되, 함께하는 날은 하루만 잡고 그날은 애월초등학교 1학년 아이들을 만나 함께 수업하고 노는 것은 어떠냐는 제안을 했다. 부모님들은 좋아하셨고, 그렇게 이번 제주여행이 시작했다. 그동안 제주 애월초 1학년 담임선생님이신 양재성 선생님과 연락하면서 일단 편지부터 주고받자 했다. 1학기 때 제주 아이들로부터 유채꽃 등 다양한 압화를 선물 받은 뒤 한동안 연락하지 못했는데, 이번 기회로 아이들 사진도 나누며 편지를 주고받았다.

　편지를 주고받으며 서로에 대한 기대를 높인 아이들. 나를 만나더니 얼마나 반겨주던지. 일곱 아이와 그 식구들이 애월초등학교에 모였다. 10시 10분쯤 도착해 중간 놀이시간을 기다리다 건물 밖으로 쏟아져 나온 애월초 1학년을 만났다. 아이들은 데면데면하면서도 이내 반갑다며 손을 잡고 운동장으로 뛰어나갔다. 새로운 친구를 만났다는 고양감에 바로 어제도 만난 친구처럼 노는 아이들이 참으로 신기해 보였다. 그렇게 운동장에서 함께 놀다 11시가 되어 교실로 들어갔다. 양선생님은 제주에 대한 소개와 함께 본인이 펴낸 그림책《바람의 신, 영등》을 전해주셨다. 진지하게 듣던 아이들에게 양선생님은 '바람에게 소원을 비는 기'라는 뜻의 '통기'를

'통기'를 신나게 날리며 운동장을 신나게 달리는 지은이

양재성 선생님이 준비한 '통기'의 유래와 제작 방법을 알아가는 수업

만드는 활동까지 보여주셨다. 아이들과 부모님들 모두가 달려들어 통기를 만드는데 힘을 모았다. 그렇게 만든 통기를 들고 운동장으로 나간 아이들은 소원을 담아 열심히 달리고 또 달렸다. 그 풍경이 참으로 아름다워 천안에 돌아가면 다른 아이들에게도 통기 만드는 법을 가르쳐주어야겠다 싶었다.

그렇게 시간을 보내고 나서 몇몇 식구들과 함께 제주 일원을 둘러보았다. 돌로 신비한 작품을 만들어 전시해놓은 금능석물원과 억새

제주 애월초 1학년과 서먹했던 시간을 보내고 함께 어울리던 모습

가 가득해 사람들이 모여들고 있는 가을 풍경도 보고, 새별오름을 오르면서 함께 땀을 흘리기도 했다. 저녁식사도 함께하고 나중에 가벼운 뒤풀이도 하자고 했다. 여행을 왔다기보다는 또 다른 공간에서 수업한 것 같은 날이었다. 순간 교직이 내 업인 것 같다는 생각이 들면서도, 슬슬 이 업에서 벗어나고 싶다는 생각도 들었다. 교사 박진환이 아닌 인간 박진환은 어떤 사람인지, 무엇을 바라며 남은 생을 어떻게 살고 싶은지…. 앞으로 10년은 그 길을 찾아가는 모습으로 살지 않겠나 싶다. 내일은 제주도에서 한 번도 가보지 못한 섬에 가려 한다. 그리고 제주를 찾아온 우리 학교 후배교사들과 저녁식사를 나누려 한다.

2017.10.31.

관계가 이야기를 만든다

당시 내가 근무하던 학교는 프로젝트를 중심으로 교육과정을 구성해 봄과 가을에 짧게 방학을 두던 혁신학교였다. 가을방학에 제주로 여행을 떠났는데, 그때 애월초를 방문했던 시간이 그립다. 교실 밖에서 부모님들, 아이들과 만나던 시간, 아이들과 내가 또 다른 한 식구가 되는 듯했다. 시간이 난다면, 낼 수 있다면 이런 특별한 만남을 만들어보는 것은 어떨까.

이런 추억거리를 만들어낼 수 있었던 건 모임 덕분이다. 내게는 참으로 소중한 모임이 있다. 전국초등국어교과모임이라는, 국어교과를 중심에 두고 전국의 많은 교사가 자발적으로 모여 만든 단체로 20여 개의 작은 모임이 일상에서 늘 실천하는 이야기를 나눈다. '대안 국어교과서 우리말 우리글 1,2학년'을 만들어 국정 국어교과서에 문제를 제기하고 대안을 제시하며 '온작품읽기' 운동을 펼쳐 2015년에는 교육과정에 '한 학기 한 권 읽기'가 반영되는 역할을 하기도 했다. 이 모임에서 활동하며 전국에 있는 교사들과 관계를 맺은 지도 벌써 10년이 훌쩍 넘었다. 그 관계가 이런 상상력과 수업, 인연을 만들었다. 교실 속 교사로만 머물렀다면 만들지 못할 수업, 만나지 못할 인연이었다.

겨울 이야기

이제, 어엿한 1학년…
그러나 또 다른 성장을 위해
헤어짐을 준비할 시간

11월 중순에 들어서면 날씨가 부쩍 차가워진다. 충남은 눈이 자주 내리는 지역이라 이곳 아이들은 일찍부터 눈을 기다린다. 그래서 그런지 다른 지역보다 더 빨리 겨울을 맞이하는 느낌이 든다. 겨울을 맞이한다는 것은 아이들과 헤어질 날이 머지않았다는 뜻이기도 하다. 아이들과 살 날이 두 달도 채 남지 않은 겨울은 또 다른 변화와 준비가 필요한 계절이다.

먼저 학교생활에 완전히 적응한 아이들, 교실 속 학습패턴에 익숙해진 아이들이 조금씩 기지개를 켜며 딴죽이나 딴짓을 본격적으로 하기 시작하는 계절이라고 볼 수 있다. 첫해에 이런 부분을 눈치채고 이듬해에는 달리 준비를 해야겠다고 마음을 먹었지만, 이렇다 할 대책은 마련하지 못하고 결국 아이들과 실랑이를 벌이거나 잔소리를 해야만 했다.

11월에서 12월로 넘어가면서 학습 난이도도 조금씩 높아지고, 읽고 쓰고 셈하는 일이 많아져 학습에 대한 흥미와 관심이 부쩍 떨어지는 경향도 있다. 충분한 학습능력을 갖춘 아이들은 그나마 괜찮은데, 어중간한 위치에 있는 아이들이 이 시기를 특히 힘들어 한다. 교사가 정신을 바짝 차리고 불편하고 불리한 위치에 있는 아이들을 잘 살펴봐야 할 시기라는 점을 잊지 말아야 한다. 힘들어하는 아이들을 지켜보아야 하는 것은 부모도 마찬가지여서, 교사에게 은근히 불만을 털어놓기도 한다. 흔들리지 말고 이 고비를 잘 넘겨 1학년에서 꼭 밟고 넘어서야 할 부분들을 잘 챙기고 아이들의 생활을 안정시켜야 아이들과 헤어질 겨울을 잘 마무리할 수 있다.

교사만큼 많은 이별을 맞이하고 준비하는 직업이 또 있을까? 교사만큼 해마다 반성하고 미안해하며 다시는 그러지 않아야겠다고 다짐하고 또 다짐하는 직업이 있을까? 26년이 넘도록 아이들과 수많은 이별을 했지만, 1학년들과의 이별은 조금 특별했다. 어린 자식을 키워 2학년으로 넘겨 보내는 부모의 마음도 느꼈고 특히 학교를 떠나는 해에는 영영 보지 못할 것이라는 생각에 서로 마음이 아팠다. 그러나 돌이켜보면 1학년 아이들과의 이별은 다른 학년들과는 달리 서로를 성장시켜주는 이별이었던 것 같다. 초등학교라는 낯선 공간에 들어와 낯선 선생님과 함께 1년을 살아가며 미운 정 고운 정 다 주고 살았던 아이들. 그 아이들은 어느새 몸과 마음을 키워 2학년이 되었고 2년을 어린아이들과 살았던 나도 어엿한 1학년 담임이 되었다. 그렇게 겨울은 1학년 아이들과 교사에게 '이별'의 계절이자, '성장'의 계절이 돼주었다.

연애를 할 것인가, 전투를 할 것인가?

어머님들이 써 주신 '성장발달기록장'에 담긴 내용이 인상 깊어 먼저 옮겨보고자 한다.

1.

저녁에 산책하고 돌아오던 길에 "엄마! 학교 가는 게 너무 재미있어요. 학교 다니길 진짜 잘했어요!" 하고 이야기하는 아이가 대견해서 선생님께 너무 감사했습니다. 마음의 병을 앓아 학교생활, 가정생활을 힘들어하는 아이들이 많은 요즘, 이만큼 건강하고 밝게 자라주는 게 얼마나 고마운 일인지를 다시 한 번 느낀 하루였습니다. 저는 우리 아이가 훌륭한 사람보다 사람 냄새 나는 어른으로 자랐으면 좋겠습니다.

2.

"엄마, 우리는 언제 2학년이 되나요? 12월에 되나요?"라고 묻기에 대답을 해주고 왜 궁금한지 물었더니 2학년 때도 박진환 선생님이 담임 선생님 되었으면 좋겠다고 하네요. 그새(전학 온 두 달 사이) 선생님과 정이 많이 들었나 봐요. 그리고 새로 사귄 1학년 2반 친구들, 또 선생님과 함께할 시간이 그리 오래 남지 않았다는 것을 아는 듯이 묻네요.

첫 수업은 그림책을 읽어주는 것으로 시작했다. 두 권의 책을 골라 아이들 앞에 소개를 했다. 하나는 《감기 걸린 날》, 다른 하나는 《무지개 물고기》. 《무지개 물고기》는 시리즈 작품이라 남은 여섯 권도 함께 보여주었다. 아이들은 너무 놀란 나머지 마치 생선가게에 매달려 있는 조기 마냥 입을 쫙 벌렸다.

"선생님이 이 중에서 두 권을 먼저 보여줄 겁니다. 이 두 권은 다른 듯하면서도 비슷한 점이 있어요. 나중에 그걸 정확하게 말해주는 친구가 있었으면 좋겠어요."

"나 저 책 알아요. 감기 걸린 날. 교과서에 나와요."

"그렇지? 기억하고 있네. 그런데 교과서에는 다 나오지 않으니 이걸로 보는 거예요. 한번 볼까? 누가 지었죠?"

"김동수!"

"제목도 같이 한번 읽어볼까요?"

"감기 걸린 날!"

《감기 걸린 날》은 오리털 점퍼를 선물로 받은 아이가 밤에 꿈을 꾸는데, 꿈에서 깃털을 다 빼앗긴 오리들을 만나는 것으로 시작한다. 그래서 불쌍한 오리들에게 자기 점퍼 안에 있는 오리털을 하나씩 빼서 다시 심어준다는 이야기. 잠에서 깬 아이는 감기에 걸리는데, 이 그림책을 만난 우리 아이들은 어떤 생각을 하고 있을지 궁금했다.

"아, 오리털이 빠진 오리들은 춥겠다."

"정말 우리가 입는 오리털 잠바는 다 오리한테서 뽑은 거예요?"

"그래, 그렇지."

"살인마."

"여기다가 살인마를 붙이는 거는 아닌 것 같은데?"

"오리들이 불쌍해서 주인공이 어떻게 해주었죠?"

"다시 심어주었어요."

"주인공은 어떤 마음을 가지고 있는 아이인가요?"

"마음이 따뜻해요."

두 번째 그림책, 마르쿠스 피스터의 《무지개 물고기》는 유명한 작품
인데도 제대로 만난 아이들은 거의 없었다. 이 작품에서 아이들은 무
엇을 찾아낼지 궁금했다.

"무지개 물고기가 나중에 어떤 마음이 들었죠?"

"행복한 마음."

"왜?"

"비늘을 다 가지지 않고 나눠줘서요."

"아름다운 비늘을 모두 가지고 있을 때 어떤 일이 벌어졌죠?"

"다른 물고기들이 놀아주지 않았어요."

"왕따예요. 왕따!"

"왜?"

"잘난 척을 해서요."

"정말 잘난 척을 하면 이렇게 왕따도 될 수가 있겠구나."

"점점 친구들이 멀어지니 무지개 물고기는 자기 비늘을 하나씩 주었죠? 그랬더니?"

"다시 친구가 많아졌어요."

"행복한 사람은 모든 걸 가지고 있는 게 아니라?"

"나누고 배려하는 거요."

"야, 세원이는 어려운 말도 아네."

"자, 그러면 이 두 권의 책의 비슷한 점은? 선생님은 왜 이 두 권의 책을 여러분에게 보여줬을까? 한번 상상해보세요."

이런저런 말들을 내뱉지만 내가 원하던 답을 해주는 아이는 없었다. 그러다 윤솔이가 대뜸 이런 말을 한다.

"내가 다 가지고 있는 게 아니라 남한테 나눠주고 배려하는 게 행복하다는 걸 말하는 것 같아요."

"와, 그래, 맞아. 윤솔이가 엄청 정확하게 말해줬네."

정확하게 말을 하지 못해서 그렇지, 1학년 아이들도 눈치가 있고, 어른 못지않은 감성도 가지고 있다. 따라서 그 감성을 어떻게 살려주고 받아주느냐에 방점이 찍혀야 하지 않을까 싶었다. 그림책을 읽고 나서는 오랜만에 받아쓰기를 시켜보았다. 자주 틀릴 만한 낱말이 들어간 문장을 14개 정도 불러주고 받아 적게 했다. 3분의 2 정도가 아직 서툴다. 앞으로 계획적으로 방학 전까지 꾸준히 연습시켜 자주 틀리는 문장과 낱말의 수를 줄여주려 한다. 아이들도 크게 스트레스받지 않아해서 다행이라 여겼다.

3~4교시에는 어제 숙제로 내준 자기 집과 이웃집에 대한 이야기를 잠시 나눴다.

"음, 예서!"
"우리 밑에 집 이웃은요. 펭귄이모네 집이에요."
"그래? 왜?"
"이모가 펭귄을 너무 좋아해서 우리가 붙여줬어요."
"그랬구나. 이웃과 친하면 저렇게 별명을 지어줄 수도 있겠네. 다른 친구들은?"

이곳 주민들은 주로 같은 또래의 아이들을 키우고 있는 이웃끼리 쉽게 가까워지는 경향이 짙었다. 아이마저 없었다면 어떻게 됐을까 하는 생각도 들지만, 그렇게라도 인연을 맺어 따뜻한 공동체를 이루면 얼마나 좋을까. 이웃의 필요성을 알고 공동체의 가치를 알기 위해서는 먼저 교사들이 그렇게 살아야 할 텐데. 교사조차 이웃과 가깝게 지내지 못하는 사람들이 많으니 아이들에게 이웃이라는 개념을 가르칠 수 있을까 싶다. 나도 아파트에서 벗어나고서야 비로소 이웃을 알게 되고, 공동체의 어려움과 가치도 깨닫게 되었다. 함께 산다는 건 쉬운 일이 아니다. 그걸 가르치는 것은 더더욱.

잠시 이야기를 나눈 뒤에 '이웃집 놀러 가기'라는 주제로 아이들과 놀이를 했다. 총 6개의 놀이마당을 교실 곳곳에 놓아두고 이웃집 놀러 가듯 돌아가며 즐기는 놀이였다. 사소한 다툼도 일고 약간의 잔소리가 섞이긴 했지만, 전체적으로 즐거운 놀이수업이었다. 종이컵 쌓기 놀이, 종이컵 나르기 놀이, 바둑알 옮기기 놀이, 빨대 던지기 놀이, 우유곽 던지기 놀이, 신문지 길게 찢기 놀이를 했는데, 다들 이기고 지는 데 구애받지 않고 신나고 시끄럽게 참여하며 즐겼다. 점심까지 먹고 이제 막 아이들을 돌려보내려 하는데, 갑자기 뭐에 꽂혔는지, 열 명이 넘는 아이들 순식간에 내게 매달리고 엉기고 때리고 업히며 10분간 난리를 피웠다. 싫은 듯 싫지 않은, 아픈 듯 아프지 않은 표정으로 아이들과 잠시 시간을 보냈다. 모처럼 아이들과 몸으로 부대꼈다. 오늘은 좀처럼 몸으로 다가오지 않았던 효영이와 석훈이, 정은이도 내게 달려들었다. 효영이는 아예 내 뒤에 와서 끌어안고 한동안 매달려 있었다. 기분이 참 좋았다. 오늘도 어김없이 전투를 했지만, 연애하는 기분이 들어 참 좋았다. 전투를 할 것인가, 연애를 할 것인가? 그래, 나는 연애를 선택할 것이다! 2016.11.16.

Tool&Tip 실천과 추천 ─ 성장발달기록장

2년간 머물렀던 학교에서 만들었던 공책 가운데 '성장발달기록장'이란 게 있었다. 아이와 부모, 교사가 3각 구도를 형성하면서 서로에 대한 이해와 성장을 함께 기록하며 공감하는 공간이다. 아이들은 매주 자기가 해야 하거나 하고 싶은 일을 적어두고 그날그날의 활동을 표시하고, 부모와 교사는 아이의 모습을 기록하여 공유했다. 어렵고 힘들었지만, 의미는 있었다. 이 활동에

다음 꼭지로 한 주 동안 기억에 남는 일을 글로 혹은 그림으로 간단히 표현하게 했다. 글이 안 되는 아이들은 그림으로, 그림 그리기 싫은 아이들은 글로만 표현하도록 했다. 마지막 꼭지에는 부모님들에게 지난 한 주를 돌아보며 아이들에게 들은 이야기를 기록하게 했고 그 느낌을 쓰게 했고 마지막 꼭지에 담임의 의견을 넣도록 했다. 나중에는 담임의 기록을 한 달에 한 번으로 양식을 바꾸기도 했다.

서 소득을 얻는 것은 오히려 아이들의 이야기를 열심히 듣고 기록하는 교사와 담임 쪽이었다. 평소 아이들의 말에 귀를 기울이지 않거나, 하고 싶어도 못 했던 부모들은 소중한 활동이었다는 평을 해주었다. 담임으로서도 부모와 아이의 삶, 말, 글을 매주 읽을 수 있어 생활지도를 하는데 적잖은 도움이 되었다.

Speculation 선생님의 사색

받아쓰기

우리네 1학년에게 가장 큰 학습요소 중 하나를 꼽으라면 아마 받아쓰기일 것이다. 입학하자마자 받아쓰기를 시키는 담임 때문에 아이가 힘들어했다며 전학 소감을 전하는 학부모도 있을 정도다. 받아쓰기에 대한 찬반론은 있지만. 나는 가볍게 읽을 수 있는 책에 실린 내용을 확인하는 수준으로만 이따금씩 받아쓰기를 시행했다. 특정한 낱말을 외워서 익히는 과정이 낱말과 문장 공부에 도움이 되지 않는다는 주장에 동의하기 때문이다. 특히 급수제로 실시하는 받아쓰기에는 더욱 반감이 컸다. 《크라센의 읽기 혁명》을 쓴 언어학자 크라센도 "읽기는 읽기로만 해결이 가능하다"고 했다. 다양하고도 많은 책을 읽는 과정에서 자연스럽게 언어를 익혀가는 게 중요하다. 실제로 받아쓰기를 시키지 않아도 지난 2년간 나를 거쳐 간 아이들 대부분은 별 문제가 없었다. 물론 읽고 쓰고 문장을 익히는 과정을 소홀히 했다는 것은 아니다. 무게중심을 어디에 두었느냐의 차이일 뿐이다.

Speculation
선생님의 사색   **전투와 연애사이**

오래전. 그러니까 15~16년 전 일이다. 당시 나는 선배들과 함께 교육잡지 〈우리교육〉에 교사들을 위한 수첩을 만들고 있었다. 교사들의 수첩이 업무를 위주로 쓰이던 시절에 에세이와 학급운영이 결합한 수첩은 처음이었던지라 꽤 큰 호응을 얻었다. 나중에는 (주)우리교육에서 조금 더 세련되고 풍성한 수첩을 만들어 교사들에게 제공하기도 했다. 그때 담았던 에세이 가운데 가장 기억에 남는 제목이 바로 '연애를 할 것인가, 전투를 할 것인가'였다. 글을 참잘 쓰던 선배가 쓴 글의 제목이었는데, 지금도 이 제목을 보면 새롭기도 하고 반성도 하게 된다. 아이들을 처음 만났을 때는 일 년 내내 연애만 할 것 같지만, 막상 시간이 흐르면서 언제 그랬냐는 듯 아이들과 다투고 싸우는 내 모습을 발견하게 된다. 어느새 연애는 제쳐 두고 아이들과 전투를 하고 있는 내 모습을 반성하게 되는 순간이 사실 한두 번이 아니다. 오늘 하루를 보내면서 문득 그 문구가 떠올랐다. 나는 지금 아이들과 연애를 하고 있을까? 아님 전투를 하고 있는 것일까? 사실 두 개가 섞여 있긴 하다. 어느 것이 주를 이루고 있다고 함부로 말할 수는 없지만. 그래도 연애 감정이 앞서는 것은 같기는 하다. 이날 나는 성장발달 기록장에 쓰인 어머님 두 분의 글을 읽으며 얼마 남지 않은 기간 동안 정말 연애를 더 많이 해야겠다 다짐했다. 적어도 그날만큼은.^^

하루하루가
참 소중한 날에

    오늘 1~2교시는 지난 국어시간에 배웠던 시와 역할극, 듬날 때마다 배웠던 노래 등을 되새김하면서 학급마무리 잔치를 어떻게 준비할지 아이들과 의논하는 시간을 가졌다. 그림자극, 역할극, 빛그림책에 등장하는 인물을 돌아보게 하고 역할을 맡을 아이들을 선별하는 데 특히 많은 시간을 할애했다. 담임의 선택이 아닌, 아이들이 직접 친구들의 의견을 들어 결정하느라 시간이 걸렸다. 그렇게 극에 출연할 아이들과 학급마무리 잔치 차례와, 내용을 결정했다.

    그림자극은 《무지개 물고기》로 하기로 하고, 역할극은 《송아지와 바꾼 무》, 빛그림책은 《은지와 푹신이》로 정했다. 시는 12월부터 아이들이 직접 쓴 시를 낭송하기로 했다. 노래는 총 다섯 곡을 정했고, 1학기 때처럼 평소 부르던 노래를 그대로 부르기로 했다. 그림책 《백구》는 모든 아이들이 한 소절씩 부르는 빛그림책 노래 공연으로 꾸미기로 했다.

    《백구》는 아이들이 좋아하는 그림책이자 노래이다. 두 달 전에 배웠고 학급마무리 잔치할 때 쓸 거라 예고했는데, 아이들도 잊지 않고 틈만 나면 흥얼거렸다. 예전에 양희은 씨가 노래한 곡인데, 아이들은 가사에 나오는 개 '백구' 이야기에 감동을 받은 듯했다. 오늘은 곡도 외우고 글쓰기 공부도 할 겸, 긴 가사를 줄 공책에 적어보도록 했다. 조금 힘들어했지만, 대부분 집중해서 적었다. 그렇지 못한 한두 명이 조금 아쉽긴 했다. 외운 다음에는 줄 공책에 안 보고 쓰는 것도 시켜볼 작정이다. 자연스럽게 문장과 낱말 공부를 할 수 있을 것 같다. 점수를 내는 받아쓰기보다 훨씬 나은 공부라 확신한다. 글을 쓰면서 노래를 부르는 아이들 모습이 참으로 보기 좋고 예뻤다.

나중에는 예전에 빛그림책으로 만들어놓았던 영상을 틀어주며 함께 감상했다. 분위기가 무척 차분하고 조용해졌다. 그러다 제작 영상에 이어 2005년 2월, 경남 김해에 있을 시절에 만들었던 6학년 졸업 영상이 이어 나오기 시작했다. 당시 백구 영상에 졸업 영상을 결합했던 기억이 문득 떠올랐다. 영상을 끄려 하자 아이들이 보자고 난리다.

"저기 어디에요?"
"음, 2004년에 선생님하고 함께 지냈던 6학년 아이들이야. 장소는 경남 김해 어방초등학교라는 데고."
"지금 저 형 누나들 몇 살이에요."
"12년이 흘렀으니까. 지금은 스물다섯이겠다. 음, 쟤들 보고 싶네."

갑자기 가슴이 갑자기 아려오고 괜히 눈시울이 붉어졌다. 마음이 복잡해졌다. 뜬금없이 12년 전 그 시절로 돌아가고 싶었다. 저 아이들을 다시 보고 싶고. 그때 그 모습이 지금까지도 내 머릿속에 생생한 게 정말 가슴이 시릿했다.

"선생님은 저 때 몇 살이었어요?"

"야, 어제 선생님 나이 내가 맞췄잖아. 48세니까 12를 빼면 36살이야."

어제 소현이는 옛날이야기를 들려주던 상황에서 순간적으로 내 나이를 계산해서 맞췄는데, 오늘은 순식간에 12년 전 내 나이까지 맞춰 버렸다.

"선생님, 지금 저 시절로 돌아가고 싶고, 저 애들 만나고 싶어."

"우리도요~"

그러고 보니 저 녀석들 4~5년 전까지만 해도 대학 입학했다고 연락도 오고 가끔 만나기도 했었는데, 지금은 어떻게 지내는지 궁금하다. 그중에 효선이란 녀석하고는 올여름까지도 연락을 했다. 대학을 두 번이나 갈아타면서 중어중문학과를 다닌다는 효선이. 중국에 교환학생으로 갔다가 1년 만에 돌아왔다는데, 올해가 지나기 전에 다시 만나자 했다. 오늘 중으로 효선이에게 연락이나 해야겠다 싶었다. 잘 지내냐고. 보고 싶다고.

그렇게 3교시를 마치고 4교시는 즐거운 강당 체육시간. 그 뒤 점심을 먹고 다시 수학시간. 오늘도 어김없이 뺄셈을 반복해서 익히는 작업을 했다. 조금씩 나아지기는 하는데, 속도와 정확도의 차이가 확연히 드러난다. 늘 잘한다고만 칭찬받던 다은이는 오늘은 열 문제 중에 다섯 문제를 틀리더니 헤어질 때 내 앞에서 눈물을 지었다. 오히려 보기 좋았다. 무엇을 해내려는 모습, 해내지 못했을 때 분해하는 모습을 보니 기특하기도 했다. 분명 다음에 뺄셈을 할 때는 더 잘할 것이다.

괜히 옛날 생각나는 영상을 보는 바람에 나도 다은이처럼 아이들 몰래 눈물을 찔끔 흘리며 가슴이 시릿했던 날이었다. 그러나 나쁘지는 않았다. 잠시나마 그 시절을 떠올리며 눈물로 오늘의 나를 위로할 수 있어서.

일기를 마무리 지으려 하는데, 다은이가 문을 열고 들어왔다. 멋쩍은 듯 씩 웃기에 팔을 뻗어주니 내게 확 안긴다.

"다음에 잘 풀면 되지 뭐. 그렇지? 다은이 잘할 수 있지?"

고개를 끄덕인다. 그리고는 화장실 다녀오겠다며 잠시 나갔다가 돌아와서는 태권도학원 가겠다며 돌아섰다. 먼 훗날. 이 녀석들의 사진과 영상을 보며 오늘처럼 또 눈물지을 날이 있을 게다. 그러고 보면 하루하루가 참 소중한 날이다. 2016.11.17.

2학기 학급마무리 잔치 차례

1 **그림자극 〈무지개 물고기〉**

　　출연 : 무지개 물고기 / 파란 물고기 / 불가사리 / 문어할머니

2 **시 낭송** : 1~6번

3 **밥상(노래)** : 1번~6번

4 **시 낭송** : 7~12번

5 **가을(노래)** : 7번~12번

6 **역할극 〈송아지와 바꾼 무〉**

　　출연 : 사또 / 착한 농부 / 욕심쟁이 농부 / 이방 / 송아지

7 **시 낭송** : 13번~18번

8 **겨울물오리(노래)** : 13번~18번

9 **시 낭송** : 19번~27번

10 **겨울대장(노래)** : 19번~27번

11 **빛그림책 공연 〈은지와 푹신이〉**

　　출연 : 은지 / 푹신이 / 차장아저씨 / 할머니

12 **빛그림책 노래 공연 〈백구〉** : 다같이

13 **봄은 언제 오나요!** : 다같이

누구에게는 즐겁고
누구에게는 서러운 날

오늘은 아이들이 손꼽아 기다리던 시장놀이 하는 날. 그런데 한 아이가 열이 나서 병원에 들렀다 온다고 연락이 와서 시작 시간을 30분 늦추기로 했다. 다같이 시작하는 게 좋을 것 같아서 이런저런 사전 준비를 꼼꼼히 챙기며 시간을 보냈다. 우선 책상을 모둠별로 모아 준비한 테이블보를 깔았다. 모둠마다 간판을 붙이고 삼각대를 가져오게 한 뒤, 자기 물건들을 진열하게 했다. 이어서 영수증과 판매목록, 대용화폐를 주고 규칙을 다시 확인하게 했다. 아쉽게도 병원에 들렀다가 온다던 아이는 30분이 지나도 오지 않았다. 어쩔 수 없이 시장놀이를 시작했다. 부디 끝나기 전에는 오기를 바라면서.

아이들이 시장놀이를 하기 위해서 한 가지 규칙을 정했다. 모둠의 아이들이 모두 물건을 사러 나갈 수는 없기에 넷 중 둘이 먼저 물건을 사러 나가되, 하나의 물건을 산 뒤에는 다시 돌아와 남아서 기다리던 아이들과 교대하기로 한 것이다. 그래야 일부 아이들이 물건을 모두 선점해버리는 경우를 막을 수 있기 때문이었다. 다행히도 우리 반 아이들은 규칙을 잘 지켜가며 즐겁고 신나게 시장놀이를 해주었다. 어느 정도 시간이 흐른 뒤에는 어머님들이 준비한 먹거리 장터에 아이들을 보내 떡볶이와 튀김만두를 구입할 수 있게 했다. 아이들이 음식을 먹는 동안 시장놀이도 잠시 쉬어가도록 했다. 여전히 오지 않는 윤서. 어머님도 전화를 주지 않으셔서 내가 먼저 전화를 했다.

"어머니, 윤서는…."
"네, 병원에 다녀와서 잠시 재우고 있어요. 곧 일어나겠다고 하더니 계속 자네요."
"아, 그러면 그냥 편하게 재우세요. 시장놀이도 거의 끝나가고 있어서요."
"네. 아, 지금 또 일어나네요. 시장놀이는 가겠다고 해서요. 곧 보내겠습니다."
"아, 그런가요. 그럼 지금 잠시 쉬고 있는데 윤서 올 때까지 기다렸다가 다시 하겠습니다. 하지만, 무리는 시키지 마시고요."
"네. 알겠습니다."

그렇게 20여 분이 지났을까? 아무리 기다려도 오지를 않아 답답하기만 했다. 그때 윤서 어머니가 문자를 보내주셨다. "시장놀이 끝났다고 하니 통곡을 하네요. 오늘은 집에서 쉬게 하겠습니다." 오늘은 우리 반 아이들에게 즐겁고 신나는 하루였지만, 윤서에게만은 한없이 서러운 날이 되고 말았다. 마음이 찝찝해 나중에 전화라도 해야 하나 싶었다. 시장놀이는 20여 분만 더 하고 마무리를 지었다. 아이들은 물건을 하나하나 정리하면서 자신이 구입한 물품의 영수증과 대용화폐를 가을 공책에다 붙여 시장놀이의 증표로 삼았다. 마지막으로 모둠마다 판매 총액을 계산해 어느 모둠이 가장 많은 판매고를 올렸는지 확인하면서 마무리 시간을 즐겼다.

아이들의 시장놀이를 보다 보니 우리 어른들도 저렇게 조금은 양보하고 즐기면서 물건을 구입하고 즐겁게 살 수는 없을까 하는 생각을 해보았다. 마음의 여유, 시간의 여유, 경제적 여유가 없어지면서 물건의 의미가 변질되고 있다. 상품에 모든 것을 바쳐 내 것으로 만들고 싶다는 심리는 자본주의 사회가 만들어내는 인간의 가장 저급한 습성이다. 그곳에는 사람다움은 없고 오로지 소유욕만 가득하다. 자본주의 사회에서는 이런 소유욕을 해소해도 금세 또 다른 소유욕이 생긴다. 소비의 재생산은 생산의 재생산을 이끈다는 긍정적인 요소도 있지만, 무분별한 소비와 생산은 환경을 망친다는 사실에 주목해야 한다. 환경을 망치는 일은 곧 우리 자신을 망치는 일이고, 우리 자손들의 삶을 망치는 일이다.

소득의 양극화로 소비도 양극화되어가는 사회이다. 누구에게는 즐겁고 행복한, 소유욕을 불러일으키는 사회이지만, 누군가에게는 먹고사는 데만 집중해야 하는 우울하고 서러운 사회인 것이다. 우리 반 아

시장놀이를 준비하던 1학년 아이들 모습

교실 속 시장놀이는 언제나 즐겁다

이들처럼 서로 나누며 헌것이라도 기꺼이 가져가 즐겨보려는 따뜻하고 공정한 소비가 이뤄지는 사회는 아직 멀어 보인다. 아이들에게 시장놀이를 즐기게 하는 수업을 하긴 했지만, 정작 아이들이 실제로 살아갈 사회는 그리 행복하지도 만족스럽지도 못한 사회일 확률이 높다. 그런 사회에서 당당히 자신의 생각을 가지고 건강한 소비를 할 수 있는 어른으로 자라길 바라는 것은 무모한 기대일지도 모른다. 2017.11.17.

Tool&Tip 실천과 추천

중요한 날에 결석하는 아이들

1학년 아이들과 지내다 보면 변수가 정말 많다. 독감이 번져 한 번에 열 명에 가까운 아이가 잠시 교실을 떠나기도 하고, 아프거나 집안에 문제가 생겨 현장학습이나 기다리던 놀이수업에 빠지는 일이 생기도 한다. 그럴 때면 윤서처럼 통곡을 하는 아이가 곧잘 있다. 학급밴드에 사진을 올리거나 직접 전화를 해서 위로하고 달래주곤 했는데, 불가피하게 학교를 빠지는 아이들을 잘 챙기는 것도 중고학년과는 다른, 1학년에게 필요한 접근이다.

Speculation 선생님의 사색

교육에 대한 단상

아이들과 수업을 하다 보면 곧잘 이런 과정이 아이들에게 의미가 있을까 하는 생각이 들곤 한다. 시장놀이라지만 아이들이 나중에 실제로 던져질 시장의 모습은 놀이처럼 즐겁지도, 기쁘지도 않을 거라는 걸 잘 알고 있기 때문이다. 이따금 대학 입학이나 졸업 뒤에 나를 찾아온 아이들을 만날 때면 취업이

나 진로 때문에 답답한 마음을 털어놓는 경우가 있다. 그럴 때 내가 해줄 수 있는 말은 별로 없다. 초등학교 시절처럼 꿈을 가지란 말도, 즐거운 시절을 보내라는 말도 감히 할 수 없었다. 교사가 하는 일, 부모들이 해야 할 일이 수업이나 입시, 취업 지원에만 머물러 있지 말아야 한다는 생각이 찾아올 때가 한두 번이 아니다. 아이들이 원하는 직업을 가지거나 원하는 일을 마음껏 할 수도 없는 세상을 만들고 무한 경쟁 속으로 떠미는 것이 과연 어른들이 할 일인가? 교육이 할 수 있는 일에는 한계가 분명하다. 우리 어른들은 교육 이외의 역할에 대해서도 생각하고 실천해야 한다. 조그마한 1학년들과 수업을 하는 동안에도 나는 늘 이런 생각에서 자유로울 수 없었다.

달라지는 것들

　오늘은 그동안 우리 아이들에게 전하지 못하고 있던 제주 애월초 아이들의 편지를 기필코 주려고 1교시부터 애를 썼다. 뒤늦게 전한 것이 미안했지만, 반가워하는 아이들의 모습을 보고 그래도 다행으로 여겼다.

　"왜 인제 갖다줘요!"
　"잘못했어. 선생님이 금산 집에 가져다 놓고는 자꾸 잊어먹고 안 가져왔어. 오늘은 가져왔으니 봐주라."
　"와~ 편지 예쁘다."
　"선생님, 나는 못 알아보겠어요."
　"제주도가 어떤지 알려줘서 좋아요."
　"저번에 직접 가서 만나고 편지를 읽었는데, 좀 달라요."
　"뭐가?"
　"편지에는 글이 많은데, 직접 만나니까 말을 안 했어요."
　"부끄러워서 그런 거야."
　"이번에 편지 쓰면 또 답장 보내줘요?"

"너희들이 어떻게 쓰느냐에 달렸지."

아침부터 편지를 가지고 이런저런 얘기를 나누다 보니 한 시간이 훌쩍 지나갔다. 다음 시간은 원래 강당 체육이었는데, 오늘은 중고학년 다모임이 있다고 해서 다른 수업을 준비했다. 놀이수업을 한다 하자 아이들이 오랜만에 '돼지김밥' 보드게임을 하자고 하길래 그러자고 했다. 다만, 채인선 작가의 《김밥은 왜 김밥이 되었을까?》라는 그림책을 먼저 읽고 하자는 조건을 달았다. 본디 '돼지김밥' 보드게임은 채인선 작가의 책을 모티브로 해서 만든 놀이이다. 진즉에 읽어준다는 것이 여태껏 시간을 끌다 오늘에야 겨우 할 수 있었다. 아이들과 편식에 관한 이야기, 음식에 관한 이야기를 나누며 오늘 점심시간에는 알차게 잔반 처리를 하자고 했다.

그런데 웬걸, 몇몇 녀석들이 나 몰래 음식을 거의 먹지 않고 갖다 버린 것이 들통이 났다. 올해 맡은 아이들은 전반적으로 음식을 많이 가리고 잘 먹지를 않는다. 이즈음 되면 달라져야 할 것들이 달라지지 않아 걱정이다. 하기야 입맛이라는 것이 쉽게 바뀌지는 않을 것이다. 가정에서 충분히 교육받지 못하는 아이들이 짧은 학교생활로 단번에 바뀌기란 참으로 어렵다. 가정환경이 바뀌지 않고, 주변 어른들이 바뀌지 않는데 학교 교육만으로 아이들이 바뀔 수가 있을까? 그러고 보니 이즈음이면 달라지는 것이 또 하나 있다. 아이들이 내 말을 잘 안 듣기 시작한다는 것. 요즘 이것 때문에 목이 아프기 시작했다.

-2017.11.20.

아이들의 인성 문제를 학교가 해결할 수 있을까?

지난해 정부와 보수 교원단체가 밀어붙인 인성교육진흥법을 두고 논란이 많았다. 국회가 만든 인성교육진흥법의 핵심 가치는 '예, 효, 정직, 책임, 존중, 배려, 소통, 협동'이다. 하지만 1년이 지난 지금 이런 취지로 제정되고 시행된 법안은 유명무실해지고 말았다. 세계 최초로 제정됐다던 이 거창한 법안이 국제사회에서는 웃음거리가 되고 있다는 말도 들린다. '인성교육진흥법'이 논란이 되자 보수 교원단체는 미국에서도 인성교육(character education)을 강조하는 법률을 시행하고 있다며 반론을 폈다. 그러나 이에 대해 메리 캐스윈 리커 미국 교사연맹(AFT)상임 부대표는 다음과 같이 반박했다.

"만약에 미국에서 한국의 인성교육법과 같이 효도나 예절 등을 국가 차원에서 지도하도록 규정한다면 당연히 (교사들이) 거부할 것입니다."

메리 부대표는 한국에서 인성교육이라고 번역하는 영어 표현은 캐릭터 에듀케이션인데, 이는 학생들이 비판적인 사고를 배양하도록 도와준다는 것이지 한국의 인성교육처럼 인성의 가치를 정해놓고 교육의 내용을 정형화시켜 국가가 한쪽으로 몰아가려는 것은 아니라고 했다. 또한 그러한 인성교육은 학생들이 인성면에서 바르지 않다는 것을 전제로 하고 학생들을 교화의 대상으로 보는 위험한 생각이라고 말했다.

우리 학교를 비롯해 여러 학교에서 인성교육진흥법에 나오는 것과 같은 가치들을 아이들에게 심어주려 애를 쓰는 모습들을 자주 본다. 그런데 과연 아이들의 인성 교육이 이런 방식의 학교교육으로 가능할지는 의문이다. 모든 학습은 인성 교육으로 귀결된다고 하는 교사가 있을 정도인데, 과연 우리가 인성이란 무엇인 지를 제대로 학습하고 성찰하고 있는지 모르겠다. 아이들에게 배려와 존중을 가 르치고, 공동체의 중요성을 가르치는데, 과연 나를 비롯한 많은 교사가 정말로 아이들에게 이런 인성을 가치를 주입하고 가르칠 만한 위치에 있는 것일까. 공동 체에 대한 경험도 없는 교사가 어떻게 아이들에게 공동체의 가치를 전할 수 있으 며, 자신만을 위하는 교사가 어떻게 배려와 존중, 책임을 이야기한다는 것인가?

나는 기본적으로 인성은 가정에서 출발하여 가정에서 완성된다고 본다. 학교는 그 과정에 자그마한 도움과 안내를 제공할 뿐이다. 편식에 대한 문제를 아무리 가르쳐도 가정에서 편식에 비판적인 교육을 꾸준히, 단호하게 지속하지 않는 이 상 아이들은 결코 바뀌지 않는다. 학교에서 아이들의 인성까지 책임질 수 있다 는 오만을 버려야 한다. 효와 예를 강조하는 낡은 유교적 관념들도 이제는 새로 운 시대에 맞는 새로운 가치로, 우리 아이들이 잘 살아가기 위한 새로운 개념들 로 바뀌어야 한다. 몇 해 전 포르투갈의 한 학교는 이런 주장을 명확히 하기 위 해서 강당에 포스터를 붙이기로 했고, 아래 내용과 같은 글이 학교의 이름으로 페이스북에 올라왔다.

부모님들께

- '안녕하세요', '부탁합니다', '환영합니다', '미안합니다', '고맙습니다'와 같은

아주 유용한 표현들은 모두 가정에서 배우기 시작해야 함을 알려드립니다.

- 또한 정직함, 약속시간을 지키는 것, 부지런함, 동정심을 느끼는 것, 어른과 선생님을 존중하는 것 역시 가정에서 배워야 합니다.

- 청결하고, 입에 무언가 있을 때는 말하지 않으며, 어디에 어떻게 쓰레기를 버려야 하는지는 가정에서부터 배우게 됩니다.

- 또한 정리와 계획하는 방법, 소지품을 잘 관리하는 법, 아무 때나 다른 사람을 만져서는 안 된다는 것도 가정에서 배웁니다.

- 이곳 학교에서는 언어, 수학, 역사, 지리, 물리, 과학 및 체육을 가르칩니다. 우리는 단지 아이들이 부모님으로부터 받은 교육을 한층 더 심화해줄 뿐입니다.

이 글은 삽시간에 전 세계로 퍼져나가 뜨거운 반응을 얻기 시작했다. 교육의 출발점은 가정이어야 하고, 사회와 정부는 그것이 가능하도록 지원해야 한다. 모든 걸 학교에 떠맡겨서 해결되는 것은 매우 적다는 사실을 우리 모두 자각해야 하지 않을까?

Tool&Tip 실천과 추천

11월이 되면 달라지는 것

1학년을 두 해 맡아보니 11월이 되면 눈에 띄게 달라지는 것이 있었다. 일단 아이들이 조금씩 학교생활에 지쳐간다는 것. 그러면서 보이는 아이들의 모습이 교사의 안내와 말에 더는 주의를 기울이지 않고 자신들의 행위에만 관심을 보인다는 것이다. 이를 바로잡으려 하다 보니 담임의 목소리는 커지고, 그러면 아이들과 마찰이 생길 수밖에 없었다. 이 점을 잘 인식해서 수업을 준비하고 아이들의 흥미를 유발하면서도 지치지 않도록 하는 게 중요해 보였다. 물론 쉽지 않은 일이다. 아이들도 학교의 특성을 어느 정도 알고 적응을 하기 때문이다. 아이들 수가 많으면 더욱 힘들다. 그래도 11월이면 달라질 아이들의 모습에 대비해 준비를 해두는 일은 꼭 필요하다. 아이들의 리듬을 바꿀 수 있는 학급운영과 수업준비는 필수다.

창밖을 보라, 흰 눈이 내린다

포항 지진 때문에 대학수학능력 시험이 일주일이 늦춰지게 된 오늘, 아침 9시가 지날 무렵부터 아이들이 흥분하기 시작했다. 하늘이 어둑어둑해지더니 갑자기 눈이 내리기 시작한 것이다. 올해 천안에 제대로 내린 첫눈이었다. 아이들은 어서 나가면 안 되냐 재촉했지만, 금세 땅에 떨어져 녹는 눈인 것 같아 잠시 기다리라 했다.

"오늘 첫 수업이 수학인데, 여러분이 열심히 참여하면 중간 놀이시간에 운동장 나가서 눈놀이 할 수 있게 해줄게요."
"그때 나가면 다 녹지 않아요?"
"지금 오는 거 보니까 한 시간은 더 와야 쌓이겠는걸."

그런데 웬걸, 시간이 지나면서 함박눈이 하염없이 내렸다. 운동장은 점점 하얗게 변해갔고 몇몇 고학년 반은 이미 운동장으로 뛰쳐나와 까만 발자국들을 내고는 이내 눈을 말아 마치 운동장을 치우듯이 빠르게 움직였다. 이러다가 아이들에게 잔소리를 들을 판이었다. 마침 눈도 그치길래 더는 안 되겠다 싶어 1교시까지만 하고 아이들을 운동장

으로 내보냈다. 아이들은 소리를 치며 운동장으로 내달렸다. 그렇게 중간 놀이시간을 30분 앞당겨 나간 아이들은 내게 달려들어 눈을 던지기도 하고 여기저기 뛰어다니기도 하며 첫눈을 만끽했다. 나도 오랜만에 본 눈이라 그런지 덩달아 반갑고 행복했다.

"선생님, 이거 보세요."
"뭐야, 흙덩이잖아."
"한번 맞아보세요."
"야~ 안 돼!"
"하하하."
"선생님, 이거 좀 가지고 있으세요."
"안경을 왜?"

"자꾸 안경알에 눈이 들어가서요."

"선생님 제 가방도요."

완전히 아이들 시중드는 꼴이 돼버렸다. 지퍼를 잠가달라, 모자 좀 씌워달라. 아이들이 내뱉는 하소연과 부탁을 하나하나 들어주다 보니 어느새 30분이 훌쩍 지나갔다. 다시 세차게 눈이 내리는데도 아이들은 운동장을 떠날 줄을 몰랐다. 이쯤이면 그만해야 할 듯해서 교실로 들어가라 했다. 머리에 눈을 잔뜩 맞은 아이들 머리가 젖어있었다. 다시 교실로 들어온 아이들은 손을 씻고 녹여가며 두 번째 수입을 했다. 다시 수학. 트라이팩터를 통해 10단위 수의 개념을 좀 더 이해시켜보려 했다. 조금 느리고 부족한 아이들이 가정의 도움을 전혀 받지 못하고 있다는 게 아쉬웠다. 굳이 사교육의 힘을 빌리지 않더라도 학교 공부를 다지려면 가정의 도움이 필요한데, 그냥 내버려두는 것 같아 안타까웠다. 학교가, 내가 해줄 수 있는 건 한계가 정해져 있는데…. 걱정이 앞섰다.

3~4교시에는 동화책《가방 들어주는 아이》를 다시 읽고 받아쓰기를 해보았다. 아이들이 일기나 겪은 일을 쓸 때 자주 틀리는 부분을 집중적으로 물었는데, 역시나 시간이 더 필요해 보였다. 아이들 스스로가 의식적으로 고치려 하지 않다 보니 시간이 꽤 걸린다. 틀린 것을 짚어주어도 고개를 끄덕일 뿐. 태현이 같은 경우는 벌써 한 달째 '같'과 '싶'을 고치지 않고 있어서 오늘은 잔소리를 좀 했다. 5교시 어휘 문장 학습의 주제 '파다'로 오늘 수업도 마무리를 지었다. 하~ 언제 첫눈이 왔나 싶게 해가 쨍쨍하고 맑은 하늘이 창밖으로 보인다. 겨울이 부쩍 다가온 탓일까? 날이 무척 차다. 2017.11.23.

교실 밖으로 나가기

다른 학년 아이들도 그렇겠지만, 예고 없이 교실 밖으로 나가는 일은 하루를 색다르게 만들어준다. 이것 하나만으로도 하루 전체가 즐거웠던 것처럼 포장이 되기도 한다. 첫눈이 오는 날 밖으로 나가 아이들과 신나게 눈놀이를 즐겼다. 비가 오면 비가 오는 대로, 바람이 불면 바람이 부는 대로, 낙엽이 지면 낙엽이 진 대로, 바쁘게 앞만 보고 사는 아이들에게 철이 바뀌는 걸 깨닫게 해주는 것이 어른들이 해야 할 일이다. 삶의 속도와 흐름을 깨닫지 못하고 사는 아이들이 올바르게 성장할 리 만무하다. 가끔은 뜬금없이 교실 밖으로 나가서 자유를 만끽하게 해주자.

선생님이 무슨
쉬는 시간이 있대요?

점심을 먹고 들어와 의자에 앉으니 벼리가 치약을 건네며 이를 닦으라 한다. 내가 치약이 떨어졌다는 걸 안 다은이와 벼리는 요즘 번갈아 가며 내게 치약을 건넨다. 그렇게 이를 닦고 다시 자리에 앉으니, 이번에는 예은이가 다가와 수다를 떨었다.

"선생님 뭐해요?"

"그냥 쉬고 있지."

"일기 해요!"

"일기? 너희들 일기 다 봤지. 저기 있잖아."

"아니요. 선생님, 일기 쓰라구요."

"지금?"

"네."

"아니, 선생님도 좀 쉬어야지. 안 할래."

"빨리 해요. 선생님이 무슨 쉬는 시간이 있대요?"

"헐~"

할 말이 없었다. 그러고 보니 3월 입학식 이후로 학교에서 단 하루, 아니 단 한 시간도 제대로 쉬어본 적이 없는 것 같다. 사건 사고로 가득한 나날에 쉴 틈이 없었다. 사실 오늘도 사고가 터졌다. 크게 다치지는 않았지만, 뛰지 않기로 그렇게 약속했던 녀석 둘이 뛰다가 부딪혀 한 녀석은 입술이 터지고 한 녀석은 머리를 감싸고 보건실로 간 것이다. 늘 다툼이 많던 녀석들이 체육시간에 서로 밀치다 분을 참지 못하고 친구 얼굴을 손으로 쳐버린 적도 있다.

수업준비에 자잘한 업무에 아이들 생활지도까지 하다 보면 도무지 쉴 시간이 없다. 괜찮아지나 싶다가도 방학이 지나면 예전으로 돌아가곤 한다. 아니, 더 심해졌다고 해야 할까. 요즘 자괴감이라는 말을 쓸데없이 많이 쓰던데, 지금의 내가 써야 할 말이 아닐까 싶다. 그래, 예희 말이 맞다. 내게 무슨 쉬는 시간이 있을까? 이러고도 1학년 담임 신청을 또 했으니 이건 제정신이 아니다. 내년에는 수업시수가 더 늘어 매일 5교시 수업이 이어질 텐데. 거기다 내년에는 입학자 수가 늘어 8~9반이 될지도 모른다는데, 교사들 사이에서는 1학년 신청자가 거의 없다는 소식이 벌써부터 들린다. 내가 괜한 짓을 하는 건지도 모르겠다. 모처럼 쉴까 해서 자리에 앉았는데, 우리 예쁜 예희가 빨리 일기를 쓰라고 시키니 생각난 김에 써야겠다 싶어 이렇게 주절주절 사설을 먼저 늘어놓았다.

오늘 1~3교시는 《가방 들어주는 아이》의 두 번째 이야기로 그림책을 만들었다. 첫 꼭지처럼 두 번째 꼭지의 줄거리를 줄여 만들고 싶은 텍스트를 공책에 적어 내게 확인을 받고 그림책으로 만드는 활동을 했는데, 역시나 대여섯 명이 무척 어려워한다. 아직 읽기가 원활하지 못한 아이들은 친구 것을 옮겨 적게 하면 되는데, 무엇이든 잘하는 녀석이 어려워하는 게 잘 이해가 가지 않았다. 지난번에도 느꼈지만 본인이 생각해서 쓰지를 못하고 자꾸 동화책 일부분을 베껴 쓰려고만 한다. 책도 많이 읽고, 수학도 잘 하는 녀석인데 어째 스스로 생각해서 쓰는 것은 잘 하지를 못한다. 문제집 위주의 학습이나 권수만 채우는 책읽기 습관에서 빚어진 현상이 아닐까 미루어 짐작해본다.

요즘 아이들 일기를 보면 신기하다. 정말로 1학년에게도 대화글 지도가 가능하겠구나 싶다. 완벽하게 쓰는 아이가 점점 늘어나는가 하면, 남의 것을 흉내 내며 써내는 아이들도 있다. 꾸며주는 말을 배우고 나서는 '멋진 누구누구가'라든지 '예쁜 누구누구가'라며 멋을 부려 쓰는 아이도 늘어난다. 꾸준한 옛이야기 들려주기, 그림책 보여주기, 동화책 읽어주기, 온작품읽기 수업이 나름 효과를 보는 것이다. 1학년 아이들에게 무리라고 여겨지던 것들도 시도해보며 가능성을 찾다 보니 문득 독일의 초등교사 출신 교육학자 페에 치쉬가 한 말이 떠오른다.

"아이들은 지금보다 훨씬 잘할 수 있다."

4교시는 강당 체육, 5교시는 수학의 6단원 규칙 찾기를 하고 간단히 마무리했다. 쉽다고 난리다. 수학문제가 다 이랬으면 좋겠단다. 1학년이 이런 말을 할 줄은 몰랐는데. 오늘 아이들이 한창 그림책을 만드는 동안 아직 읽기가 서투른 준우는 그림책《오리야? 토끼야?》를 읽었다. 이제는 낱말을 넘어 간단한 문장 읽기도 가능하다. 요전부터 소리내어 읽는 연습을 시키다가 오늘은 아이들 앞에서 읽어보도록 했다. 그리고 아이들에게 준우가 모두 읽으면 박수를 쳐달라고 했더니 기꺼이 큰 박수를 보내주었다. 준우 녀석, 엄청 의기양양한 표정이다. 조금씩 더 좋아지리라 믿는다. 12월의 첫날. 따뜻한 햇볕이 3월의 봄볕 같은 날이었다. 이제 한 달도 남지 않은 아이들과 함께할 시간을 부디 사고 없이 무난하게 보내길 바라고 있다. 요즘에는 아쉬움보다 이런 생각이 더 커져간다. 학교에서도 좀 쉬고 싶다는 생각이나 조만간 이 학교를 떠나고 싶다는 생각도 한다. 혁신학교보다는 일반학교에서, 부족하지만 조금 더 내 도움을 필요로 하는 아이들을 돕고 싶다는 생각도 불쑥 들곤 한다. 내년까지만 해보고 판단할 생각이다. 아~ 오늘은 여기까지. 퇴근하고 오랜만에 아들을 만나러 갈 계획이다. 그래서 그런지, 마음이 갑자기 편안해진다. 2016.12.01.

Speculation 선생님의 사색

교사에게 쉬는 시간이 있을까?

선생님에게 무슨 쉬는 시간이 있냐며 장난을 친 아이의 말이 그렇게 가볍게 들리지 않았다. 2년 동안 1학년 담임을 하면서 쉬고 싶다는 생각을 정말 자주 했기 때문이다. 중고학년에 비해 너무도 가혹한 시간을 보냈던 것 같다. 그런데 막상 밴드에 쓴 일기에는 행복하고 즐거웠던 장면이 가득하다 보니 오해를 불러일으키기도 했다. 선뜻 1학년을 맡아보고 싶다는 분들이 생기기 시작한 거다. 걱정이기는 한데, 사실 1학년이라는 학년이 힘든 만큼 정말 매력도 많고 중독성이 있기는 하다. 그래서 더 쉬지 못하고 아이들에게 달려가며 보낸 걸지도 모르겠다. 교사에게 무슨 쉬는 시간이 있겠는가? 그저 아이들과 행복한 추억을 만들 수 있다면 그게 쉬는 시간이겠지. 하하. 나도 내가 무슨 말을 하고 있는지 모르겠다.

조금 이른
이별 준비

엊그제 크리스마스용으로 주문한 벽 트리를 받아 놓았다. 학급마무리 잔치 준비와 함께 연말을 분위기 좋게 만들어볼까 해서였다. 이런저런 가랜드까지 해서 다다음주부터는 치장을 해야 할 듯싶다. 해마다 아이들과 헤어질 때면 선물로 건네주는 나무 목걸이도 미리 주문해놨다. 학급마무리 잔치는 아이들과 헤어질 준비를 하는 가장 큰 행사다. 아이들은 즐겁게 참여하며 준비하고 있지만, 내게는 아이들과 이별하는 의식이다. 수업일수로 따지면 이제 23일 정도가 남았다. 아이들과 어떻게 이별을 할 것인지 생각이 많아지고 있다. 겨울 방학이 끝나는 2월에는 아이들에게 따뜻한 떡만둣국 한 그릇 먹여 보내려 생각하고 있다. 그런 마음으로 제목을 '이별 준비'라고 쓰고 있는데 지민이가 다가와 모니터를 보더니 한마디 건넨다.

"이별 준비?"
"어, 너희들하고 이별 준비하는 마음을 글로 쓰고 있어."
"으잉~"
"뭐~ 넌 2학년 올라가서 예쁜 샘 만나면 선생님 생각도 안 할 거잖아."

"아니거든!"

"아냐, 샘은 알아."

"아니야. 그래도 선생님한테 연락하고 그럴 거야."

"정말?"

"응."

어차피 못 믿을 이야기지만, 말이라도 이렇게 해주니 얼마나 고마운지 모른다. 지민이를 꼭 안아주었다.

오늘 수업은 수학으로 시작했다. 덧셈과 뺄셈(3)의 마지막 부분. 일일이 채점을 해주며 아이들 상태를 살폈다. 역시나 학습지 위주로 반복계산만 하던 아이들은 조금만 글이 길어지면 헤매기 시작한다. 수학 문제를 해결하는 기쁨을 만끽해야 할 아이들이 잘못된 학습 관행 때문에 수학과 멀어지는 것 같아 안타까운 마음에 오늘도 학부모 밴드에 이런저런 잔소리를 좀 썼다. 교사 얘기를 들을 분과 안 들을 분이 나뉘겠지만, 얘기하지 않을 수 없었다. 벌써 구구단을 외우게 하는 부모가 있는데, 자신들의 잘못된 학습 습관과 관행을 그대로 아이들에게 주입하려는 모습에 안타까움만 더해간다. 수학 익힘은 집에서 해결하라고 하고 오늘 수학수업을 모두 마무리했다. 두 번째 수업은 학급마무리 잔치 준비로 시간을 보냈다. 특히 그림자극과 빛그림책에 등장할 아이들과 준비를 할 아이들을 선정했는데, 모든 자리를 고르게 차지하도록 아이들을 배치하는 일은 참으로 어렵다. 그래도 아이들이 군소리 없이 내 의견을 받아들여 주어 고마웠다. 이제 밑그림은 완성됐다. 다음 주에 시 낭송 학습만 마치면 완벽하게 준비가 끝날 것 같다. 아이들과의 이별 준비는 이미 시작됐다. 마음이 벌써부터 싱숭생숭하다. 차가운 바람이 불지만 햇살은 따뜻한 금요일이다. 쉬자.

Tool&Tip
실천과 추천

미리미리 준비하는 이별

내 경우엔 11월 마지막 주부터 아이들과 헤어질 날을 세어가며 학급을 마무리할 준비를 했던 것 같다. 끝까지 최선을 다하기 위한 다짐의 의식이라고 할까. 자칫 아이들처럼 지치고 힘들어질 수 있는 12월 마음을 다잡고 준비할 필요가 있다. 교과별로 부족한 부분을 챙기고 마무리 활동으로 1년의 마무리 준비를 할 시점을 12월 초로 잡고 새롭게 시작하면 좋겠다.

생각하는 것도
연습이 필요해

.

생각하는 걸 점점 싫어하는 시대가 됐다. 10년 뒤면 정말로 사람이 하던 일 대부분을 인공지능이 대신하는 시대가 올지도 모르겠다. 그러나 단순한 계산이나 사고를 기계에 맡기는 일은 있어도 생각하는 일은 여전히 인간의 본성에서 멀어지지 않을 것이라 생각한다. 예를 들어, 최근 구글에서 인공지능을 활용한 번역기가 등장하면서 이전보다 훨씬 쉽게 번역과 통역을 할 수 있는 시대가 바짝 다가왔다는 소식이 들렸다. 이제 해외여행 때문에 외국어를 배워야 하는 시대는 사라질 것이며 직장에서도 구글 번역기만 있으면 웬만한 사무는 처리할 수 있으니, 토익이나 토플도 곧 사라질지 모른다는 말까지 나온다. 하지만 전문가들은 정말 그럴까 하는 의문을 갖는다. 일반적인 통역이나 번역이야 굳이 외국어를 배워서 하지는 않겠지만, 극비사항 같은 경우 통역기를 사용하는 데에 한계가 있다는 것이다. 따라서 사람이 외국어를 배워야 할 필요성은 어떻게든 다시 제기될 수밖에 없다는 것이다. 이처럼 사람의 생각하는, 사고하는 능력이 이제까지와는 다른 영역에서 빛을 발하게 되는 것일 뿐, 전적으로 기계에 의지하거나 기계에 모든 걸 맡기지는 않을 것이다.

따라서 생각하는 힘은 여전히 학교에서, 특히 아이들에게 필요한 것이다. 《어떻게 읽을 것인가》의 저자 고영성은 본디 사람의 뇌는 책을 읽도록 만들어진 게 아니라는 주장을 했다. 주장이라기보다는 저자가 뇌 과학에 관련된 도서를 탐독하면서 얻은 결론이라고 말하는 편이 타당하겠다. 여하튼, 책읽기에 적합하지 않은 뇌를 가진 인간이 책을 읽을 때 받는 스트레스를 우리들은 감당할 수밖에 없다는 것이다. 문제는 이런 스트레스를 어떻게 이겨내느냐이다. 그는 연습이 필요하다고 주장한다. 그리고 그 연습을 오롯이 아이들에게만 맡길 것이 아니라 어른이 옆에서 도와줘야 한다고 말한다. 글자를 안다고 해서 읽기를 온전히 아이들에게 맡기는 일은 평범한 아이들 입장에서 굉장한 부담이라는 것이다. 함께 읽고, 들려주는 과정을 통해 아이들이 부담을 덜 가지고 읽기, 쓰기의 세계로 들어설 수 있으며 그래야 비로소 아이들의 생각하는 힘도 길러질 수 있다. 하지만 안타깝게도 우리 반을 비롯해 많은 아이들이 실제로 이런 도움을 받고 있는지는 의심스럽다. 그래서 그런지 요즘 아이들은 본능적으로 생각하기를 거부하는 듯한 반응을 보인다.

지난 일 년 동안 이런 부분을 상쇄시키려 부단히 애를 썼지만 해보지도 않고, 오래 참아보지도 않고 힘들다고만 한다. 오늘도 두 번째 시 쓰기를 하면서 몇몇 아이들이 그런 반응을 보였다. 생각하는 것에도 연습과 훈련이 필요하다. 저학년일수록 어른들의 도움이 더욱 필요하다. 대신해 주는 것이 아니라, 사고를 도와야 한다는 것이다. 처음에 시를 쓸 때 힘들었던 부분, 생각하고 있던 부분을 도와주었더니 아이들이 곧잘 해낸다. 오늘 시 쓰기에서도 대여섯 명이 결국 완성을 하지 못해서 내일 다시 하기로 했다. 그러면 되는 것이다. 문제는 얼마나 꾸준히 해낼 수 있냐에 있다. 5교시에는 수학교육과정을 다 마치고 연산 영역을 테스트하기 위해 지도서에 실린 심화문제를 복사해서 나눠 줬다. 보충문제 때도 그랬는데, 아이들은 이것을 자꾸 시험이라고 한다. 점수를 내는 것도 아니고 틀렸다고 꾸중을 하는 것도 아닌데 옆자리 아이가 푸는 것을 보고 따라 적는 아이들도 상당수 보인다. 충분히 본인이 생각해서 풀 수 있는 문제인데도 생각하려 들지 않는다. 그래도 좀 더 생각해보도록 시간과 여유를 주니 한 녀석씩 문제를 해결해서 나왔다. 그때 하는 말이,

"생각 안 했을 때는 어려운 것 같았는데, 문제 읽고 생각해 보니 안 어려웠어요."

오늘 틀리더라도 계속 생각하여 다시 풀어보는 과정을 거쳐 확인까지 받은 아이는 26명 중 10명이었다. 나머지는 내일 또 하기로 했다. 다시 말하지만 생각에도 연습이 필요하다. 아이들이 조금 피곤해하고 짜증낸다고 해서 내버려두면 다시는 생각하려 들지 않는다. 실제로 우리 반 아이들 몇몇도 그런 모습을 보인다. 시험 점수로 환산하는 낡은 평가방식에 목을 맬 게 아니라 내 아이가 정말로 생각하고 있는지, 생각하려 하고 있는지 관심을 가지고 지켜봐야 한다. 그런 의미에서 일기쓰기와 크게 다르지 않다. 오늘 아이들 모습을 보면서 새삼 생각하기의 중요성을 깨달을 수 있었다. 2016.12.15.

생각하기에 대한 단상

본격적으로 학습의 난이도가 커지는 2학기가 되면 생각하지 않으려 하는 아이들을 자주 발견하게 된다. 교육과정이 너무 어려운 탓도 있겠지만, 생각하는 것 자체를 꺼리고 부담스러워하는 아이들이 곧잘 보인다. 내가 보기에는 잘못된 선행학습으로 정답만 찾는 연습에 익숙해진 탓이 큰 것 같았다. 스스로 생각해서 틀려도 과감하게 도전해보고, 거기서 즐거움을 느끼기 바랐지만 많은 아이가 틀릴 것을 염려하고, 단순히 생각해서 답이 나오지 않으면 어렵고 힘들다고 짜증을 부리는 모습을 보였다. 보습학원에 다니는 아이들이 더욱 그러했다. 학원에서 문제집 풀이 위주의 학습을 하는 아이들에게서 흔히 발견할 수 있는 모습이다. 부모에게나 교사에게나 딜레마이다. 아이들을 사설 학원에 맡길 수밖에 없는 사회시스템에 대한 장기적인 대책이 세워져야 하는데, 기껏 내놓는다는 것이 학교에 오래 머물게 하자는 정책뿐이다. 상상력도 부족하고, 교육에 대한 철학도 빈곤하다. 아이들에게 정말로 중요한 것이 무엇인지 우리 어른들이 생각해보아야 한다.

선생님 집은
책 집이에요?

"어, 일찍 왔네. 시현이."

"물론이죠."

"넌 감기 안 걸렸어?"

"네. 그런데 아침에 오는데 지민이 독감 걸렸대요."

"맞아, 선생님한테도 아침에 연락 왔어."

"선생님, 그런데요."

"응, 왜?"

"손에 든 책 뭐예요?"

"아, 이거. 오늘 너희들에게 읽어줄 그림책이지."

"선생님 집에는 책이 많아요?"

"많지."

"얼마나요?"

"우리 교실에 있는 것보다 많아."

"그럼, 선생님 집은 책 집이에요?"

"그래, 그럴 수도 있겠다."

아침에 교문 쪽에서 만난 시현이와 이런 저런 얘기를 하며 교실로 들어섰다. 오늘도 두 아이가 독감으로 학교를 못 오게 돼 무려 다섯 명이 빠진 채로 수업을 하게 됐다. 다행히 곧 조금 긴 연휴가 있으니 다음 주 화요일이면 모든 아이를 다시 만날 수 있을거라 기대를 해봤다. 제발 그렇게 되길.

오늘 첫 수업은 규칙 찾기의 마지막 시간. 어제는 쉽게 하던 아이들이 오늘 아침에는 왜 이렇게 헤매던지. 컨디션 탓인지, 아님 정말 모르는 건지 칸 띄어 색칠하기의 규칙을 이해하지 못하는 아이들 때문에 한동안 소리를 높여야 했다. 겨우 이해하겠다는 아이들을 보며 아이들을 이해시키는 일이 정말 쉽지 않다는 생각이 들었다. 나는 아직도 어떻게 해야 할지 잘 모르겠다. 정말로. 겨우겨우 모든 평가를 마무리 짓고 나서는 산타클로스의 방문이 있었다. 아이들은 벌써 누구인지 알겠다며 소리를 질렀다. 내일 모레가 이브인데, 내 마음은 벌써부터 2월이 빨리 왔으면 좋겠다는 생각만 하고 있다. 3~4교시에는 아이들에게 백희나 작가의 그림책을 몰아서 보여주고 이야기를 나눴다. 국어교과 모임에서 백희나 작품전시회를 하자고 한 지는 오래됐는데, 이제 겨우 준비 단계에 있다. 몇몇 작품은 이미 읽었을 터인데도 내가 읽어주는 것을 더 재밌어했다. 오늘 아이들에게 읽어준 그림책은 《구름빵》, 《삐약이 엄마》, 《장수탕 선녀님》, 《달 샤베트》, 《이상한 엄마》, 《알사탕》 이렇게 여섯 권이다. 모둠별로 한 권씩을 정해 다음 주 중으로 무대 팝업을 만들게 할 예정이다.

"선생님, 구름빵 주인공들이 왜 종이로 만들어졌는지 알겠어요."

"그래? 왜?"

"구름빵 타고 날아가려면 종이처럼 가벼워야 하잖아요."

"정말 그러네. 선생님은 이제까지 구름빵을 보고 그런 생각을 못했네. 다른 친구들은 어떻게 생각해요?"

"맞는 거 같아요."

"선생님, 저기 저 아이는 삐약이 엄마 고양이처럼 눈이 짝짝이에요."

"그러네. 하하."

"선생님, 백희나 선생님 주인공들 가만히 보면 동석이랑 똑 닮았어요."

"하하, 그렇네. 대부분 동석이 볼처럼 톡 튀어나와서 재밌게 생겼다."

"선생님, 장수탕 할머니는 왜 요구르트를 요구룽이라고 해요?"

"왜겠니. 할머니가 영어가 익숙하지도 않고 이도 빠지셔서 그렇겠지."

"달 샤베트가 몸속으로 들어가면 배에서 빛이 나지 않을까요?"

"그렇지는 않네. 저기 봐."

"달 샤베트로 바깥을 비추면 밝겠어요. 손전등처럼."

"그러겠네. 그런데 너무 오래 비추면 녹지 않겠니?"

"이상한 엄마에 나오는 할머니가 집에 있으면 난 놀라서 기절할 것 같아요."

"나도요. 무서울 것 같아요."

"그래도 난 만나봤으면 좋겠다."

"삐약이 엄마처럼 우리 집 고양이도 엄마가 됐는데."

아이들은 그림책 몇 권으로 수많은 대화를 나눴다. 평소에 말을 잘

하지 않던 아이들도 한마디씩 건넨다. 그림책의 힘은 이런 데 있다. 아이들의 모습을 읽어낼 수 있게 해준다. 그림책을 잘 활용하면 평소와 다른 아이들의 모습을 쉽게 읽을 수 있다. 이런 활동을 통해서 좀 더 아이들을 이해할 수 있으면 좋겠다. 헤어질 날이 머지않았지만 말이다. 또한 이렇게 한 작가의 작품을 섞어 읽게 하니 아이들 스스로 작품들을 비교해가며 읽는 경험을 하는 것 같아 좋았다. 1학년 아이들에게도 이렇게 작가 중심으로 책을 읽는 경험을 시켜주면 좋겠다는 생각이 지난해부터 자꾸 든다. 이번 작품전에 백희나 작가를 초청하지 못한 게 못내 아쉽지만, 아이들에게 이번 수업은 특별했던 추억으로 기억에 남을 것이다. 2017.12.22.

담임에 대한 끊임없는 관심

내가 만난 1학년 아이들은 헤어지기 직전까지도 나에 대해 궁금해했다.

"선생님은 몇 살이에요?"

내가 150살이라고 그토록 뻥을 쳐도 아이들은 믿지 않았다. 동화작가 송언 선생님이 학교에서 어린아이와 만날 때마다 150살 먹은 도사라고 허풍을 치셨다는 이야기를 보고 나도 써먹었던 것인데, 우리 아이들은 믿지를 않았다. 그런데 가만히 보면 아이들은 나를 믿지 않은 게 아니라 믿고 싶어서 그런 것인지도 모르겠다. 내게 말을 걸고 싶고, 친해지고 싶을 때 아이들이 처음 건네는 말이 선생님 나이가 몇 살이냐였던 걸 보면…. 아이들에게 늘 책을 읽어주다 보니 한번은 아이들이 이렇게 내게 물었다. 선생님 집은 책 집이냐고. 1학년 아이들과 담임은 그렇게 친해진다. 아이들에게 담임은 신과 같은 상상의 존재다. 상상의 존재가 현실에 나타나 있으니 얼마나 궁금할까? 1학년과 잘 지내고 싶다면 아이들의 상상력을 끌어낼 요소들을 만들어내시라. 그렇게만 되면 아이들은 담임에게 끊임없는 관심을 보일 것이다.

학급을
마무리하다!

오늘은 아침 출근길부터 좀 당황했다. 천안 도심에 내린 첫눈에 차들이 제자리걸음을 되풀이하는 바람에 출근시간이 두 배나 걸렸다. 시청각실로 짐을 몰래 옮기려던 계획을 바꿔 아이들에게 부탁해 그림자극의 기본도구와 준비도구를 옮기고는 아이들을 챙겨 곧바로 시청각실로 갔다. 오늘 아이들에게 제일 당부한 것은 관람 태도였다. 1학기보다 훨씬 나은 자세를 보여줄 것이라 내심 기대했지만, 그래도 부모님들이 오시면 흔들릴 아이들의 마음을 다잡을 생각으로 거듭 강조를 했다. 덕분에 리허설 시간에는 관람 태도가 좋아 분위기 좋게 학급마무리 잔치를 할 수 있을 것 같았다.

1~2교시에 리허설을 마친 아이들은 체육시간과 조금 이른 점심시간을 보내고 12시 40분에 시청각실에 모였다. 잔치는 곧바로 시작했고, 아이들은 익숙한 듯 자신이 맡은 역할을 무난히 아주 잘 해내었다. 그림자극은 세 번 밖에 연습을 못했는데도 생각보다 잘 움직여주었다. 그 정도면 됐다. 집에까지 자료를 들고 가서 꾸역꾸역 혼자 작업한 노력이 결실을 맺은 것 같아 다행이었다. 좋은 경험이 되었으리라 믿는

다. 그림자극에 이어 시 낭송, 합창, 역할극, 빛그림책 공연, 빛그림책 노래 〈백구〉 공연까지 순조롭게 진행됐다. 마무리까지 깔끔하게 했으면 좋으련만, 남자 녀석들의 남다른 세계에 결국 굴복할 수밖에 없었다.

학급마무리 잔치를 하는 까닭은 한 학기의 리듬을 마무리 짓고자 함이다. 흔히 말하는 학예회와는 전혀 다르다. 평소에 하던 것을 모아 발표하는 것이고, 지난 학기와 일 년을 되돌아보는 자리이지 장기자랑이 아니라는 것이다. 분명히 해야할 것은 같은 나이의 아이들이라도 자라는 속도와 경험의 차이, 개개인의 기질에 따라 말하고 듣고 몸으로 드러내는 역량에 차이가 날 수밖에 없다는 점이다. '누구는 역할극도 하고 참여를 하는데 내 아이는 왜 아직'이라는 생각을 할 필요가 전혀 없다. 아이들의 미래는 지금 이 한순간의 모습으로 판단할 수 있는 것이 결코 아니기 때문이다.

지금 고려해야 할 것은 이 시간을 아이들이 충분히 즐기고 있느냐는 것뿐이다. 먼 훗날 우리 아이들이 어떻게 달라질지는 아무도 모른다. 나는 다음 주에 10년 전 4학년을 맡았을 때 나를 거쳐 간 여자아이 두 명과 만나기로 했다. 이제는 대학생이 된 아이들. 둘 다 본인이 선택한 학과에 들어가 행복하게 지내고 있다고 한다. 녀석들이 4학년 때 보여주던 모습으로는 이런 결과를 예상할 수 없었다. 어떤 이야기를 들려줄지 정말 기대가 된다.

겨우겨우 1년을 마무리했던 새싹 2반의 학급마무리 잔치. 우여곡절이 많았던 한 해였지만, 이런 경험이 우리 아이들에게도 나에게도 큰 자산으로 쌓여 앞으로 이어질 삶에 보탬이 될 것은 분명하다.

마침내 오늘 학급을 마무리했다. 내일 방학식을 하고, 2월에도 5일을 함께 할 것이지만, 그때는 마무리가 아니라 이별을 해야 할 것이다. 떠나보낼 녀석들에게 소박한 선물을 준비하고 있다. 나만의 방식으로. 돌아서니 또 일이다. 벌써 5시가 넘었다. 학급은 마무리했으니 이제 내 일을 마무리해야겠다. 2016.12.29.

학급마무리 잔치

1학년과 보낸 학급마무리 잔치는 첫해에는 오후 1시부터 2시간을 했고, 이듬해는 학부모의 요구로 저녁 7시에 시작해서 밤 9시가 넘어서 마쳤다. 여는 시간이 어떻든 아이들하고 함께 할 수 있어 좋았다. 무대를 교실이 아니라 시청각실로 해서 아이들에게 큰 무대에 서보는 경험도 쌓게 해주고, 부모님들이 1년을 마무리하는 자리를 좀 더 뜻깊게 보낼 수 있도록 교실에 전시회도 준비했다. 전시회를 둘러보고 시청각실에 모여 아이들의 공연을 관람하며 함께 참여하는 동안 잠시나마 한 식구라는 기분을 느낄 수 있었다. 이런 자리가 있어서 1년을 마무리한다는 느낌이 더 들지 않았나 싶다. 학기 말이 힘들긴 해도 부모님과 교사가 함께 아이들이 성장한 모습을 보는 자리는 뜻깊다. 나는 담임을 맡은 해면 늘 이런 마음으로 연례행사처럼 학급마무리 잔치를 준비하고 있다. 교실 속 아이들의 삶의 리듬은 교사의 노력과 희생이 바탕을 이루어야 잘 이어질 수 있다. 시간이 없어서 피곤하고, 몸이 아파서 못하겠다는 말이 내 안에도 맴돌지만, 준비하는 아이들의 모습과 기대하는 부모님들의 모습을 생각하면 마치 단추를 누르면 움직일 수밖에 없는 기계처럼 나도 움직이고 또 움직였다. 물론 내게도 남는 게 있었다. 교사라는 직업은 본디 그런 성질을 가지고 있다.

학급마무리 잔치에서 역할극을 하는 장면

학급마무리잔치에서 그림자극을 하는 아이들

학습활동 결과 전시1

학습활동 결과 전시2

학습활동결과 전시물을 관람하는 아이들

학급마무리 잔치에서 함께 노래를 부르는 아이들

겨울방학
하는 날

아침에 아이들을 맞이하는데, 우주가 슥 다가오더니 편지봉투를 건 넨다.

"이게 뭔데?"

"보세요."

"편지구나? 음. 이거 어머님이 쓰라고 한 거야, 우주 너 혼자 쓴 거 야?"

"나 혼자 쓴 건데요."

"정말? 정말 고맙다."

우주의 글에는 나와 헤어지는 아쉬움이 짧은 글에 절절히 담겨 있 었다. 얼마나 고마운지. 사랑한다는 글에 나도 사랑한다고 답했더니, 광현이가 옆에서 한 마디 건넨다.

"나도 사랑한다고 했잖아요."

"맞아, 그런데 넌 맨날 장난치듯이 얘기했잖아. 그래서 어제도 그런

줄 알았지."

"아니에요. 진짜예요."

"정말? 그러면 광현이 너도 고맙고 사랑해."

남자 녀석들에게 사랑한다는 말을, 그것도 한 해의 마지막 날에 듣게 되니 아침부터 기분도 좋고 고마웠다. 이 맛에 아이들과 지낸다는 생각이 들었다. 오늘 1교시에는 동화책 《가방 들어주는 아이》를 읽고 이 이야기를 드라마로 만든 작품을 보여주었다. 명작동화를 드라마로 만든 것을 유튜브에서 찾아 보여준 것이다. 아이들은 매우 진지하고 흥미롭게 지켜보았다.

"어땠어요?"

"재밌었어요."

"왜 재밌었을까?"

"책을 읽고 봐서요."

"맞아요. 책을 읽고 보니 어때요?"

"동화책하고 다른 게 있었어요."

"그렇지. 여러분도 방학 때 부모님하고 유튜브에서 명작동화를 찾아서 보고, 책을 읽고 나서 다시 드라마를 보는 경험을 해보길 바라요."

2교시에는 문집을 만들기 위해 필요한 작업을 해보았다. 문집 표지의 타이틀을 아이들 손에 맡기는 일이었다. 내가 만드는 학급문집은 늘 같은 제목이다. '자로 잰 듯 반듯하지 않아도'. 이 제목을 아이들에게 꾸미게 했는데, 제법 잘 해낸다. 이 중에서 가장 잘 만들어진 것을 문집에 담기로 하고, 가장 공을 들여 만든 예은이의 작품을 추천했다. 대다수의 아이들이 찬성해 당첨. 2월에 나눠줄 문집이 벌써부터 기대가 된다. 3~4교시에는 강당에서 방학식을 하고, 마지막으로 문집에 남길 글을 쓰게 했다. 아이들과 선생님에게 남기는 마지막 말. 아직 편하게 글을 쓰지 못하는 아이들은 말한 것을 친구가 받아써주게 하고 그것을 다시 옮겨 쓰는 작업을 하게 했다. 어떻게든 마무리를 지을 수 있었다. 덕분에 조금은 어수선하지만 방학식 날을 잘 넘겼다. 방학 잘 보내라며 아이들에게 귤 하나와 사탕을 쥐어주고 집으로 돌려보냈다. 그렇게 아이들을 돌려보내고 난 뒤, 청소도 하고 어지러워서 있던 내 책상 주변도 정리했다. 정말 방학인가 싶어 일을 다 끝낸 뒤 한동안 멍하니 교실만 바라봤다. 그러곤 모든 생각을 접었다. 오늘만큼은 뒤돌아보지 말고 그냥 머리를 비우기로 했다. 우리 아이들 모두 방학 동안 무사히 건강하게 보내길 바라며. 새해 복 많이 받기를 바라며. 2016.12.30.

Tool&Tip
실천과 추천

학급문집 만들기

나는 총 24권의 학급문집을 가지고 있다. '자로 잰 듯 반듯하지 않아도'라는, 나만의 학급살이 철학을 담아 지난 26년 동안 펴낸 학급문집들이다. 이오덕 선생님의 글쓰기교육 철학을 바탕으로 나름대로 만들어 온 학급문집이 내 큰 보물이자 자산이다. 무덤에까지 가져가고 싶은 이 보물은 아이들에게도 큰 선물이자 추억으로 남을 것이다. 주로 학기말에 편집을 해서 2월에 나눠주는데, 내년부터는 1월초에 학사일정이 마무리되는 것으로 바뀌어 조금 앞당겨 준비해야 할 것 같다. 예전보다 문집을 만드는 교사들이 많아지고 있어 다행이다. 다만, 교사들이 스스로 편집하여 완성하기보다 편집과 제본을 업체에 맡겨버리는 경우가 많아 아쉽기도 하다. 아이들과 한 해를 꾸려온 이야기를 서툴더라도 손수 만들어 조금 더 살아있는 문집을 만들어보길 바란다.

한 권으로 묶은 1학년 아이들의 학급문집(2016)

아침에 출근을 조금 늦게 했더니 역시나 시현이가 먼저 와서 "선생님~"하고 나를 부르며 맞아준다. 그런데 녀석을 가만 보니 머리카락이 하늘로 날아갈 듯 꼬아져 있다.

"너 파마했니?"
"네."
"그런데 왜 이렇게 정리가 안 돼. 하하하."
"나도 모르겠어요."

시현이뿐만이 아니었다. 귀여운 태현이 녀석도 교실로 들어서는데 시현이랑 비슷한 머리카락을 휘날리며 들어오는 게 아닌가?

"태현이도 파마했네."
"네. 했어요."
"야, 그러면 이제 선생님이 별명 지어주어야겠다. 시현이는 덩치가 크니까 대파마, 태현이는 덩치가 작으니까 소파마. 하하하."

아이들도 웃고 나도 웃는 개학날 아침, 녀석들 때문에 한참 웃고 시작을 했다. 어디 녀석들만 그랬을까? 다른 녀석들도 내게 달려와 안기기고 매달리고 잘 지냈냐며 살짝 귓속말을 해주는 아이들도 있었다. 윤진이는 키도 훌쩍 크고 살도 살짝 쪄 보였다. 한 달이라는 시간이 짧지만은 않은 듯했다. 도훈이도 어찌나 살을 찌워서 왔던지. 안아주는데 한 아름이다. 볼에는 이걸 어쩔까 싶을 정도로 살이 올라 있었다. 도무지 변한 게 없는 것처럼 보이는 녀석들도 있기는 한데, 절반 이상은 외모나 분위기가 한 달 전과 분명히 달라져 있었다. 이렇게 2학년이 되는 걸까?

첫 시간에는 각자 방학을 어떻게 보냈는지 발표하는 활동을 했다. 저마다 방학 동안 어떻게 보냈는지 재미나게 이야기해주었다. 사촌누나랑 서울서 재미있게 놀았다는 아이, 스케이트를 타며 놀았다는 아이, 괌에 다녀왔다는 아이, 키자니아에서 미용실 쪽으로 갔는데, 마네킹으로 머리 손질을 하던 분이 머리를 통째로 빼는 바람에 놀라며 웃었다는 이야기, 아빠가 계시는 베트남에 다녀왔다는 이야기, 할 일이 없어 방에서 뒹굴거렸다는 아이, 자신이 방학에 했던 일을 너무도 진지한 표정으로 이야기해서 웃었던 일 등등. 녀석들 나름대로 저마다의 방학을 보내고들 온 것 같았다.

두 번째 시간에는 아이들을 데리고 강당으로 가서 피구를 했다. 아이들은 신나게 했지만, 손발이 어찌나 시리던지. 준비체조를 확실히 하고 피구로 시간을 보냈다. 추운 와중에도 열심히들 공을 던지고 피하고 받았다. 마지막에는 땀이 나는데도 손발이 시리다며 너스레를 떠

두 권으로 묶은 1학년들의 학급문집(2017)

는 아이들을 데리고 서둘러 교실로 들어가야 했다.

3~4교시에는 어휘 문장 책으로 문장 공부를 새롭게 해보았다. 토씨의 개념이 낱말 이해를 돕는 데 있다는 것을 다시 상기시키며 지난 학기 동안 익혔던 문장을 복습해보았다. 대부분 잘하는데, 한글 공부가더 필요한 두 녀석은 역시나 아직 헤매고 있다. 그래도 점점 한글을 읽을 수 있게 되었고, 간단히 쓸 수도 있게 됐으니 일 년동안 내가 할 역할은 다 했다고 본다. 앞으로는 녀석들과 부모님들이 부디 노력을 해주어 하루라도 빨리 문해력을 갖춘 아이로 성장해주길 바랄 뿐이다.

마지막 시간에는 신문지로 눈싸움 놀이를 해보았다. 별것 아닌데도 아이들은 신나게 놀아주었다. 신문지를 뭉쳐서 던지고 또 던지다 신문지가 너덜너덜해져 걸레만도 못한 상태가 되어서야 아이들의 신문지 눈싸움은 겨우 끝이 났다. 그런데 아이들은 이것으로도 부족한 듯 다른 놀이를 하자고 했다. 가라사대랑 가위바위보 대결을 하자고 하기에 시간이 좀 남아 그러자고 했다. 즐겁게 한 시간을 더 보내고 나니 벌써 하루가 지났다.

아이들은 달라진 듯 하면서도 달라지지 않았다. 그래서 좋았다. 오후에는 문집이 도착했다. 처음으로 한 번에 두 권을 내는 문집이다. 지난해와는 달리 좀 더 작게, 동화책 크기로 만들어보았다. 첫 권은 시와 자신에게 주는 상장, 그림일기와 겸은 일 쓰기로 채웠고, 두 번째 권에는 11~12월 일기를 담아 일기마다 담임의 생각을 적어주었다. 각각 330쪽과 360쪽. 합이 690쪽이다. 아이들에게도 소중한 문집이겠지만, 언제 다시 1학년을 맡게 될지 모르는 내게 있어 이번 문집은 그 어느 때보다 보물 같은 문집으로 간직될 것 같다. 하~ 아이들과 지낼 날도 이제 나흘 남았다. 2018.02.05.

2학년이 되면

    통합교과서 '겨울'에는 '2학년이 되면'이라는 활동이 있다. 안 그래도 정말 2학년으로 올라갈 마음이나 있는지 궁금하던 차라 아이들 마음을 글에 담게 해서 읽어보니 역시나 2학년으로 올라간다는 게 어떤 것인지 아직 잘 모르는 아이가 대부분이었다. 하긴 이제 1학년을 다닌 아이들이 2학년에 대한 기대가 얼마나 있겠나. 그저 방학이 또 있다는 것에 즐거워하는 모습이 차라리 자연스러워 보였다. 그래도 2학년이 되면 하고 싶은 일, 먹고 싶은 것, 되고 싶은 것과 사고 싶은 것을 늘어 놓아보라 하자 다들 재미있다며 신나게 글을 썼다. 30분 뒤에 발표를 시켰더니 아이들의 특징이 그대로 담겨 있었다. 황당한 바람도 있었지만 아이들의 진심 어린 마음이 담긴 내용에 흐뭇하게 웃기도 했다. 지은이는 2학년이 되면 할머니가 빨리 낫기를 바란다고, 동석이는 2학년이 되면 아빠가 출장을 안 갔으면 좋겠다는 바람을 적었다. 2학년이 되면 새로운 선생님, 좋은 선생님, 좋은 친구를 만나 즐겁게 보냈으면 한다는 바람을 적은 아이나 누구누구랑 같은 반이 되고 싶다는 아이도 있었다. '2학년이 되면' 발표를 마치고 나서 졸업생들을 위한 글을 쓰며 마무리를 했다. 마침 문집이 도착해서 소개도 해주었다. 생각보다 예쁘게 나왔다. 방학 동안 도와주신 어머님들 덕분에 힘을 덜 들이고 펴낼 수 있어 기뻤다. 아이들도 문집을 보면서 반가워했다. 평생을 간직할 보물이 될 것 같다.

고맙게도 나와 함께 2학년으로 올라가길 바란다는 아이들도 꽤 있었다. 헤어지기 아쉬워서 그런걸까. 점심 같이 먹자는 여자아이들 성화에 한동안 시달리기도 했다. 겨우 달래고 차례를 정했는데, 그 모습을 지켜보던 하진이가 급식실에서 살포시 내 팔을 붙잡더니 한 마디 건넨다.

"선생님 옆에서 밥 먹고 싶어요."

그동안 이 말을 얼마나 하고 싶었을까. 설레발 치는 아이들 등쌀에 밀려 하고 싶은 말을 계속 못 하다가 내가 지나갈 때 슬쩍 내뱉은 이 말에 홀려 그러자고 했더니 얼굴이 환해진다. 겨울방학을 지내며 하진이도 조금 자란 것 같았다. 방학 전부터 글씨를 쓰는 폼이 잡히기 시작하더니 이제 자기가 아는 글자를 제법 잘 쓴다. 아이들은 이렇게 자라는가보다. 2학년이 되면 또 달라질 게 분명하다. 아이들 통지표 때문에 하교를 시킨 후에도 일을 하고 있는데, 윤진이가 집에 가질 않는다.

"나 좀 있다 가면 안 돼요?"
"왜?"
"지금 집에 가도 엄마 없단 말이에요."
"일하러 가셨구나?"
"아니요. 다이어트한다고 살 빼러 운동하러 갔어요."

"방금 예나 있던데 함께 가지."

"예나 한글 공부해야 해서 기다려야 해요."

"그래서 여기서 기다리려고?"

"네."

"그래라. 대신 선생님이 좀 바빠서 함께 못 놀아줘."

"저기서 그냥 놀게요."

한 시간 정도 놀던 윤진이는 결국 안아달라며 보채다가 인사를 몇 번이나 하고는 예나를 만나러 갔다. 우리 아이들이 2학년이 되면 어떤 모습일까? 맨날 점심 놀이시간에 내 교실로 놀러오겠다던 윤진이의 말이 그저 고마운 날이었다. 2017.02.03.

그렇게 2학년이 된다

겨울방학을 보내고 다시 만나게 되면 아이들이 부쩍 자라 있다. 살도 찌고 키도 크고 옷맵시나 머리모양새가 많이 달라져 있다. 철부지 1학년 모습으로 들어오던 때가 어제 같은데, 제법 학생티가 난다. 앞뒤 가리지 않고 천방지축, 종횡무진 학교 안을 누비던 녀석들이 조금은 차분해진 모습으로 자리에 앉아 있으면 '풉'하고 웃음이 나오려 한다. 나는 전쟁 같은 1년을 보냈는데, 아이들은 나와 상관없이 자라온 양 낯선 모습을 보여주기도 한다. 허무하기도 하고, 한편으로는 대견하기도 하다. 그렇게 아이들은 2학년이 되는 것 같았다.

절대
안 울 거예요

"선생님, 뭐 하는 거예요?"

"보면 몰라? 짐 싸고 있잖아."

"왜 짐을 싸요?"

"선생님 학교 떠나잖아."

"그런데 벌써 짐을 싸요?"

"너희들하고 빨리 헤어지려면 서둘러야 해."

"아이, 뭐예요."

오늘 아침 일찍부터 틈나는 대로 짐을 쌌다. 적어도 2년은 학교로 돌아오지 못할 것 같아 교실에 있는 아이들 책을 어떡하나 싶었는데, 6학년을 맡게 된 아내가 전부 달라고 해서 미리미리 챙겨야 할 상황이 됐다. 1학년 아이들이 늘 그렇듯, 한 녀석이 질문하기 시작하면 다른 녀석들도 끼어들어 계속 이어지기 마련. 나중에는 좀 더 짓궂게 말을 해주었다.

"너희들하고 빨리 헤어지려고 그런다! 왜!"

그러자 사내 녀석들이 대든다.

"그러면 빨리 싸세요. 나도 선생님 빨리 가면 좋아요. 히히."
"뭐야? 태현이 너 그랬지. 앞으로 남은 삼일 동안 태현이 맨날 괴롭혀줄 거야."
"하하. 그럼, 나도 선생님 계속 똥침하고 다닐 거예요."
"그래, 어디 함 보자."

점심시간에는 여자아이들이 우르르 몰려왔다.

"왜 여자들만 멀리서 밥을 먹어요? 남자들은 선생님하고 먹고."
"음, 그래야 너희들하고 빨리 헤어질 수 있을 것 같아서."
"아이, 뭐예요. 정말."
"지민이 너는 선생님하고 헤어지면 다른 선생님한테 애교부리면서 친해질 거잖아."
"아니거든요."
"아니야. 넌 그럴 거야. 선생님을 배신할 거야. 그래서 선생님은 짐을 빨리 쌀 수밖에 없어."
"마음대로 생각해요."

그때 가을이가 살짝 내게 다가와서 하는 말.

"선생님하고 헤어지는 날 절대로 안 울 거야."

순간 멍했다. 그 말이 울 거라는 얘기로 들렸기 때문이다. 장난스럽게 뱉은 말이 사흘 뒤 실제가 됐을 때, 난 어떨까 싶었다. 하~ 어쨌거나 오늘도 하루가 빠르게 지나갔다. 틈나는 대로 짐을 싸가며 수업을 했다. 2017.02.06.

내 등을 토닥여준
아이

오늘은 조금 이른 이별을 했다. 내일부터 이틀 동안 불가피하게 빠져야 하는 아이 하나 때문이었다. 해마다 아이들과 헤어질 때면 자기가 만든 나무 목걸이에 내 손글씨를 담아 전해주곤 했는데, 오늘도 어김없이 그 작업을 했다. 떡만둣국을 끓여 한 살 먹여 올려 보내려던 계획을 이 아이와는 하지 못하게 된 것이 무척 아쉽기도 했다. 국어 문법 수업 겸 겨울을 마무리하는 활동으로 배지를 만들고, 이어서 목걸이를 만들게 해보았다. 다들 자기가 원하는 목걸이를 신나게 만들었다. 목공풀이 빨리 마르기를 바라는 마음을 담아 교실 뒤편에 걸어놓았다. 시현이 것 하나만 빼고. 시현이에게는 일 년 동안 선생님을 너무 잘 도와줘서 고맙다는 말을 목걸이에 담아주었다. 시현이는 지난 일 년 동안 날마다 아침 일찍 교실에 들어서서 내 일을 도와주던 아이였다. 언제나 든든했고 꾸지람에도 아랑곳하지 않고 무던히 나를 믿고 따라주었던 아이였다. 그런 녀석과 한 발 빠르게 헤어지려니 못내 아쉬웠다. 그런 시현이의 목걸이에 글을 담아 목에 걸어주었다. 나를 보고 씩 웃는다. 그래서 꼭 안아주었다.

"시현아. 지난 일 년 동안 선생님 도와 준 거 정말 고마워. 앞으로도 열심히 생활하고 건강해야 해."

시현이를 꼭 안고 이런 말을 해주었더니 조그맣게 "네"라고 대답을 하고는 내 등을 토닥거려 준다. 왠지 참 좋았다. 내가 녀석의 등을 토닥이는 만큼 녀석도 내 등을 토닥여 주었다. 위로받는 내 모습이 괜히 멋쩍기도 하고 기분 좋기도 하고. 마냥 흐뭇했다. -2018.02.07.

Speculation 선생님의 사색

1학년 아이들과 헤어진다는 것

헤어질 때 절대 울지 않을 거라던 아이, 나랑 헤어지며 내 등을 토닥거리던 아이. 1학년 아이들이 아니면 맛볼 수 없는 이별 표시가 아닐까. 힘들었던 한 해를 모두 보상해주는 이별 표시에 마음이 흔들리고 눈가에 눈물이 핑 돌 때면 1학년이 주는 매력에 다시금 흠뻑 빠져든다. 다시는, 적어도 당분간은 1학년 담임을 하지 않을 거라는 맹세가 소리도 없이 무너지던 순간이다. 아마도 학교로 돌아가면 다시 1학년을 신청하지 않을까 싶다.

진정한
아홉 살이 되던 날

어젯밤에는 한 시간이 넘도록 만두소를 빚었다. 집에서 이따금 평양식 만두를 해 먹을 때면 소를 만드는 건 늘 어머니와 아내의 몫이었다. 나는 주로 만들어진 소를 만두피로 싸는 정도만 했었는데, 예쁘장하게 곧잘 빚었다. 어떻게 그렇게 만두를 잘 빚냐는 이야기를 수시로 들어서 그런지, 마치 나 혼자 만두를 다 만든 착각을 하고 있었던 것 같다. 올해는 아이들에게 떡만둣국을 끓여주기 위해 처음으로 만두소를 직접 준비하게 됐다. 이전에도 이따금 내가 맡은 반 아이들에게 만둣국을 만들어주곤 할 때면 아내가 소를 만들어주곤 했는데, 이번엔 내가 혼자 만들어야 할 상황이 된 것이다.

실제로 만들어보니 정말 만만치 않은 일이었다. 아이들을 위해 준비한다는 생각만 아니었다면, 직접 해서 먹어야지 하는 마음을 쉬이 가질 수 없을 만한 과정이었다. 그렇게 고생해서 만든 소와 기타 재료를 챙겨 아침 일찍 교실로 들어서서 만두를 만들기 시작했다. 아이들이 들어와서는 신기해하기도 하고 배고프다며 언제 먹느냐 졸라대기도 했다. 아침에 만둣국을 끓여 먹을 거라는 얘기에 아침을 거르고 온 아이들이 대부분이었다. 아이들이 모두 교실로 들어왔을 때 모둠별로 만두소를 나눠주고 한 명 당 두 개 정도씩 직접 만두를 빚어보게 했다. 내가 만드는 걸 보여주며 시연을 해주었더니 할 수 있겠단다. 그렇게 만들기 시작한 만두는 곧 떡만둣국이 됐다. 하나둘씩 떡만둣국을 먹으며 저마다 소리를 질렀다.

"와, 맛있어!"
"매운데도 맛있어."
"선생님 더 먹을 수 있어요?"
"아, 나도 먹고 싶다. 선생님, 배고파요."
"아직 멀었어요?"

맛있다는 말을 해주니 더욱 힘을 내게 됐다. 두 명 정도가 맵고 입에 맞지 않는다고 끼적거렸지만 대부분 참으로 맛나게 먹어주었다. 이렇게 한 살을 먹여준다는 생각에 괜히 뿌듯한 기분마저 들었다. 이 기분을 느끼려고 설이 있는 주에 종업식이 있을 때마다 만둣국을 끓인 것인지도 모른다. 내년부터는 1월 초에 모든 학기를 종료하도록 학사 일정이 바뀐다는데, 그땐 또 어떡하나 괜한 걱정이 들 정도다. 힘들었지만, 우리 반 아이들을 진정한 아홉 살로 올려 보낸 날이었다. 오늘 난 진정 행복했다.

오늘은 2학년 반 배정을 발표하는 날이기도 했다. 2학년 교실의 위치도 미리 알아두도록 안내해주었다. 다들 들뜬 얼굴이었다. 내일 당장 헤어지는데도 2학년에 대한 기대를 숨기지 못하는 얼굴들이었다.

그래, 그렇게 떠나보내야 하는 분위기였다. 남은 시간에는 어제 만들어둔 나무 목걸이에 덕담과 사인을 넣어주었다. 오랫동안 간직하길 바라는 마음을 담아 한 명 한 명 정성을 다해 써주었다. 그러고는 사물함과 책상 속을 정리하게 했다. 전부 정리될 즈음 오랜만에 학교 앞 공원으로 산책을 나섰다. 때마침 기온이 영상으로 오른 날이어서 부담이 덜했다. 영상 1도 정도였는데도 그동안 워낙 추웠던 탓인지 마치 봄이 온 것 같은 날이었다. 지난 3월의 봄날에 만났던 아이들과 헤어져야 할 날이 불과 하루 앞으로 다가왔다. 이제는 정말로 이별을 해야 하는 내일. 어떤 모습으로 아이들과 헤어져야 할지 모르겠다. 이 학교를 떠난다는 생각에 이별이 더욱 크게 느껴지는 것은 아닐까. 내일은 이 진정한 아홉 살 아이들과 따뜻한 이별을 해보려 한다. 2018.02.08.

Tool&Tip
실천과 추천

만둣국 먹여 보내기

해마다 잊지 않고 아이들과 벌이는 이별 행사 가운데 하나가 '만둣국 먹기'였다. 이따금 거르기도 했지만, 직접 나이 한 살 먹여 보낸다는 마음으로 만둣국을 끓여왔다. 전날 만두소를 만들어 만두피와 국물을 끓일 재료를 가지고 학교에 가면 아이들은 각자 그릇과 숟가락을 가져와 먹을 준비를 한다. 아이들과의 이별 행사로 제격이다. 번거로울지도 모르나 꼭 한 번 해보시길 바란다. 먼 여행을 떠나보내는 자식을 가진 부모의 심정이 아마도 이렇지 않을까 싶다.

이별 선물 건네기

해마다 하는 이별 행사로는 나무 목걸이도 빼놓을 수 없다. 담임이 아이들에게 주는 마지막 선물로 나무 목걸이를 만들기를 하는 것이다. 미리 재단해둔 목걸이 재료를 아이들에게 제공하면 곧바로 만들기 작업으로 들어갈 수 있다. 하루 정도 풀이 마를 시간을 두고, 이별하는 날 담임이 아이들 목에 직접 걸어주며 덕담을 건넨다. 부디 건강하고 꿈꾸는 모든 일을 이루었으면 한다고. 목걸이에 담임의 사인까지 넣으면 이별식은 모두 끝이 난다.

뜬금없이 울컥했던
마지막 날

　오늘은 아이들과 헤어져야 하는 날이었다. 뭔가 어수선했다. 교실에는 정리할 짐이 며칠 전부터 떡하니 자리하고 있었는데도 아이들은 오늘 헤어지는 게 맞나 싶을 정도로 평소와 다르지 않은 모습이었다. 나 또한 언제나처럼 잔소리와 장난을 섞어가며 시간을 보냈다. 아침에 아이들과 만나자마자 통지표와 문집을 건네주었다. 문집을 받고서 얼마나 반가워하고 신기해하던지. 그런데 지민이가 난데없이 문집을 들고 와 엄마의 미션이라며 사인을 해달라 하자 나머지 아이들도 줄을 모두 서는 바람에 사인 하느라 30분을 보내야 했다. 그 후 두 시간이 넘도록 사물함 정리, 교실 청소를 했다. 내 일을 제 일처럼 도와주는 아이들 덕분에 그나마 빨리 끝났다.

　점심시간이 되어 배고프다는 아이들을 데리고 급식소에 다녀온 뒤, 각자 가져갈 것들을 챙기고 나자 아이들이 게임을 하고 싶다고 해서 아이들이 좋아했던 가라사대와 가위바위보 놀이를 하며 시간을 보내고, 학년 초에 가르쳐주었던 노래와 율동을 신나게 불렀다. 마침내 헤어져야 할 시간. 그냥 보내기가 아쉬워 학급마무리 잔치 때 불렀던 〈축복합니다〉노래를 함께 불렀다. 미처 끄지 못한 플레이어에서 아이유의 〈밤편지〉 노래가 흘렀다. 모든 아이들에게 늘 하던 대로 서로 '고맙습니다' 하고 허리를 숙여 인사를 하게 했다. 그런데 순간 울컥하는 게 아닌가. 지난 25년 교사생활을 하면서 아이들과 헤어지면서 단 한 번도 울지도, 울컥하지도 않았는데, 갑자기 울컥하며 눈물이 핑 도는 게 '내가 왜 이러지?'하는 생각마저 들었다. 표정관리가 안 되는 얼굴로 허리를 펴 아이들을 보니 아이들도 표정관리가 되지 않고 있었다. 불과 5분 전까지만 해도 나랑 노래와 율동, 놀이를 하며 신나게 소리를 지르던 녀석들이 말이다. 시간이 지나자 이제는 감당하지 못할 만큼 울기 시작했다. 대부분이 여자아이들이었지만 남자 녀석들 몇몇도 울기 직전의 얼굴을 하고 있었다. 전체 인사를 한 뒤에 늘 하던 대로 한 명씩 불러 문 앞에서 마지막 인사를 했다. 그리고는 한 명 한 명 끌어안아주었다. 오늘만큼은 건성건성 교실 밖으로 나가는 아이들이 없었다.

이런저런 말을 건네는 아이들도 있었고, 내 말에 고개를 끄덕이며 열심히 살겠다고 건강하게 살겠다고 하는 아이들도 있었다. 나도 아이들을 모두 돌려보낼 때까지 계속 눈시울이 붉었다. 돌려보내도 다시 달려와서는 안겨서 울고, 다시 돌려보내면 또 오고. 다른 선생님 말로는 돌봄 교실에 갔던 아이들이 한동안 서럽게 울더란다. 나도 이런 경험은 처음이라 가슴이 무척이나 아팠던 시간이었다. 붉어진 눈시울을 훔치고 곧바로 교실 정리에 들어갔다. 잠시 뒤에는 지난 일 년 고마웠다는 어머님들의 문자가 날아왔다. 지난 일 년, 나는 정말로 잘 살았던 걸까.

이제 이 1학년 담임일기도 오늘을 마지막으로 당분간 그만두게 될 것 같다. 언제 또 이렇게 날마다 일기를 쓸지 모르겠다. 1학년 담임을 처음 하게 되던 날, 이전에 맡았던 학년과는 전혀 다른 아이들의 모습을 보면서 나는 일기를 쓰지 않을 수가 없었다. 날마다 다른 이야기를 만들어내는 아이들의 모습을 글에 담지 않을 수가 없었고 매일 다른 수업을 준비하는 내 이야기도 빼놓을 수 없었다. 누가 보더라도 신경 쓰지 않고 솔직한 내 생각을 담은 이야기를 하는 탓에 때때로 오해도 받고 싫은 소리도 들어야 했지만, 그보다 훨씬 많은 선생님과 학부모님들이 응원과 격려 그리고 지지를 주신 덕분에 나는 오늘까지 하루도 쉬지 않고 일기를 쓸 수 있었다. 상처도 컸지만 나이 쉰에 교사로서 또 한번 성장하게 됐다.

이런 깨달음을 내려두고 나는 잠시 학교를 떠난다. 다시 돌아오지 않는다는 선택지도 있지만, 아마도 그럴 일은 없을 것 같다. 오늘 헤어진 아이들이 집에 가서도 서럽게 울더라는 이야기를 부모님께 전해 들었을 때, 꼭 다시 돌아와야겠다는 생각이 들어서다. 이번 겨울방학 때 전국초등국어교과모임 선생님들과 이야기를 나누면서 나는 교사로 살 수밖에 없다는 것을 다시금 깨달아서다. 내가 교사로 잘 살았으면 좋겠다며, 언제나 멀리서 응원해주는 존경하고 사랑하는 지인들의 마음을 떨치기 어렵기 때문이다. 오늘 뜬금없이 울컥했던 내가 교사였다는 것을 새삼 알게 됐기 때문이다. 나는 2년 뒤에도 아이들과 울컥하며 살아가는 교사로 살아갈 것이다. 아마도, 아니 분명히. 2018.02.09.

마지막 이별, 그 뒷이야기

25년을 교사로 지내면서 이렇게 폭풍 같은 고마움의 글을 부모들로부터 받아보기는 처음이라 살짝 당황스럽기도 하고 고맙기도 하다. 어제 1학년들과 헤어지며 처음으로 울컥해서 마음이 힘들고, 잠시 학교를 떠나는 것이 조금은 불안했는데, 불안하고 흔들리는 마음을 다잡아준 아이들과 부모님들이 너무 고마워 이렇게 저장해 두었다가 두고두고 되새기며 열심히 살려 한다. 세상이 고맙고, 아이들이 고맙고, 부모님들이 고맙다. 이렇게 격한 기분은 참으로 처음이다.

정훈엄마

선생님. 일 년 동안 고생하셨습니다~~ 오늘 교실은 아무래도 눈물바다가 되지 않았을까 싶네요. ㅜㅜㅜ 저희 정훈이도 학교 끝나고 태권도장 갈 시간인데 전화 와서 놀라면서 받았더니 통곡을 하면서 울길래~~ 달래주면서 물어보니 선생님과 헤어지기 싫다고…. ㅜㅜㅜ
다른 학교 가서도 몸 건강하시고 정훈이를 비롯한 1학년 4반 친구들 생각해주세요~~^^

윤진엄마

선생님~!
늦게까지 사진과 진심 어린 글들 너무너무 감사해요.♡♡♡♡♡ 소중히 잘 보관하겠습니당.

이제 정말 헤어지는구나 생각하니 많이 아쉽고 그래도 우리에겐 연락처도 메일주소도 있으니 종종 안부 여쭙고 하면 되겠지요. 아침마다 아이들 책 읽어주시고 맛있는 만두까지~~ 박진환 선생님은 사랑입니다!!! 고맙습니다. 선생님.

민준 엄마

1학년 4반을 맡아주시고 가신다니 너무 마음이 아픕니다. 밴드 글을 읽고 나서 어찌나 눈물이 찡하게 나던지요. 1학년 들어간 지가 엊그제 같은데 벌써 시간이 이렇게 됐네요. 항상 애써주시고 아이들도 예쁘게 보듬어주시고 챙겨주시고…. 사랑해주시고 우리 민준이가 이런 선생님을 언제 또 만날 수 있을까요. 일 년 동안 정말 수고하셨습니다. 감사합니다.^^ 언제나 우리 4반 어린이들 생각해주세요. 몸 건강하세요.

지민엄마

선생님~~ 문집을 받고 마지막 글귀를 보니 이제야 헤어짐이 실감이 나네요. ㅠㅠ

우리 지민이 1년 동안 잘 돌봐주셔서 정말 감사드려요.^^ 선생님만큼 좋은 샘을 또 만날 수 있을까요. 맘 같아선 2학년도 함께하면 얼마나 좋을까 욕심이 났네요.

아빠 같은 푸근함과 엄마 같은 섬세함으로 우리 아이들 편히 학교생활 잘했네요.

다시 한 번 감사드려요. 다른 곳에서도 몸 건강히 잘 지내시고요. 잊지 않을게요. ♡♡♡♡

태현 엄마
선생님~ 넘 늦은 시간이라 실례인 줄 알지만 밴드 글에 하나하나 답글 달아주시는 거 보고 문자 드려요. 1학년 처음 보낼 때 정말 많이 걱정했습니다. 태현 아빠가 몸이 좀 안 좋아서 초등학교 시절 항상 주눅 들고 기가 죽어 다녀서 많이 힘들었기에 태현이도 그러지 않을까 노심초사하며 보냈지요. 친구 사이도 조금이라도 이상하면 무슨 일 있는지 걱정했던 게 일이었습니다. 하지만 선생님께서 태현이가 많은 경험을 하고 있고 좀 더 지켜봐주는 게 어떻겠냐고 하셔서 저도 좀 더 뒤에 물러나 지켜보며 생각하니 지금의 제 모습도 조금이나마 태현이만큼 성장한 거 같습니다. 아직도 불안하고 걱정이 되는 것도 있지만 선생님 말씀 생각하며 태현이를 잘 키울 수 있도록 하겠습니다. 앞으로 선생님처럼 아이들 생각해주고 가르쳐주시는 분을 만날 수 있을지…. 태현이도 선생님 가르침을 잘 기억하고 항상 생각했으면 좋겠습니다. 그리고 좀 더 단단해지는 태현이가 됐음 좋겠습니다. 선생님 일 년 동안 너무 감사했습니다. 그리고 죄송했습니다. 무슨 일만 생기면 선생님께 불쑥불쑥 연락드렸던 거 같아서요. 지금 돌아보니 다 좋은 경험이었던 같습니다. 이 학교에는 안 계시겠지만 앞으로도 연락드리며 지내고 싶어요. 제가 이곳에 와서 처음 일 년 보내며 조언 구할 곳도 없고 많이 힘들었는데 앞으로 태현이 키우며 조언

구할 일이 있다면 연락하며 좋은 일, 기쁜 일 나누고 싶습니다. 태현이가 장점이 많은 아이라고 하셨던 그 글, 항상 기억하며 태현이 키우겠습니다.

감사합니다. 두서없이 그냥 지금 감정에 휘둘려 쓴 글이라 정리가 안 된 거 같네요.

넘 늦었지만 넘 감사했던 마음을 문자로나마 말씀드리고 싶어서 그런 거니 화내지 마세요. 그럼 편히 쉬시고 학교에 꼭 한번 방문해주시길 바랍니다. 건강하세요. 항상 행복하시길 기원합니다.

예나 엄마

밴드에 마지막 글이 올라오질 않아 안 그래도 선생님이 핵폭탄을 날려주실 건가 보다 했습니다. 아니나 다를까 잠결에 밴드를 보고 울컥하면서 먹먹해지는 가슴을 간신히 다독이고 있습니다. 학기 초에 선생님 나이가 그렇게도 궁금해서 물어보고 또 물어보던 1학년 꼬맹이를 이렇게 잘 성장시켜주셔서 너무나 감사드립니다. 아이가 셋인지라 많은 선생님들을 만나 뵙고 이별도 하고 했지만 이렇게 마지막이 아쉬운 건 처음인 것 같습니다. 1학년 4반 아이들은 정말 행운아들이었고 복 받은 아이들. 맞습니다. 선생님과 첫 학교생활을 할 수 있어서 감사했습니다. 학교 가기 전만 되면 배가 아프고 목이 마르고 응아가 마렵고 하는 지각생 예나를 꼭~ 잊지 말아주세요. 항상 건강하시고 하시고자 하는 일에도 행운만 따르길 바라겠습니다. 감사했습니다.

민준 엄마

선생님과 함께했던 한 해. 참 짧았던 시간이었습니다. 감사드리고 또 감사드립니다! 건강하세요. 저 또한 선생님의 마지막 밴드 글을 읽으며 눈시울이 붉어지네요.

가을 아빠

선생님! 일 년 동안 정말 감사했습니다. 30여 년 전 공항초등학교 2학년 2반 박00 선생님을 제가 기억하는 것처럼 우리 가을이 또한 세월이 많이 지나도 1학년 4반 박진환 선생님을 기억하겠지요. 항상 건강하시고 행복하시길 응원할게요. 다시 한번 감사드립니다.

윤서 엄마

변함없이 마지막까지 소식 전해주시고 멋지시고 감동스럽습니다. 1학년 첫 학교생활을 선생님과 할 수 있었던 것이 4반은 행운이에요. 모쪼록 아프지 마시고 잘 지내시길요.

시현 엄마

마지막을 함께 하지 못해 죄송하네요. 선생님처럼 열정적이고 혁신적인 선생님은 다신 못 만날 듯싶네요. 정말 감사드립니다. 항상 행복하세요.

윤서 아빠

엊그제 입학한 거 같은데 벌써 2학년에 올라가네요. 초등 1학년 담임선생님은 여자선생님이길 했던 저의 선입관을 깨주신 박진환 선생님! 윤서가 선생님 너무너무 좋다고 했던 것도 이젠 추억 속에…. 새싹 4반과 함께한 일 년 정말 감사했습니다! 건강하시고 만사형통하세요.

지은 엄마

이런저런 마무리로 많이 바쁘신가 보다 생각하며 마지막 밴드 글 언제 올라오려나 기다리고 있었습니다.

문집 보면서 밴드 보면서 지난 일 년이 생각나 자꾸 울컥합니다. 지은이 때문에 많이 힘드셨지요. 마지막으로 선생님 꼬옥 안아드리고 감사 인사하고 와라 했는데 선생님이 먼저 안아주셨다고 하네요. AS 가능하시다니 가끔씩 살짝 요청드려야겠어요.

한 해 동안 너무 너무 감사했습니다. 건강하세요.

도훈 엄마

오늘 밴드 글 보니 눈물이 나네요. 처음 학교 보내서 마음 졸이며 좀 더 단단해지길 바라며 도훈이를 보냈습니다. 그 시간을 되돌아보니 일 년이라는 시간이 너무 금방 지나가버린 거 같아서 아쉽네요. 선생님께서 한 아이 한 아이 신경 써주시고 지도해주셔서 아이들이 잘 클 수 있었던 거 같아요. 항상 감사했습니다. 항상 건강 챙기시고 아프지 마세요.

민준 엄마

민준이도 오늘 절 만나자마자 금방이라도 울음보가 터질 것 같은 얼굴로 선생님 전화번호 자기한테 꼭 가르쳐달라며 선생님이 보고 싶을 때 전화를 꼭 하겠다네요. 학교에서 울면 친구들이 놀릴까 봐 꾹 참았다며 집에 들어와서도 한참이나 눈시울이 붉어져 있었네요. 선생님 일 년 동안 잘 가르쳐주시고 이끌어주셔서 너무나 감사드려요. 선생님의 앞날에 꽃길만 가득하길 바랍니다.

현서 아빠

선생님 일 년 동안 현서와 저희 가족에게 좋은 추억 만들어주셔서 감사합니다.

늘 행복하세요.

지후 엄마

처음 학교에 입학해 낯설고 두려웠을 텐데 선생님 덕분에 학교라는 이미지가 즐거운 곳 신나는 곳이란 걸 지후에게 각인시켜주셔서 정말정말 감사드려요. 늘 건강 하시고 행복하시길 바랍니다!

하진 엄마

학기 초에 학교 가는 게 힘들었던 하진이가 오늘 울었다는 소리를 듣고 정말 놀랐습니다. 오늘도 시크하게 집으로 돌아올 줄 알았는데 말은 많이 안 했지만 선생님과 정이 많이 들었던 모양입니다. 그만큼 선생님께서 진심으로 아이들을 대했다는 생각이 드네요. 일 년 동안 아이들 챙겨 주셔서 감사드립니다.

태현 아빠

아이보다 제가 더 설레었던 학기 초가 엊그제 같은데 벌써 이렇게 이별을 고하는 게시글이 올라오니 아쉬운 마음이 가득하네요. 학부모가 처음이다 보니 많은 걱정도 있었지만, 좋은 선생님과 좋은 반 친구들을 만나 건강한 사회구성원으로 배우고 성장하는 태현이를 보며 더없이 감사했던 한 해였습니다. 선생님, 올 한 해 많이 고생하셨고 감사했습니다.

늘 건강하시고, 행복하시길 멀리서나마 응원하겠습니다.

지유 엄마

지난 일 년 동안 정말 감사했습니다. 문집을 보면서 또 슬픈 표정인 지유를 보니 저도 울컥하더라구요. 박진환선생님처럼 멋진 선생님이 되고 싶다는 지유라 지난 일 년의 시간이 더 소중한가 봅니다. 멋진 선생님의 모습을 보여주셔서 고맙습니다.

매일 선생님의 글과 사진 속에서 아이들의 성장을 봤는데 이젠 그럴수 없다고 생각하니 아쉽고 슬프기까지 합니다. 애써 주신 마음 정말 감사합니다. 가족 모두 건강하시길 기도합니다. 가신 곳에서도 지금처럼 멋지게 지내시길 축복합니다.

정훈 엄마

마지막 밴드 글을 기다리다 기다리다 일찍 잠이 들어버렸는데 아침에 확인하네요. 안 그래도 어제 사서 도우미라서 방과후 정훈이랑 도서관에서 만나기로 했는데 기다려도 정훈이는 오지 않고 나중에 보니 집에 가 있더라고요. 한 번도 만나는 약속은 잊지 않았던 정훈인데 눈물바다의 헤어지는 그 분위기가 익숙하지 않아 정신이 없었나 봐요. 선생님께 고마운 것이 너무나 많은데 보답하는 방법은 정훈이를 바르게 키우는 것이겠지요. 육아하면서 항상 선생님의 교육철학 잊지 않겠습니다. 건강하세요!

수진 엄마

수진이를 키우는 내내 선생님 생각이 날 것 같아요. 정말 든든하고 감사했습니다!
AS가 된다니 수진이 키우다 잘 모르겠으면 문의드릴게요. 하시는 모든 일에 기쁨 가득하시고 건강하세요.

도훈 엄마

한 해 동안 정말 감사했습니다.
도훈이가 많이 아쉽고 인제 선생님께서 학교에 안 계시다니 많이 서운하다고 하더라구요. 문집과 밴드 마지막 글을 읽으면서 저도 울컥하네요. 고생 많으셨습니다. 항상 행복하시고 건강하세요.

동석 엄마

선생님 너무 감사해서 카톡으로 대신 인사드려요. 정말 수고 많으셨어요. 울면서 나오는 아이들 보니 일 년의 시간이 필름처럼 스쳐 지나가며 덩달아 눈물이 나더군요. 동석이는 이번 주 내내 선생님과 헤어지는 걸 걱정하며 하루하루 세고 내일이 오지 않았으면 좋겠다면서 눈물을 글썽이기도 했는데 오늘 그만 그 눈물이 터지고 말았네요. 항상 열정과 사랑으로 아이들 지도하시는 모습을 보며 정말 대단하시다는 생각을 많이 했었습니다. 한글을 알지 못하고 입학한 동석이를 항상 격려해주셨지요. 선생님의 교육철학과 책읽기가 중요하다는 말씀, 항상 기억하며 노력하겠습니다. 처음 학교라는 곳에 발을 디딘 동석이에게 학교를 즐거운 곳으로, 기억에 남는 좋으신 선생님으로 간직할 수 있도록 해주셔서 감사드립니다. 1학년을 지내는 동안 선생님을 만난 것이 초보 학부모에게는 너무나 든든하고 매일 올려주시는 사진과 일기도 많은 도움이 됐습니다.

항상 건강하시고 어느 곳에 계시든 항상 행복하시길 바라며 선생님의 가정에도 항상 평안하시길 기도드리겠습니다. 1년 동안 동석이의 담임선생님이 돼주셔서 정말 감사드립니다.

윤주 엄마

선생님 방학 내내 선생님과 헤어질 걸 걱정하고 이번 일주일도 계속 걱정하면서 아침마다 차에서 내리면서 헤어짐은 슬픈 게 아니라며 새로운 시작이라며 매일 주문을 외우듯 그러더니 안 울려고 본인은 애를 많이 썼는데 너무 슬퍼서 울었대요. 선생님 가끔씩 윤주 소식 전하겠습니다. 다시 한번 감사드려요. 오늘 많이 피곤하실 텐데 편안한 밤 되셔요.

수진 엄마

선생님~ 잘 지내고 계시죠? 새로운 곳에서 근무할 준비로 바쁘시겠어요. 수진이 키우면서 흔들릴 때마다 밴드에 선생님께서 쓰신 글 읽으며 위로를 받았고 앞으로도 위로를 받으려고 했는데 없어져서 아쉽고 섭섭해요. 선생님이 항상 그리울 것 같아요. 건강하세요.

지원 엄마

선생님. 밴드 글을 보고는 저도 눈물이 나네요. 지원이랑 손편지를 쓸까 하다가 이렇게라도 감사한 마음을 담아봅니다. 지원이가 얼마나 울던지 달래주다 같이 울컥했어요. 선생님을 못 봐서 너무 슬프다네요. 그러면서 한참 기분이 안 좋더라고요. 집에 와서도 한참을 선생님 얘기했어요! 입학식 한 게 바로 어제 같은데 시간이 빨리도 가네요. 그간 고생하셨습니다. 이말밖엔 할 말이 없네요! 지원이에게도 저에게도 멋진 선생님이셨어요. 선생님말씀처럼 즐겁게 지원이에게 잘 맞는 것을 잘 찾아주는 부모가 될게요.

못다 한 학급살이 이야기

입학식과
1학년 아이들

    1학년을 처음 맡은 2016년 2월. 당장 급한 것 가운데 하나가 바로 입학식 준비였다. 당시 같은 학년에 1학년을 경험해본 교사가 없었던 터라 지난해 1학년을 맡았던 교사의 도움을 받아 진행했다. 머리에 각종 동물이나 캐릭터 인형탈을 쓰고 율동을 하며 1학년을 환영하며 맞이하는 연출을 계획했는데, 다행히도(?) 사정이 생겨 실제로 무대에 올리지는 못했다. 대신 다른 학년 선생님들이 작은 공연으로 환영 무대를 꾸며주고 1학년 담임은 반마다 준비해 둔 작은 화분을 아이들에게 나누어주었다. 화분을 두 손에 든 아이들은 교사의 안내를 받아 무대 위로 올라와 인사하고 학부모들과 교직원들이 전하는 축하 박수를 받았다. 교실에 둔 작은 화분은 한 학기 내내 아이들의 관찰거리가 돼주었다. 이듬해에는 같은 학년을 맡은 선생님들과 의논을 해 전년도에도 나눠준 화분에 더해 '빛그림책 공연'을 준비하기로 했다. 동화작가 송언의 그림책《두근두근 1학년 선생님 사로잡기》를 파워포인트에 담아 배경음악을 깔고 교사들이 역할을 나눠 읽어주는 형식의 공연이었는데, 학부모와 아이들의 반응이 그런대로 괜찮았다. 학교라는 낯선 공간에서 담임선생님과 친해지는 방법을 알아간다는 내용이 아이들

아이들 손에 쥐여줄 작은 화분　　　　　화분을 들고 무대 위로 올라가는 작은 문

무대 위에 올라가 앉아 있는 아이들 모습

의 시선을 사로잡았던 것 같다. 1학년 입학식에 대한 고민은 어느 학교 선생님들이나 마찬가지로 깊을 것 같다. 딱히 정답이 있는 것 같지는 않다. 입학식의 색깔은 준비하는 교사들의 철학과 성향, 관심에 따라 다양한 방법과 형식이 있을 것이다. 학년 초, 교육과정 준비만으로도 바쁜 시기에 지나치게 부담이 가는 준비보다는 마음과 정성을 다해 반갑고도 편안하게 아이들을 맞이하는 형식이면 무엇이든 괜찮지 않을까 싶다.

1학년 아이들과의
첫 만남

입학식을 마친 뒤 아이들을 데리고 교실로 들어오면 그때부터 갖가지 풍경이 펼쳐진다. 엄마가 보이지 않는다며 울어버리는 아이, 줄지어 교실로 따라오다가도 이내 다른 곳으로 가버리는 아이, 두리번거리며 복도에 머뭇거리는 부모를 찾는 아이, 낯선 장소에서 잔뜩 긴장한 듯 선생님만 바라보는 아이…. 이렇게 각기 다른 모습을 보여주는 아이들을 데리고 교실로 들어서서 문을 닫고 자리에 앉아 있는 아이들을 바라보는 순간, 교사는 한숨부터 나온다. '이 아이들을 데리고 일 년을 살아야 하구나' 하는 현실을 받아들여야 하는 순간이기 때문이다. 그리고 '이제 뭘 하지?' 싶다. 우선 아이들 책상에 하나씩 올려놓은 작은 화분에 준비해 둔 스티커(이름)를 붙여 창가에 옮겨놓은 뒤, 아이들을 앞으로 모아놓고 물었다.

"오늘 입학식을 했는데, 기분이 어때요?"

멀뚱멀뚱 나를 쳐다보기만 하는 아이들이 대부분인데, 그 가운데 몇몇이 입을 열고는 내게 묻는다.

"선생님은 몇 살이에요?"

"아저씨는 누군데요?"

"야, 아저씨가 뭐냐? 선생님이야."

이런 말들로 서로를 조금씩 알아가는 시간을 보낸다. 담임이라는 게 무엇이고, 내 이름은 무엇이며, 앞으로 어떻게 지낼 거라는 것. 정신이 없어 귀에 아무것도 들어오지 않을 아이들 앞에서 어떻게든 주절거리며 이야기를 나눌 수밖에 없다. 담임과 교실 분위기에 조금 더 빠르게 적응하고 친숙해지라고 이야기를 들려주니 그나마 편해졌다. 입학식 때 들려준 작가 송언의 그림책 《두근두근 1학년 새 친구사귀기》를 보여주고 옛이야기도 들려주며 서로 사이좋게 지내자는 다짐을 해보았다. 또한 날마다 교실에서 어떻게 지내며, 학교에서 한 주 동안 무엇을 하며 지내는지, 집에 가서 무엇을 생각하고 준비해야 하는지. 스스로 해야 할 것인지 무엇인지를 안내했다. 물론, 이렇게 안내를 한다고 크게 달라지지는 않는다. 정신없는 입학식 날이지 않은가. 그저 아이들과 시간을 보내며 서로를 조금씩 알아가는 시간, 교실을 한 바퀴 돌며 서로 익숙해지는 시간을 가지는 것이 교사가 첫날의 교실에서 할 일이다. 아마도 이때가 아이들에게 가장 친절했던 시기가 아닐까 싶다. 그렇게 아이들을 만나고 돌려보내기 전에, 바깥에서 노심초사 아이들을 기다리시던 부모님들을 교실로 초대했다. 학교 교육과정설명회나 공개수업, 상담 때 따로 만날 수는 있지만, 모두 같은 시간에 모이기란 힘들다. 온라인 소통에도 한계가 있어 나는 이때다 싶어 학부모님을 교실로 불러들였다. 그리고는 간단한 내 소개와 일 년 학급살이에 대한 이야기를 전해 드렸다. 두 번째 1학년 담임을 맡았을 때나

가능했던 일이었다. 나중에 학교 행사에서 학부모님들과 이야기를 나눌 때면 첫날 교실에서 들은 담임 말이 믿음이 가서 편안하게 집으로 돌아갈 수 있었다는 말씀을 더러 해주시곤 했다. 참고해보았으면 한다.

1학년 학부모님과 소통하는 장치

학급살이를 준비하면서 가장 먼저 하는 게 아이들 이름을 확인하고 얼굴을 익히는 일이다. 아이들과 금방 친해지는 비결이기도 하다. 첫날 아이들을 만났을 때 사진을 찍어 사진과 이름을 잇는 표를 만들어 책상에 올려두면 좋다. 입학식 전에 미리 받아둔 학부모의 연락처를 휴대전화에 저장했다가 입학식이 끝나면 학급밴드를 만들어 초대하는 것도 좋다. 종이로 안내해야 할 사항이 줄어들기도 하고, 무엇이든 궁금해하는 학부모들에게 빠르고 정확하게 정보를 제공하기 위해서 학급밴드 활용은 거의 필수로 자리를 잡아가는 듯하다. 밴드 무용론을 내세우며 문제점을 지적하는 사람도 있는데, 어떤 방식이든 활용하는 사람의 문제이지 밴드 자체의 문제는 아니라고 본다. 개인적으로는 유용하게 활용했고, 특별한 문제 없이 학부모의 신뢰를 얻었다.

다음으로 준비해야 할 것이 같은 학년을 맡은 교사들과 합의하여 정리한 기본 시간표와 주간학습안내장을 학부모에게 제공하는 일이다. 기본 시간표가 딱히 중요하지는 않으나, 부모들은 여전히 시간표를 중요하게 여긴다. 사실 시간표보다는 주간학습안내장이 더 중요하다. 매주 어떤 공부가 어떻게 진행될 것인지를 안내하는 일은 학부모에게나 아이들에게나 매우 중요하다. 이왕이면 한 달 계획표까지 짜두면 더 좋았겠지만, 그 시절의 나는 그정도로 완성된 1학년 담임이 아니었다. 2016년에는 하루살이 교사였고 이듬해에는 한주살이 교사였다. 그래도 매주 꾸준히 밴드에 올려놓은 주간학습안내를 보고 학부모님들과 아이들이 무엇을 어떻게 준비해야 할지를 챙길 수 있었다. 쓰는 법은 다음과 같다.

[9월 2주 주간학습안내]

• 이번 주부터 통합교과 '가을'을 본격적으로 다루게 됩니다. 화요일까지는 종합장 2권을 준비해 주셨으면 합니다. 교과서에는 '이웃'부터 나오지만, 10월 첫주부터 '추석'이라 추석 내용이 가득한 '가을' 교육과정에서 아무래도 앞서 다뤄야 할 형편이어서 바꿔 진행해보려 합니다. 추석빔과 송편 만들기 내용도 들어있어 미리 학교에 한복을 들고 와서 입고 송편도 만들어 먹는 행사도 하게 될 것 같습니다.

• 수학은 이번 주에 1단원을 모두 마무리하고 다음 주부터는 여러 가지 모양 단원을 학습하게 될 것입니다. 국어는 2단원을 참고하여 '흉내 내는 말'을 써서 문장을 만들고 글도 읽어보는 한 주가 될 것입니다. 아울러 '몸, 밥, 국'이 들어가는 낱말로 어휘를 확장하는 학습도 하겠습니다. 통합교과는 1학기가 교사주도 활동

이 중심이었다면 2학기에는 아이들의 수업 참여를 적극 유도하며 질문과 자발성이 가득한 수업으로 바꾸려 애를 써볼 작정입니다.

이번 한 주도 아이들과 잘 지내겠습니다~

9월 4일(월)

1교시 시 맛보기(달리기_교과서 시) / 감정카드 놀이

2교시 강당 체육

3~4교시 흉내 내는 말의 재미 느끼고 문장 만들기(국어 2단원)

5교시 '몸' 관련 어휘문장학습

9월 5일(화)

1~2교시 '가을'과 '추석'에 대한 개념 익히기(교과서와 추석 관련 그림책 활용)

3~4교시 '추석' 관련 질문들 모아보고 추석에 얽힌 경험 나누기

5교시 '밥' 관련 어휘 문장 학습

9월 6일(수)

1~2교시 수학 1단원 정리 및 평가

3교시 놀이수학 '수 세기 놀이'

4교시 국악수업

9월 7일(목)

1~2교시 소리 모양 떠올리며 글 읽기(국어)

(그림책 《훨훨 간다》 / 옛이야기 〈아버지를 살린 불효자식〉 활용)

3~4교시 '추석' 관련 학습 내용 밑그림 그리고 질문 모아 학습 방향 잡기(통합)

5교시 '국' 관련 어휘 문장 학습

9월 8일(금)

1~3교시 그림책 《100층짜리 집》 들려주고 책 만들기(국어+수학)

4교시 산책

일 년 학급살이 리듬의 이해

1학년 담임을 두 해 동안 맡으면서 철마다 나타나는 아이들의 변화에서 일정한 특징을 발견할 수 있었다. 3월은 아이들이 매우 긴장한 상태로, 자기 모습을 잘 드러내지 않고 지내는 경향이 짙다. 그래서 유별나게 자신을 드러내는 아이들 몇몇을 빼고는 그럭저럭 무난하게 보낼 수 있는 달이다. 4월부터는 아이들이 저마다 숨겨놓은 발톱을 드러내며 자신을 조금씩 보여주기 시작한다. 친구를 자주 때리는 아이, 이성에 대한 호기심을 몸으로 표현하는 아이, 몸으로 부대끼며 서열을 지으려는 아이, 교사에게서 도무지 떨어지지 않으려는 아이, 휴대폰 때문에 교사와 실랑이를 벌이는 아이, 갑자기 학교에 오지 않겠다는 아이 등 3월에 보지 못했던 모습을 만나게 된다. 여기서 당황하지 않는 게 중요하다. 본격적으로 학습이 시작되는 4월에서 5월로 접어들며 수업에 빠진 교사는 조금씩 아이들을 놓치게 되고, 변화된 아이들에게 적응하지 못해 목소리를 높이게 된다. 이게 내가 겪은 도시 공립학교 1학년 봄의 리듬이었다.

6월로 넘어가면 담임도 조금씩 정신을 차려 아이들의 변화에 다시 눈을 돌리게 된다. 국어, 수학 등 수업교과에 정신을 빼앗겨 5월에는 보지 못한 아이들의 모습이 다시 보이는 시점이다. 나 또한 내게 한껏 다가온 아이들을 수업준비가 바쁘다는 핑계로 나도 모르게 밀쳐내며 멀어지는 모습을 발견하게 되었다. 호흡을 가다듬고 아이들과 어떻게 지낼지, 미처 발견하지 못한 아이들의 변화를 살피고 점검하다 보면 어느새 7월이 되어 방학을 준비해야 한다. 학기 말의 성적처리와 각종 평가기록 때문에 바빠지고, 학급마무리 잔치로 정신이 없어 자칫 아이들에게 소홀해지기 쉬운 때라 6월부터 미리미리 준비를 해 체력을 비축해야 한다. 1학년과 지내는 일은 체력이 뒷받침되지 않으면 불가능하다. 몸과 마음이 단단히 준비되어야 아이들의 삶의 리듬을 방학까지 잘 이어줄 수 있다. 아이들도 교사도 지치는 시기일수록 수업이 중요하다. 마음을 다해 준비한 수업은 결코 배신하지 않았다.

9월은 1학년에게 새로운 시작이다. 어느 정도 학교생활에 적응한 아이들은 개학하고 이틀 정도만 지나면 바로 1학기 때의 모습을 여지없이 보여준다. 오히려 좀 더 과격(?)해지고 과감해지기도 한다. 아이들 사이의 다툼도 늘어나고, 교사와의 충돌도 많아진다. 이 시기를 잘 넘기지 못하면 남은 한 학기 내내 서로 간의 불신이 쌓인다. 슬기롭게 넘기도록 교사가 마음을 여유롭게 가지고 상황파악을 잘해내어 생활지도와 수업을 진행해야 한다. 9월에 안정감을 잘 유지하면 10월은 무리 없이 잘 지나간다. 일 년 중 가장 특징 없이 무난히, 빠르게 지나가는 시기가 아니었나 싶다. 그러나 11월 중순을 넘어서면 조금씩 틈이 생기고, 금이 가는 소리도 들리기 시작한다. 아이들의 목소리가 갑자기 커지고, 덩달아 교사의 목소리도 커지면서 서로 짜증을 내는 빈도가 잦아진다. 이 시기의 아이들은 늘어난 학습량과 지루해진 학습패턴에서 벗어나고 싶어 몸부림한다. 첫해에는 아이들에게 재미를 주겠다고 쿠폰제도를 도입했다가 오히려 낭패를 보기도 했다. 가볍게 짧은 기간동안 도입하여 마무리 짓고자 했으나 쓸데없이 과열 분위기만 양상하여 하마터면 학급 분위기를 망칠 뻔했다.

　이듬해에는 학급마무리 준비를 조금 앞당겨 온작품읽기 수업과 병행하면서 아이들의 시선과 관심을 다른 쪽으로 돌려놓고자 했다. 산만하고 정신없는 시기는 12월까지 이어지다가 아이들과 이별할 날이 코앞으로 다가오면 아이들이나 교사나 모든 것이 용서가 되는 분위기가 만들어진다.

　일 년을 두고 생각해보면 아이들은 낯선 곳, 낯선 상황에서 끊임없이 질문하며 답을 찾아가는 중이었다는 생각이 든다. 문제는 저마다 성격과 기질이 달라 그 모습을 담임 혼자서 모두 읽어내 적절하게 반응하는 일이 쉽지 않다는 것이다. 나 또한 경험이 없어 혼자 감당을 하느라 무리수를 두거나 잘못된 판단을 하곤 했는데, 같은 학년을 맡은 교사들 사이에서 이런 논의를 꺼내도 딱히 답이 나오지 않아 참고 이겨내는 수밖에 없다는 결론만 얻을 뿐이었다. 아마도 다음에 1학년을 맡게 된다면, 1년의 흐름에서 나타나는 아이들의 삶의 리듬을 감안해 생활지도와 수업을 준비하면서 아이들을 좀 더 여유롭게 대하지 않을까 싶다. 이 흐름을 아는 것과 모르는 것에 매우 큰 차이가 있었다는 것을 명심하고, 참고해보길 바란다.

1학년 아이들과
학급문집 만들기

　중고학년과 문집을 잘 만들던 어떤 선생님은 1학년과 문집을 만든다는 건 상상도 해본 적 없다고 했다. 나 또한 20권이 넘는 학급문집을 만들었지만, 1학년과 문집을 만든다는 생각은 못했다. 학급문집은 단지 추억의 선물만은 아니다. 잘 만든 학급문집에는 교사의 교육관과 지도법이 고스란히 드러나고, 아이들의 삶과 배움이 밀도 있게 담기 때문이다. 사실 어느 학년이 만든다 해도 전혀 이상할 것은 없다. 결국 1학년은 1학년에 맞게 만들면 된다.

　1학년 문집을 본격적으로 만들기 시작한 시점은 2학기부터였다. 어느 학년에서든 시와 생활글을 중심으로 학급문집을 만들었던 터라 1학년 아이들도 다르지 않을 거라 여겼다. 다만, 쓰기에 익숙해질 무렵의 자료를 담아야 했기에 실질적인 준비는 늦출 수밖에 없었다. 아이들의 손 글씨가 들어간 시와 11월부터 썼던 일기가 문집 내용의 전부였다.

　타이핑된 활자로만 채워지는 문집은 그 가치가 반감이 될 수밖에 없다. 인쇄된 활자에서는 아이들의 흔적을 발견하기 힘들기 때문이다. 그래서 나는 매년 문집을 만들 때 꼭 손 글씨가 들어간 꼭지를 마련한다. 주로 시로 채우는데, 짧은 글과 글씨에 담긴 1학년 아이들의 모습을 고스란히 읽어낼 수 있기 때문이다. 그리고 활자화되는 아이들의 일기도되록 맞춤법 틀린 것을 고치지 않았다. 1학년 시절의 아이들 모습을 그대로 담아내고 싶었기 때문이다. 부모님들에게도 미리 양해를 구했다. 진짜 문집을 만들고 싶다고 말씀드리면서. 2018년에는 아이들이 그린 그림과 문장공부한 결과물까지 담아 두 권으로 펴냈다. 문집에 담을 내용의 스캔과 타이핑은 학부모들로 학급문집 전담팀을 꾸려 해결했다. 덕분에 오롯이 편집에 집중할 수 있었다. 나는 문집 편집을 손수 하는 것을 즐긴다. 힘들긴 하지만 편집하면서 아이들의 글과 그림을 다시 보고 당시를 떠올리며 많은 걸 배우고 반성할 수 있기 때문이다.

　학급문집 작업은 교사에게 있어 성찰의 과정이기도 하다. 가편집된 문집을 업체에 맡겨버려서는 결코 얻을 수 없는 깨달음이다. 아무리 질 높은 연수를 받아도 이런 깨달음을 얻기는 쉽지 않다. 학급문집을 단순한 일거리로 생각하는 것이 아니라, 교사의 성장을 위한 중요한 매개체로 여겨야 교사가 성장한다. 이 땅의 많은 1학년 담임들이 꼭 아이들과 학급문집을 만들어보길 바란다. 자료를 모아 인쇄소에 편집을 맡기는 것이 아니라 스스로 지난 일 년을 돌아보는 반성과 성장의 경험을 쌓는 문집 제작을 교사의 손으로 직접 해보길 바란다.

2017년 1학년 학급문집의 구성과 내용

- 001-004_ 1권 속표지머리말차례.hwp
- 007-054_시모음.hwp
- 057-078_그림일기모음.hwp
- 081-104_내가주는상장.hwp
- 107-300_ 겪은일쓰기모음.hwp
- 303_327_남기는말모음.hwp
- 간지모음_1권.hwp
- 문집앞뒤표지1권(책등포함).hwp

- 011-012_속표지머리말차례_2권.hwp
- 015-150_2017_학급문집_11월일기모음.hwp
- 153-358_2017_학급문집_12월일기모음.hwp
- 간지모음_2권.hwp
- 문집앞뒤표지2권(책등포함).hwp

학급문집 작업을 파일로 정리할 때는 아래처럼 정리해서 인쇄소가 잘 알 수 있도록 한다.

학급문집 1권의 앞과 뒤표지

학급문집 2권의 앞과 뒤표지

'자로 잰 듯 반듯하지 않아도'는 지난 20년간의 학급살이 철학을 반영한 나만의 고유 브랜드다. 어느 학년을 맡건 문집 제목은 이것으로 삼고 있다. 요즘에는 아이들에게 표지 제목을 꾸민 작품을 공모하여 투표로 뽑는다. 탈락한 아이들 작품은 버리지 않고 스캐닝하여 문집 속에 골고루 넣었다. 문집의 내용은 시, 그림일기, 겪은 일 쓰기, 일기 쓰기, 남기는 말로 채웠다.

2017 조금도 반듯하지 않아요 1
차임새싹사반

책 등도
아이들이 그려 넣은
글씨를 조각내
만들어놓는다.
아이들 글씨가 주는
힘은 세다.

이상한 날   주윤아

9시에 잠을 자는데
웃음 소리가 났다.
엄마 잠꼬대 소리
잠을 자는데
이상한 냄새가
났다.
아마 발냄새

시 모음

그림일기 모음

남기는 말 모음

걷다

예전에 현장학습을 갔다 나는 은행나무 길을 걸었다. 은행냄새가 지독했다. 코를 막았다. 다신 안가고 싶다. 구도원.

나는 학교에 갈 때 늦어서 엄마가 빨리 걸었다. 너무 빨리 걸어서 힘들었다. 이제는 늦지 않았으면 좋겠다 ㅡ한수빈.

나는 언제 체험학습을 갔다. 그중에서 제일 멋진 건 은행나무였다. 친구도 입고 그래도 걷는 건 힘들었다. 이보예.

학교에서 집으로 갈 때 태윤이 엄마차를 타고 가고 싶었는데, "태윤이 학원가야 해~" 그래서 걸어왔다. "힝." 윤시영.

겪은 일 쓰기 모음

2017년 11월 12일 일요일

현충문 / 유동현

오늘은 현충아버지 현충문에 갔다. 돌아가신 현충아버지를 뵈러 갔던 것이다. 그 다음에 국립중앙과학관에 가기전에 현충탑에 가서 묵념을 했다. 그 다음에 국립중앙과학관에 갔다. 거기서 갓가지 체험을 했다 하늘이 북숭아 빛이 되도록 놀았다.

2017년 11월 12일 일요일 날씨: 겨울 같은 가을.

속이 알찼다 4 / 한지원

엄마 아빠 동생이랑 안성맞춤에 가기로 했다. 아빠차를 타야되서 속이 울렁했다. 아빠가기 도로 반찬 받을때 속이 엄청나게 안 좋았다. 나는 아빠한테 속이 안 좋다고 말하고 싶었지만 도로에는 휴게소도 안보이고 서들만 쌩쌩 달린다. 도착하고 신나게 뛰어 놀았다.

일기 쓰기 모음

부모가 자라야
아이도 자란다

　교직경력이 20년을 넘어서면서 가장 편해진 것이 바로 학부모와 만나는 일이었다. 나도 자식을 키우게 되었고, 20년간 나를 거쳐 갔던 아이들의 무수한 임상(?)자료들이 학부모를 대하는데 자신감을 주었기 때문이다. 그러나 내가 만난 1학년 학부모들은 이전 학년의 학부모와 확연하게 달랐다. 도시에서 만난 1학년 학부모들은 다른 어떤 학년의 학부모들보다 학교와 담임교사에 대한 걱정과 우려, 설렘과 기대가 뒤섞여 예측하기 어려운 양상을 보여주었다. 내가 있던 지역은 공단지역으로 특히 젊은 사람들이 많았고, 신도시 개발지역이어서 새 아파트가 지어지고 새롭게 지역주민으로 편입해 서로 이웃을 만들어가는 시기의 학부모들로 구성돼 있었다. 개인적인 성향이 강한 편이었고, 아파트나 학년별로 학부모 카페를 인터넷에 만들어 정보와 정서를 공유하는 경향도 매우 강했다. 긍정적인 면도 있었지만, 잘못되거나 왜곡된 정보도 오가는 등 학교에서 아이들만 보고 지내는 교사들에게는 큰 걱정과 부담으로 다가오기도 했다.

　그래도 마음과 정성을 다해 학부모를 만났을 때, 대부분 문제가 전혀 없었고 소통에도 지장이 없었다. 내가 근무한 학교는 혁신학교로, 프로젝트를 강화해 학급 간 편차를 줄이는 교육과정을 운영했는데, 반에서 학부모 도움을 요청하는 일도 자제시키거나 금지했다. 학교와 교사에 대한 전체적인 신뢰를 높이려는 의도였으나 내가 본 바로는 아무리 프로젝트 교육과정을 공동 진행하고 반별 수업에 대한 학부모의 개별적 참여에 제한을 둔다고 해도 부모들이 학급 간 편차를 모르는 것은 아니었다. 가장 중요한 부분이 해결되지 않으면 부모들은 담임 간의 차이를 극명하게 느끼게 된다. 그것은 바로 '일상'이다. 일상에서 아이들과 어떻게 지내고 살아가는지, '일상수업'은 어떻게 전개되는지를 알게 되는 순간, 학부모는 전혀 다른 눈으로 교사를 대하게 된다. 나 또한 첫해에는 무수한 잘못으로 학부모들로부터 싫은 소리와 꾸중을 들어야 했다. 이듬해에는 이런 오류와 잘못을 줄이며 이전보다 나은 관계를 만들어갔다.

덕분에 일상이 얼마나 중요한지를 새삼 깨달을 수 있었다. 1학년 학부모와도 대화와 소통은 꼭 필요하다. 수업 말고도 이런 과정까지 모두 떠안아야 하기에 1학년 교사가 힘든 것이다. 이런 부담을 덜어주기 위해서라도 학교마다 교육과정 설명회를 정기적으로 열어야 한다. 교육과정과 학교, 교사에 대한 학부모들의 이해가 절실하다. 내가 일했던 학교에서도 이런 행사를 열어 학부모를 초대했다. 두 번째 해에는 내가 학년부장을 맡았던 터라, 이 역할을 도맡아 하게 되었다. 1학년 교육과정에 대한 전반적인 이해, 우리 학교 1학년에서 함께하는 것들과 학기마다 치러질 학사일정 공유, 끝으로 아이들에 대한 부모의 이해를 당부하며 무난하게 마무리했다. 그러나 이런 설명회가 큰 효과가

1학년 학부모님과 아이들을 주말에 금산 그림책 마을로 초대해 함께 보냈던 날

1학년 봄 운동회를 마치고 학부모님과 아이들과 함께

있지는 않았다. 참여하지 못한 학부모에게 정보가 밀도 있게 전달되지 못했기 때문이기도 하고, 일상에서 느껴지는 교사들의 격차를 이미 감지한 부모들은 이런 설명회에 그다지 무게를 두지 않기 때문이기도 하다. 이런 점을 극복하기 위해서는 교사들 사이에 긴밀한 협의와 합의, 실천이 전제되어야 할 것으로 보인다.

흔히들 '1학년 담임과 부모는 아이들을 닮아 꼭 1학년 수준이다'라는 농담을 한다. 1학년 담임을 하다 보면 아이의 이해되지 않는 행동 때문에 불쑥 화가 나기도 하고, 했던 말을 여러 번 하게 되어 목소리가 커지는 자신의 모습에 스스로 놀라기도 여러 번이다. 꼭 담임만 이런 것은 아니다. 학부모들도 마찬가지이다. 초등학교 1학년에 아이를 입학시키는 학부모도 때때로 생각과 행동이 답답하고 황당할 때가 많다. 주변에서 보면 대부분이 초등학교 1학년 아이의 학부모를 처음 하는 터라 당연하다. 유치원에서 하던 습관이 남아 초등학교 교사에게 아무 생각 없이 부탁하거나 별것 아닌 것으로 항의를 하는 경우도 허다하다. 1학년 담임은 초등학교에 아이를 처음 입학시키는 학부모도 1학년이라 여겨야 한다. 그만큼 조심스럽게 대하지 않으면 그 화살이 교사에게 돌아오는 경우가 적지 않기 때문이다. 특히 가정사로 상처를 입은 학부모를 대할 때에는 좀 더 자세히 살피며 세심한 접근과 대화를 할 필요가 있다. 나 또한 이런 실수로 반성을 많이 했다.

　일 년을 돌아보면 교사는 아이들만 성장시키는 게 아니다. 아이들과 함께 교사도, 더불어 부모도 성장하게 된다. 부모 또한 학년을 거듭할수록 학교와 아이들을 이해하며 성장해간다. 1학년을 맡을 때 아이들 못지않게 중요한 것이 학부모이다. 초보 1학년 담임 못지않게 학부모도 많이 서툴다는 것을 서로 이해하고 배려해야 아이들도 성장한다. 학부모들과 일 년을 살 계획과 준비(상담, 간담회, 각종 SNS를 통한 소통)를 하는 일은 그래서 매우 중요하다. 1학년 초보담임이 학부모와 지내는 방법의 정석이 있는 것도 아니고 책이나 조언으로만 해결될 수 있는 문제도 아니기 때문이다. 조심하고 경계하면서 온몸으로 겪을 수밖에 없다. 그렇다고 두려워만 할 필요는 없다. 앞서 언급한 바와 같이 마음을 다해 정성으로 학급살이와 수업살이를 하며 학부모와 다정하고 편하게 소통을 하는 일상을 만들어간다면 차츰 서로에 대한 신뢰를 쌓고 공감하게 될 것이다. 시작이 어렵고 과정과 성찰이 힘들 뿐이다. 나를 믿고, 학부모를 믿고, 아이들을 믿고 가야한다.

다시 1학년 담임이 된다면
꼭 해보고 싶은 것

1학년 담임을 맡으면서 가장 신경 쓴 것은 언어교육과 수학교육이었다. 한 번도 경험하지 못한 과정을 거치면서 과연 내가 안내한 대로 아이들이 따라가며 성장할지 나는 늘 불안했고 걱정이 많았다. 공립학교에서 1학년이라면 꼭 거쳐야 할 지점을 혹시 내가 놓치는 건 아닐까 항상 노심초사했다. 부끄럽지만 2년 동안 내내 그랬다. 1학년에 대한 전문성 부족은 두려움을 낳았고 여유를 갖지 못하게 했다. 그래서 못한 것이 참 많고 지금은 후회가 많다. 그래서 나는 다시 1학년 담임을 맡는다면 다음과 같은 실천을 꼭 해보고 싶다.

- 아이들이 좋아하는 노래와 놀이, 그림을 더 많이 가르쳐주고 싶다.
- 뜨개질을 잘 배워 아이들에게 실과 천으로 멋진 작품을 만들게 하고 싶다.
- 아이들과 흙장난 물장난을 하며 함께 뛰놀고 싶다.
- 아침에 차 한 잔씩 나눠주며 이야기 나누고 싶다.
- 점심시간에는 몇몇 아이들 손을 잡고 운동장 한 바퀴를 거닐고 싶다.
- 몸을 움직여 스스로 다스리는 법을 익히거나 함께 춤을 추고 싶다.

- 비가 올 때, 아이들과 마냥 창밖을 내다보며 빙그레 웃었으면 좋겠다.
- 우리 집에 초대해 하룻밤을 같이 지냈으면 좋겠다.
- 전체가 아니라 아이마다 하나씩 불러 책을 읽어주고 싶다.
- 운동장에서 할 수 있는 것들을 좀 더 많이 준비해 함께 놀고 싶다.
- 아무리 바쁘더라도 내 곁에 머무는 아이들의 이야기를 질리도록 듣고 싶다.
- 아이만의 장점을 찾아서 자주 칭찬하고 격려해주고 싶다.
- 아이들의 행복을 위해 나부터 행복해지도록 조금은 여유롭고 건강한 삶을 즐기고 싶다.

다시 1학년 담임이 되어도
변하지 않을 것

 1학년 담임을 2년 동안 거치면서 경험이 쌓이고 확신이 들면서 앞으로도 꾸준히 해나가야 할 목록이 쌓여갔다. 지나치지 않고 욕심을 부리지 않으면서도 아이들과 즐겁게 지낼 수 있는 것들을 정리해 변함없이 실천하고자 한다. 전문성은 성찰과 꾸준함이 뒷받침되어야 한다는 것을 지난 2년 동안 절실히 깨달았다. 반성하지 않고 비판에 응답하지 않는 교사에게 전문성은 없다. 그것은 독선이고 아집일 뿐이다. 그런 실천은 혼자만의 경험으로만 남을 뿐이고 공유되지 못한다. 다시 1학년 담임이 되어도 다음의 실천이 변하지 않는다면 나는 아이들에게 최선을 다하는 교사일 것이다.

- 날마다 옛이야기를 들려주고 그림책과 동화책을 읽어줄 것이다.
- 말과 글에 관한 공부를 게을리하지 않고 1학년 아이들을 쉽게 도울 방법을 찾을 것이다.
- 놀이 수학을 좀 더 탐구하고 다른 실천과 이론들을 익혀 수업의 질을 높일 것이다.
- 내가 맡은 아이들 모두를 세심하게 일일이 지도하고 부족한 부분을

채워줄 것이다.

- 주마다 아이들과 산책하는 일을 주저하지 않을 것이다.
- 날마다 정해진 아이들과 밥을 같이 먹고 수다 떠는 일을 놓지 않을 것이다.
- 1학년에게 가능한 프로젝트를 계발하고 발전시켜 풍성한 수업을 기획할 것이다
- 못하고 느려도 끝까지 믿고 격려해줄 것이다.
- 다른 이의 실천에 주목하되 결국에는 내 빛깔을 보이는 내용으로 소화할 것이다.
- 꾸준히 기록하여 성찰하는 글쓰기를 앞으로도 이어갈 것이다.

팁 찾아보기

Communication 소통의 중요성

Letters 부모의 편지

본문에 나오는 도서 찾아보기

《삐약이 엄마》 백희나 지음, 책읽는곰, 2014 •290~291

《살아있는 교실》 이호철 지음, 보리, 2004 •62

《살아있는 글쓰기》 이호철 지음, 보리, 2000 •62

《선생님 과자》 장명용 글, 김유대 그림, 창비, 2007 •217

《소리가 들리는 동시집》 이상교 글, 토토북, 2010 •202

《송아지와 바꾼 무》 김온유 글, 정민영 그림, 꿈꾸는꼬리연, 2015 •258, 262

《심리학이 어린 시절을 말하다》 우르술라 누버 지음, 김하락 옮김, 랜덤하우스코리아, 2011 •222

《아이들이 있는 곳에서부터》 오자와 마키코 지음, 박동섭 옮김, 다시봄, 2015 •24

《아하! 그땐 이렇게 살았군요》 이혁 지음, 주니어김영사, 2001 •235

《알사탕》 백희나 지음, 책읽는곰, 2017 •290

《야호, 비 온다!》 피터 스피어 그림, 비룡소, 2011 •154

《어떻게 읽을 것인가》 고영성 지음, 스마트북스, 2015 •286

《엄마 반 나도 반 추석 반보기》 임정자 글, 홍선주 그림, 웅진주니어, 2014 •206

《엄마의 선물》 김윤정 글그림, 상수리, 2016 •228

《오리야? 토끼야?》 에이미 크루즈 로젠달 글, 탐 리히텐헬드 그림, 아이맘, 2010 •280

《왜 띄어 써야 돼?》 박규빈 글그림, 길벗어린이, 2016 •143

《우리 가족 납치 사건》 김고은 글그림, 책읽는곰, 2015 •130

《우리 아빠가 최고야》 앤서니 브라운 글그림, 최윤정 옮김, 킨더랜드, 2007 •113

《우리 엄마》 앤서니 브라운 글그림, 허은미 옮김, 웅진주니어, 2005 •113

《은지와 푹신이》 하야시 아키코 글그림, 한림출판사, 1994 •258

《이상한 엄마》 백희나 지음, 책읽는곰, 2016 •290

《장수탕 선녀님》 백희나 지음, 책읽는곰, 2012 •290

《초등학교 1학년 우리말 우리글》 전국초등국어교과모임 지음, 나라말아이들, 2009 •52

《칼리의 프랑스 학교 이야기》 목수정 지음, 생각정원, 2018 •165

《크라센의 읽기 혁명》 스티븐 크라센 지음, 조경숙 옮김, 르네상스, 2013 •256

《행복한 교실》 강승숙 지음, 보리, 2003 •9, 103, 201

《훨훨 간다》 권정생 글, 국민서관, 2003 •343

1학년은 처음인데요

초판 1쇄 발행 2019년 3월 28일
초판 2쇄 발행 2021년 3월 10일

지은이 박진환

발행인 김병주
COO 이기택
CMO 임종훈
뉴비즈팀 백헌탁, 이문주, 김태선, 백설
행복한연수원 이종균, 박세원, 이보름, 반성현, 남기연, 고요한
에듀니티교육연구소 조지연
경영지원 한종선, 박란희
편집부 이하영, 신은정, 김준섭, 최진영
디자인 최선영

펴낸곳 ㈜에듀니티(www.eduniety.net)
도서문의 070-4342-6114
일원화 구입처 031-407-6368 ㈜태양서적
등록 2009년 1월 6일 제300-2011-51호
주소 서울특별시 종로구 인사동 5길 29, 9층

이메일 book@eduniety.net
홈페이지 www.eduniety.net
네이버포스트 post.naver.com/eduniety

ISBN 979-11-6425-018-9 [13370]
값은 뒤표지에 있습니다.